BIRGIT WILDE

DEIN *Wedding* PLANNER

Wie du deine Hochzeit planst – und anschließend noch Lust zu heiraten hast

Präsentiert von
PLANMY.WEDDING

riva

Bibliografische Information der Deutschen Nationalbibliothek
Die Deutsche Nationalbibliothek verzeichnet diese Publikation in der Deutschen Nationalbibliografie.
Detaillierte bibliografische Daten sind im Internet über http://d-nb.de abrufbar.

Für Fragen und Anregungen
info@rivaverlag.de

1. Auflage 2021
© 2021 by riva Verlag, ein Imprint der Münchner Verlagsgruppe GmbH
Türkenstraße 89
80799 München
Tel.: 089 651285-0
Fax: 089 652096

Wichtiger Hinweis: Ausschließlich zum Zweck der besseren Lesbarkeit wurde auf eine genderspezifische Schreibweise sowie eine Mehrfachbezeichnung verzichtet. Alle personenbezogenen Bezeichnungen sind somit geschlechtsneutral zu verstehen.

Umschlaggestaltung: Isabella Dorsch
Umschlagabbildung: Shutterstock.com/Anastasiya Kotava
Abbildungen Innenteil: Shutterstock.com/Visual Generation, Daniela Barreto, redchocolate, JosepPerianes, Anastasiya Kotava
Layout: Manuela Amode
Satz: Satzwerk Huber, Germering
Druck: Florjancic Tisk d.o.o., Slowenien
Printed in the EU

ISBN Print 978-3-7423-1738-4
ISBN E-Book (PDF) 978-3-7453-0634-7
ISBN E-Book (EPUB, Mobi) 978-3-7453-0635-4

Weitere Informationen zum Verlag finden Sie unter

www.rivaverlag.de

Beachten Sie auch unsere weiteren Verlage unter www.m-vg.de

INHALT

VORWORT

Wenn es ums Heiraten geht, erinnern wir uns an die rauschenden Feste aus den Märchen unserer Kindheit. Ein verzaubertes Schloss, eine goldene Kutsche und der Prinz, der seine wunderschöne Prinzessin zum Altar führt – und die trägt natürlich ein umwerfendes Kleid. Es sind die Geschichten von Dornröschen und Schneewittchen, denen wir unser Bild einer Traumhochzeit verdanken. Wer hat nicht schon einmal den Satz gehört, gesagt oder gedacht: »Auf meiner Hochzeit möchte ich aussehen wie eine Prinzessin.«

Aber so schön und ergreifend das damals in den Märchen auch war, irgendetwas fehlte doch. Na klar! So eine Traumhochzeit will nicht nur gefeiert, sondern auch organisiert werden. Da wird kein Wort darüber verloren, wie Dornröschen mit müden Augen über ihrer Sitzordnung brütet oder Schneewittchen sich entnervt die schwarzen Haare rauft, weil das Probeessen ein Desaster war.

Na gut, um ihr Budget mussten sich unsere beiden Prinzessinnen wohl kaum Gedanken machen. Ebenso dürfte für beide klar gewesen sein, dass die Hochzeit natürlich auf ihrem Schloss stattfindet. Eines aber ist sicher: Um die Organisation ihrer Traumhochzeiten sind die beiden auf keinen Fall herumgekommen – ebenso wenig, wie Sie und jedes andere heiratswillige Paar heute.

Sicher, es gibt viel zu tun, aber dafür ist auch fast alles möglich.

Nach langjähriger Berufserfahrung als Hochzeitsplaner unterstütze ich Sie nun mit diesem Buch in allen Phasen Ihrer Hochzeitsvorbereitung. Nachdem Sie es gelesen haben, wissen Sie, worauf im Locationvertrag zu achten ist, wann Planungsfehler zu Partykillern werden und was die Garanten für ein gelungenes Fest sind. Sie erfahren, wie Sie sich im Standesamt garantiert Ihren Wunschtermin sichern und weshalb es sich besser ohne weiße Tauben heiratet.

Auch den Aufgaben eines Zeremonienmeisters und wie Sie Ihre beste Freundin oder Ihren Trauzeugen optimal für diese Rolle vorbereiten, ist in diesem Buch ein ganzes Kapitel gewidmet. Mit diesem Buch mache ich Sie fit für Ihre Hochzeitsplanung.

Zudem lässt sich viel Zeit sparen, die Sie vorfreudig entspannt mit Ihrem Prinzen oder Ihrer Prinzessin verbringen können.

Während ich dieses Buch schrieb, kam ich nicht umhin, auch einige Anekdoten aus meiner Zeit als Wedding Planner zu erzählen. Denn die schönsten Geschichten hält bekanntlich das Leben bereit.

In diesem Sinne wünsche ich Ihnen viel Freude bei Ihren Hochzeitsvorbereitungen und dabei stets ein entspanntes Lächeln auf den Lippen.

HOCHZEITSPLANUNG IM ÜBERBLICK

Wie viel Zeit Ihnen für die Organisation Ihrer Hochzeit zur Verfügung steht, hängt natürlich von Ihrem persönlichen Empfinden und ein paar äußeren Faktoren ab, wie z. B. der Verfügbarkeit von Hochzeitslocations.

Im Anhang finden Sie unter »A1 – Hochzeitsplanung im Überblick« eine Checkliste mit To-dos, ausgelegt auf einen Planungszeitraum von gemütlichen 12 Monaten. Sämtliche Punkte in dieser Liste werden in den nachfolgenden Kapiteln detailliert beschrieben.

Falls Sie weniger, vielleicht sogar viel weniger Zeit für Ihre Hochzeitsplanung haben, steigen Sie doch einfach mit den folgenden Hinweisen für Kurzentschlossene in die Planung ein. So bringen Sie schon einmal die wichtigsten Punkte Ihrer Hochzeit auf den Weg und gewinnen wertvolle Zeit für Ihre Detailplanung.

TIPPS FÜR KURZENTSCHLOSSENE

Lange verlobt sein ist nicht jedermanns Sache. Bei einigen meiner Brautpaare lagen zwischen Verlobung und Hochzeit nicht mehr als sechs Wochen. Sie sehen, alles ist möglich.

Je kurzfristiger Sie planen, umso flexibler, aber auch gelassener sollten Sie Ihre Planung angehen. Ist die Traumlocation bereits ausgebucht? Kein Problem, es werden sich andere schöne Alternativen finden, aus denen Sie das Beste herausholen können.

Natürlich ist die 12-Monats-Checkliste im Anhang A1 für Kurzentschlossene ebenso geeignet wie für Langzeitplaner – immerhin soll in beiden Fällen am Ende eine Hochzeitsfeier stehen. Aber keine Sorge, es gibt ein paar Abkürzungen, die Ihre Hochzeitsplanung innerhalb von Tagen weit nach vorn katapultieren werden.

Oberste Priorität haben zunächst die Abstimmung des Termins für die standesamtliche bzw. kirchliche Trauung, die Location für Ihre Feier und die entsprechende Info an Ihre Gäste:

⚭ LIEBLINGSMENSCHEN

Wer darf auf keinen Fall fehlen? Stimmen Sie als Erstes mögliche Termine mit Trauzeugen, engsten Verwandten und besten Freunden ab.

⚭ TRAUUNGSTERMIN

Dann stimmen Sie zunächst telefonisch mit dem Standesamt und (falls gewünscht) der Kirche mehrere Termine ab und lassen Sie diese nach Möglichkeit für ein paar Tage reservieren. Die erforderlichen Dokumente für die standesamtliche bzw. kirchliche Trauung können Sie (fast immer) online bei den zuständigen Stellen anfordern, sodass Sie in ein bis zwei Wochen alles beisammenhaben.

⚭ LOCATION

Um die Suche nach einer geeigneten Location für Ihre Hochzeitsfeier zu beschleunigen, ist es sinnvoll, zunächst telefonisch mögliche Termine anzufragen, anstatt Mails zu schreiben und auf Antwort zu warten. Werfen Sie ruhig auch einen Blick auf die Außenstellen des Sie trauenden Standesamtes. Sobald Ihnen ein passendes Locationangebot vorliegt, Location besichtigen und buchen. Idealerweise sind Ihnen die Räumlichkeiten bereits bekannt, das spart den Besichtigungstermin.

⚭ INFO AN ALLE GÄSTE

Wunderbar, Standesamt, Kirche und Hochzeitslocation stehen! Nun laden Sie alle weiteren Gäste ein. Wenn es wirklich schnell gehen soll, ist es sinnvoll, sie zunächst anzurufen und schon einmal über den Termin zu informieren. Mit etwas Glück erhalten Sie bereits am Telefon alle Zu- und Absagen Ihrer Gäste. Der Versand der Einladungen (schneller per E-Mail) ist dann nur noch reine Formsache. Und aus eigener Erfahrung weiß ich, wie schön es ist, die Überraschung und Freude der Hochzeitsgäste über das anstehende Event »live« am Telefon mitzuerleben.

Diese vier Punkte sind bereits die halbe Miete und lassen sich innerhalb weniger Tage erledigen. Sollten Termin und Location für Ihre Hochzeit ohnehin schon feststehen, umso besser.
Alle weiteren Anbieter (Florist, Fotograf, DJ, etc.) fragen Sie zunächst telefonisch an. So erhalten Sie unmittelbar ein Feedback zu Preis und Verfügbarkeit. Wenn beides passt, schicken Sie eine feste Buchung per E-Mail hinterher, in der Sie den mündlich vereinbarten Preis, den Termin der Feier und den besprochenen Leistungsumfang noch einmal schriftlich bestätigen:

Sehr geehrte ...,
vielen Dank für das freundliche Telefonat
von soeben.
Wie besprochen bestätige ich noch einmal schriftlich
meinen Auftrag für unsere Hochzeitsfeier wie folgt:
Datum der Feier: xxx
Ort der Feier: xxx
Leistung: (Art der Leistung? Was ist im Preis enthalten?)
Preis: xxx inkl. Mehrwertsteuer
Ich freue mich auf die Zusammenarbeit.
Nur zur Sicherheit wäre ich dankbar für
eine kurze Rückbestätigung meines Auftrags.
Mit freundlichen Grüßen
xxx

Herzlichen Glückwunsch! Innerhalb weniger Tage haben Sie alle wichtigen Partner für Ihre Hochzeit an Bord geholt.

Bei so viel Gelassenheit und Flexibilität, die Ihnen spätestens jetzt in Fleisch und Blut übergegangen sind, werden Sie auch schnell ein passendes Brautkleid finden. Designerstücke mit monatelanger Lieferzeit sind raus, aber vielleicht passt ein Ausstellungsstück »direkt von der Stange«. Geringfügige Anpassungen sind innerhalb weniger Tage möglich. Auch manche Internetanbieter bieten Neuanfertigungen mit nur wenigen Wochen Lieferzeit an. Oder wie wäre es einfach und unkompliziert mit einem süßen Sommerkleid? Ein paar Blumen ins Haar ... perfekt.

Sie suchen Brautmodeanbieter mit besonders kurzen Lieferzeiten? Im Internet unter www.planmy.wedding/brautmode/ können Sie Brautmodeanbieter nach der Möglichkeit der Expresslieferung filtern.

Homeoffice

Hochzeitsplanung von der Couch aus,
Brautmutters Albtraum, Kostenplanung
kinderleicht und eine Fake-Hochzeit.

Schenken Sie sich und Ihrem Liebsten einen Kaffee ein und machen Sie es sich gemütlich – für den Anfang ist Homeoffice angesagt. Damit meine ich den Teil der Hochzeitsplanung, der sich am besten von der Couch aus erledigen lässt.

Zu Beginn Ihrer Hochzeitsplanung gilt es, zunächst einmal drei zentrale Fragen zu beantworten:

- 💍 Wann? (Termin)
- 💍 Wie? (Konzept)
- 💍 Wie viel? (Budget und Gästeliste)

So legen Sie das Fundament für Ihre Hochzeit, auf dem alle weiteren Entscheidungen basieren werden. Das ist erfreulich, denn eigentlich sind diese drei Fragen recht einfach zu beantworten und bringen Sie dabei einen riesigen Schritt nach vorn.

Erst danach geht es in Ihrem Homeoffice weiter mit Einladungen, Sitzordnung usw. – alles zu seiner Zeit. Holen Sie sich noch einen Kaffee, Ihr Tag im Homeoffice hat gerade erst begonnen.

TERMIN

Haben Sie sich schon einen Termin für Ihre Hochzeit überlegt?

Für manche Paare ist es sonnenklar, wann sie heiraten wollen, z. B. am Jahrestag ihres ersten Dates oder am 8.8., damit er künftig den Hochzeitstag nicht vergisst (immer diese Klischees). Wenn Sie sich schon auf einen Hochzeitstermin festgelegt haben, ist die Frage nach dem Wann bereits beantwortet. Dann sollten Sie so früh wie möglich mit der Planung beginnen, denn Standesämter sind oft auf Monate, Locations manchmal auf ein ganzes Jahr ausgebucht.

Falls Sie terminlich noch flexibel sind, hat das den Vorteil, dass Sie offen für Terminvorschläge Ihrer Wunschlocations sind. Darüber hinaus können Sie sich bei der Terminfindung ein wenig nach Ihren Gästen und den Schulferien richten:

Wer darf auf keinen Fall fehlen? Stimmen Sie sich mit Ihren engsten Freunden und Verwandten über mögliche Termine ab, damit Sie auf jeden Fall zusammen mit Ihren Liebsten feiern.

Ferienzeit ist Reisezeit. Falls Sie während der Schulferien heiraten möchten, verschicken Sie schnellstmöglich eine Save-the-Date-Nachricht, sodass Ihre Gäste sich den Termin frühzeitig vormerken können.

Besonders preiswert können Sie an einem Freitag, Sonntag oder während der Nebensaison (Oktober bis März) Hochzeit feiern. Zu diesen Zeiten sind die Locations wenig ausgelastet und locken oftmals mit günstigen Angeboten.

Und mal ganz ehrlich: Winterhochzeiten werden meiner Meinung nach völlig unterschätzt. Das Wetter kann nicht enttäuschen, denn es wird ohnehin drinnen gefeiert. Eine Schlittenfahrt, ein Glühweinempfang, Fackeln im Garten und ein prasselndes Kaminfeuer machen das Wintermärchen perfekt. Aber das wäre dann schon der nächste Schritt – Ihr Konzept.

KONZEPT

Heute ist Ihr Glückstag im Homeoffice, denn Sie haben zwei Hände voller Wünsche frei. Landgasthof oder Designhotel, rustikal oder exquisit, Riesensause oder im kleinen Kreis, Strand, Dachterrasse oder Berg ... Heute ist Ihr Leben ein Wunschkonzert, Budget und Gästeliste sind noch weit entfernt.

Sammeln Sie Fotos und Anregungen im Internet und bringen Sie Ihre Ideen und Wünsche in Stichpunkten zu Papier. Und Sie werden sehen, Ihr heute entstandenes Konzept macht in den kommenden Wochen und Monaten Schritt für Schritt seinen Weg aus Ihrem Homeoffice heraus, hin zum schönsten Tag Ihres Lebens.

Ein wunderbarer Satz, um die Sammlung Ihrer Stichpunkte einzuleiten, könnte lauten:

Für meine Hochzeit wünsche ich mir ...

Inhaltlich könnten Ihre Stichpunkte die folgenden Themen abdecken (Sie können Ihre Ideen auch direkt auf der vorgegebenen Linie eintragen):

⚭ AMBIENTE/STIL

z. B. klassisch, modern, puristisch, rustikal, opulent, Shabby Chic, Industriecharme ...

....

⚭ THEMA/MOTTO

z. B. Boho, 20er Jahre, 1001 Nacht, Mittelalter ...

....

⚭ DESIGN

z. B. Farbcode, Hochzeitslogo, Einladungskarten/Drucksachen, Dekoration ...

....

⚭ TRAUUNG

z. B. evangelisch, katholisch oder frei, welches Standesamt, musikalische Begleitung, Eheversprechen, Ringe, Gestaltung der Zeremonie ...

....

⚭ LOCATION

z. B. Schloss, Scheune, Loft, mit Garten, in der City, am Wasser, in der Natur, mit Ausblick ...

⚭ GÄSTE

z. B. großer Kreis, kleiner Kreis, zur Trauung weniger Personen als zur Feier, Gastgeschenke ...

⚭ CATERING

z. B. Büfett, Menü, rustikal, regional, mediterran, gehoben ...

Zur Inspiration lohnt sich garantiert auch ein Besuch auf www.planmy.wedding/inspiration/ mit sorgsam zusammengestellten Pinboards und Styled Shoots für Ihre Hochzeit.

ZEITLICHER ABLAUF

Auch der zeitliche Ablauf Ihrer Hochzeit ist Teil Ihres Konzepts. Heiraten wir morgens oder am Nachmittag, an einem Tag oder an zwei verschiedenen Tagen, feiern wir am Nachmittag, am Abend oder den ganzen Tag über? Um den zeitlichen Rahmen abzustecken, bringen Sie einfach die folgenden Programmpunkte in die für Ihre Hochzeit passende Reihenfolge:

Standesamtliche Trauung	ca. 20 Min.
Gratulation, Sektempfang, Gruppenfotos nach der standesamtlichen Trauung	je nach Gästezahl ca. 30–60 Min.
Kirchliche/freie Trauung	ca. 45–60 Min.
Gratulation, Sektempfang, Gruppenfotos nach der kirchlichen/freien Trauung	je nach Gästezahl ca. 30–60 Min.
Fahrt zur Location	nach Möglichkeit max. 45 Min.
Gemeinsames Mittagessen	ca. 2 Std.
Kaffeetafel am Nachmittag	ca. 1,5–2 Std.
Anschnitt der Hochzeitstorte	nur ein Augenblick
Zeit für Hochzeitsfotos	ca. 1–2 Std.
Sektempfang/Aperitif/Fingerfood in der Location	ca. 1–1,5 Std.
Dinner (Büfett oder Menü) inkl. Reden und einiger Spiele/Überraschungsaktionen	ca. 3 Std.
Hochzeitstanz/Eröffnung der Tanzfläche	spätestens um 22:30 Uhr

Sie wissen noch nicht so recht, welche Reihenfolge für Ihre Hochzeit die richtige ist? Die Beantwortung folgender Fragen wird Ihnen helfen:

- ⚭ Welche der oben genannten Punkte kommen für unsere Hochzeit überhaupt in Betracht? (Die für Sie nicht relevanten Punkte streichen Sie einfach weg.)
- ⚭ Heiraten wir nur standesamtlich oder auch kirchlich bzw. frei?
- ⚭ Sollen Standesamt und Kirche/freie Trauung an einem oder an zwei verschiedenen Tagen stattfinden?
- ⚭ Soll die Trauung vormittags oder am Nachmittag stattfinden?
- ⚭ Wird es ein Mittagessen geben (eventuell im kleinen Kreis), eine große Feier am Abend oder beides?
- ⚭ Wollen wir die Hochzeitstorte am Nachmittag oder am Abend anschneiden?
- ⚭ Sollen die Gäste den ganzen Tag über auf unserer Feier anwesend sein oder darf es eine Pause geben, während derer unsere Gäste »freihaben«?

> *Benötigen Sie noch weitere Inspiration? Im Anhang dieses Buches finden Sie unter »A2 – Varianten von Tagesabläufen« verschiedene Anregungen, wie Sie Ihren Hochzeitstag zeitlich gestalten können – ebenso zum Download unter www.planmy.wedding/das-buch/.*

MUT ZUR LÜCKE

Ihre Trauung findet am Vormittag statt, die Location für die Feier steht aber erst ab dem frühen Abend zur Verfügung. Oder Sie möchten sich für Ihre Hochzeitsfotos zwei Stunden oder mehr Zeit nehmen. Manchmal tut sich, ob gewollt oder ungewollt, eine Lücke im zeitlichen Ablauf einer Hochzeit auf.

Eines sollten Sie bei der Planung Ihrer Hochzeit stets im Blick behalten: Ihre Gäste. Und ich garantiere Ihnen, es gibt keinen größeren Partykiller als eine Hochzeitsgesellschaft, die von ihrem Brautpaar stundenlang irgendwo zum Warten abgestellt wird. Ein Stündchen, allerhöchstens anderthalb Stunden an einem schönen Ort mit Sitzmöglichkeiten und Getränkeversorgung sind noch im Rahmen.

Sobald sich bei Ihrer Planung für Ihre Gäste eine Wartezeit von mehr als anderthalb Stunden abzeichnet, gönnen Sie nicht nur sich, sondern auch Ihren Gästen eine Pause.

Idealerweise informieren Sie bereits in Ihrer Einladung darüber, dass Ihren Gästen die Zeit von ... bis ... zur freien Verfügung steht. Noch ein paar Tipps, was es in der näheren Umgebung zu entdecken gibt, und Ihre Gäste werden vielleicht sogar dankbar für eine kleine Ruhepause sein. Am Abend kommen alle frisch und ausgeruht zur langen Partynacht wieder zusammen – wunderbar, alles richtig gemacht!

DIE BRAUTMUTTER

Wenn es um die Hochzeit der eigenen Tochter geht, hat so manche Brautmutter eine ganz eigene Vorstellung davon, wie dieser Tag auszusehen hat, auch wenn er noch in weiter Ferne liegt. Im Geiste werden Location, Dekoration und das Brautkleid für die Tochter schon einmal perfekt ausgestaltet. Steht das große Ereignis endlich vor der Tür, hat sich das lange Warten für die Brautmutter gelohnt. Jetzt braucht sie die perfekten Bilder in ihrem Kopf nur noch in die Tat umzusetzen. Um ihre Tochter besser bei den Hochzeitsvorbereitungen zu unterstützen und alles in die richtige Richtung zu lenken, kommt die

Brautmutter dann auch gern für ein paar Wochen zu Besuch. Und das alles, damit die Hochzeit ihrer Tochter genauso perfekt wird, wie die Brautmutter es sich jahrelang ausgemalt hat. Umso ernüchternder ist es dann, wenn die Tochter ihrer Mutter am Telefon eröffnet, dass ihre Unterstützung gar nicht benötigt wird. Ein Hochzeitsplaner würde sich bereits um alles kümmern. Autsch. Wenn dann auch noch die Vorstellungen von Mutter und Tochter hinsichtlich der Definition von »PERFEKT« weit auseinanderdriften, dann ist genau eines perfekt: Die Katastrophe für die Brautmutter – sie wird nicht gebraucht und ihr schönes hochzeitliches Luftschloss verpufft.

So erging es wohl Julias Mutter. Julia stammt aus der Nähe von Stuttgart, sie wohnt zusammen mit Lutz in Berlin und in drei Wochen feiern die beiden Hochzeit. Für die Planung der freien Trauung mit großer Feier in Berlin haben sie einen Hochzeitsplaner engagiert – mich.

Mit ihrer Mutter hat Julia nach längerem Hin und Her den Kompromiss geschlossen, dass diese sich um die Organisation der standesamtlichen Trauung in Stuttgart kümmert.

Zu dritt sitzen wir in Julias und Lutz' Berliner Wohnung. Es ist unser letztes Treffen vor der Hochzeit, wir brauchen nur noch ein paar finale Details abzustimmen. Julia und Lutz haben beide eine sehr klare Vorstellung von ihrer Feier: modernes Ambiente, freie Trauung auf einem Schiff, abends Party in einer Trendlocation am Wasser. Das Schiff wird mit bunten Luftballons geschmückt, die gesamte Deko wird knallbunt, fröhlich und sommerlich. Bloß keine Rosen – viel zu spießig. Auf keinen Fall darf die Hochzeit kitschig oder zu klassisch wirken. Kutsche und Tauben sind tabu.

Gestern sind die beiden von ihrer standesamtlichen Trauung aus Stuttgart zurückgekehrt, und bevor wir nun in die letzten Details einsteigen, erzählt Julia von der Trauung: »Ach, es war echt schön! Trauung und Feier im kleinen Kreis, Essen beim Edelitaliener… meine Mama hat sich rührend um alles gekümmert. Es war halt schon sehr klassisch mit Tauben, Rosen, Kutsche, Geigenspieler – eben das volle Programm. Das war jetzt nicht so wirklich unser Stil, aber es war trotzdem schön und meine Mama hat sich riesig gefreut.«

Als wir mit den letzten Feinabstimmungen durch sind und unsere Unterlagen zusammenpacken, lässt Lutz ein eng beschriebenes Blatt Papier so offensichtlich unauffällig unter einem Buch verschwinden, dass es mir einfach auffallen muss. »Ach super, ihr habt euch ja viele Notizen gemacht! Lass uns die doch mal schnell durchgehen, damit wir auch sicher alles umgesetzt haben.«

Hilfe suchender Blick von Lutz zu seiner Frau: »Äh, na ja … eigentlich sind es die Notizen von Julias Mutter.« Julias Rettungsversuch: »Wir müssen das jetzt nicht alles durchgehen. Sie hatte nur noch ein paar Fragen, aber die sind alle geklärt. Das ist wirklich nicht wichtig.«

Ich insistiere. »Und ob das wichtig ist. Deine Mama kann mich auch jederzeit anrufen, wenn sie Fragen hat.« Julia hält dagegen. »Nein, das möchtest du nicht. Offen gesagt haben wir meiner Mutter verboten, dich anzurufen. Das ist besser so. Wirklich.«

Das muss ich jetzt nicht verstehen, trotzdem werfen wir noch einen Blick auf den Zettel. In kleiner, ordentlicher Handschrift hat Julias Mutter zahlreiche Notizen gemacht, darunter Stichpunkte wie:

Dekoration Schiff: Blumen statt Luftballons. Bloß keine Luftballons!

Blumendekoration: in Weiß/Rosa, Rosen! Nicht zu knallig. Lieber Kutsche statt Auto.

Sektempfang Location: Weniger Zeit einplanen, eine Stunde ist zu lang.

Ich bleibe bei meiner Bitte, Julias Mutter möge mich anrufen, wenn sie Fragen hat.

Noch zwei Tage bis zur Hochzeit.

Soeben habe ich den finalen Ablaufplan an Julia und Lutz gemailt, ebenso an Julias Mutter, damit sie nicht das Gefühl hat, außen vor zu sein. Keine fünf Minuten später klingelt mein Telefon, Julias Mutter ist dran.

»Wir müssen jetzt mal hier ein paar Dinge klären: Für den Sektempfang ist zu viel Zeit eingeplant, eine Stunde ist viel zu lang. Dann stehen die Leute da auf der Terrasse und wissen nichts mit sich anzufangen. Außerdem möchte ich diese unsäglichen Luftballons nicht auf dem Schiff haben. Und dass meine Tochter und ihr Mann mit einem Taxi (wohlgemerkt ein sehr schicker London-Taxi-Oldtimer, den die beiden sich gewünscht haben) von ihrer Wohnung zum Schiff fahren sollen, kann ja nicht wirklich Ihr Ernst sein. Eine Kutsche wäre ja wohl viel standesgemäßer.«

Ah, okay, allmählich dämmert es mir, was Julia gemeint hat, und ich kann mir ein Schmunzeln nicht verkneifen. »Guten Abend, wie schön, Sie zu hören. Toll, dass wir uns endlich einmal sprechen. Wie geht es Ihnen?«

»Danke, gut, aber lassen Sie uns jetzt mal bitte über die Hochzeit reden.«

Das Telefonat mit Julias Mutter dauert etwa 30 Minuten. Ich versuche, ihr zu erklären, dass, wenn 70 Gäste auf einmal in einer Location eintreffen, es schon mal 15 Minuten dauern kann, bis jeder ein Glas in der Hand hat. »… dann möchte das Brautpaar noch ein paar Worte sagen, es werden Kanapees gereicht, es gibt Livemusik, wir lassen Luftballons steigen … Eine Stunde ist da völlig angemessen. Vertrauen Sie mir.«

Nichts zu machen, der Tagesablauf – eigentlich das gesamte Konzept soll über Bord geworfen und neu erfunden werden. Als Julias Mutter eine kurze Atempause macht, schiebe ich schnell meine Frage dazwischen: »Wissen denn Julia und Lutz von all diesen Planänderungen?«

»Das brauchen die gar nicht zu wissen, das machen wir beide jetzt miteinander aus. Schließlich bezahlt mein Mann die gesamte Hochzeit und auch Sie. Dann müssen Sie sich jetzt schon nach mir richten.«

Oje. Den Zahn muss ich ihr leider ziehen. »Ich kann Sie gut verstehen. Für mich ist es aber nun einmal so, und ich hoffe, auch Sie können mich verstehen, dass meine Vertragspartner das Brautpaar und nicht die Brauteltern sind. Deshalb bin ich ausschließlich den Wünschen von Julia und Lutz verpflichtet. Sprechen Sie doch einfach Ihre Änderungswünsche mit den beiden ab, dann werden die mir sagen, wie sie es gern hätten.«

Nein, das funktioniere nicht, sie hätte das schon versucht.

»Es tut mir leid, aber derart grundlegende Planänderungen kann und darf ich ohne Julias und Lutz' Zustimmung nicht umsetzen. Ich versichere Ihnen, es wird ein grandioser Tag und eine tolle Feier in einer phänomenalen Location. Haben Sie Vertrauen, alles wird …«

Aufgelegt.

Auf der Hochzeit fällt die Begrüßung von Julias Mutter mir gegenüber eher kühl, um nicht zu sagen eiskalt aus. Aber der Tag wird wunderbar, alles läuft perfekt und die beiden sind so glücklich – eine Magie, der sich auch Julias Mutter nicht entziehen kann. Mit leuchtenden Augen erklärt sie mir am späten Abend, sie hätte nie gedacht, dass die Hochzeit so schön werden würde.

Ende gut, alles gut.

Liebe Brautpaare, bleibt euch selbst bei der Konzeption eurer Hochzeit treu, aber habt Verständnis für eure Brautmütter und involviert sie, sofern die das möchten und so gut es eben geht.

Liebe Brautmütter, seid offen für die Vorstellungen eurer Töchter von einer perfekten Hochzeit, auch wenn diese von euren eigenen Wünschen abweichen. Und hackt nicht auf den armen Hochzeitsplanern herum, wir machen doch nur unsere Arbeit.

BUDGET

Wahrscheinlich wird Ihre Hochzeit nicht nur der bislang schönste Tag im Leben, sondern – und da sind Sie nicht allein – auch einer der bisher kostenintensivsten Tage.

Die Wunschliste ist lang, die Verlockungen sind oft unwiderstehlich und allzu präsent ist der Gedanke: »Ach was, wir heiraten nur einmal.« In Windeseile läppern sich einzelne Beträge zu einer schwindelerregend hohen Summe zusammen. Das alles ist normal und okay, solange die Endsumme Sie am Ende nicht überrumpelt.

Das Rezept zur Vermeidung unschöner Budgetexplosionen basiert auf exakt drei Zutaten:

- ⚭ eine feste Budgetgrenze, d. h. Ihr maximales Gesamtbudget,
- ⚭ die nötige Disziplin, um die Budgetgrenze einzuhalten, und
- ⚭ eine realistische und kontinuierlich geführte Kostenplanung.

Die Budgetgrenze ist schnell ermittelt. Ein Blick aufs Konto, eventuell ein Gespräch mit der Familie und die Sache ist geritzt. Traditionell war die Familie der Braut der Hauptsponsor einer jeden Hochzeit. Das hat sich im Laufe der Zeit zum Glück gewandelt, so dass mittlerweile beide Familien je nach Möglichkeit etwas dazugeben (können). Wenn Sie auf finanzielle Unterstützung Ihrer Familie hoffen dürfen, ist es wichtig, dass Sie dieses Thema gleich zu Beginn Ihrer Planung offen ansprechen. Es wäre fatal, schweigend von Beträgen auszugehen, die im Nachhinein nicht im erwarteten Umfang zur Verfügung stehen. Auch ein kleines Crowdfunding im Freundeskreis anstatt der späteren Hochzeitsgeschenke kann eine gute Option zur Aufbesserung des Budgets sein.

Mit der Disziplin kann ich Ihnen nicht helfen, aber Sie haben mein vollstes Mitgefühl. Die Hochzeitsbranche hat viel zu bieten und wird es Ihnen nicht leicht machen zu widerstehen. Bleiben Sie stark!

Dagegen ist die Kostenplanung ein Kinderspiel – versprochen! Planung findet immer im Vorfeld, nie im Nachhinein statt. Kostenplanung bedeutet, dass Sie Ihr Gesamtbudget schon jetzt, im Vorfeld, auf die verschiedenen Kostenpunkte Ihrer Hochzeit verteilen. Nur so können Sie sicher sein, auch wirklich alle anfallenden Kosten in Ihrer Planung zu berücksichtigen. Bevor Sie jetzt das Rad neu erfinden, stelle ich Ihnen hierfür einen praktischen, vielfach bewährten Verteilungsschlüssel zur Verfügung. Anhand dieses Schüssels verteilen Sie Ihr Gesamtbudget prozentual auf die verschiedenen Kostenpunkte Ihrer Hochzeit. Das Ergebnis ist ein realistischer Kostenplan, egal, ob Ihr Gesamtbudget 10 000 oder 30 000 Euro beträgt.

Im folgenden Beispiel, ausgehend von einem Gesamtbudget von 12 000 Euro, könnte Ihr Kostenplan entsprechend so aussehen:

Kostenpunkte	Schätz-kosten	Verteilungs-schlüssel
Catering (Speisen + Getränke/ Hochzeitspauschale)	4 800 €	40 %
Fotograf	1 080 €	9 %
Trauringe	960 €	8 %
Brautkleid + Accessoires	960 €	8 %

Kostenpunkte	Schätz-kosten	Verteilungs-schlüssel
Musik/Entertainment inkl. Technik	720 €	6 %
Blumen + Dekoration	480 €	4 %
Location (reine Miete, falls nicht im Catering enthalten)	360 €	3 %
Bräutigam/Anzug + Accessoires	360 €	3 %
Brautauto	240 €	2 %
Hochzeitstorte	240 €	2 %
Styling	240 €	2 %
Einladungen + Danksagung	240 €	2 %
Sonstiges (Standesamt, Gebühren, Kollekte etc.)	120 €	1 %
Sicherheitspuffer (unvorhersehbare Kosten)	1200 €	10 %
Summe	**12 000 €**	**100 %**

Diese Kostenverteilung ist natürlich nicht in Stein gemeißelt. Sicher werden Sie entsprechend Ihren Prioritäten und den Ihnen vorliegenden Angeboten Anpassungen vornehmen. Aber fürs Erste haben Sie eine konkrete Vorstellung davon, wie viel Geld Sie jeweils in Catering, Dekoration, Musik, Brautkleid etc. investieren können.

Um Ihr Budget kontinuierlich im Blick zu behalten, erweitern Sie Ihre Tabelle um die folgenden Spalten:

⚭ **TATSÄCHLICHE KOSTEN**

Mit jedem Auftrag, den Sie erteilen, notieren Sie hier die tatsächlich anfallenden Kosten.

⚭ **DIFFERENZ**

Schätzkosten abzüglich tatsächlicher Kosten. Diese Spalte zeigt Ihnen, wo Sie Ihr Budget gesprengt oder Geld eingespart haben. Entsprechend könnte Ihre Kostenübersicht, nachdem Sie die ersten Aufträge erteilt haben, in etwa so aussehen:

Kostenpunkte	tatsächliche Kosten	Schätzkosten	Differenz
Catering (Speisen + Getränke/ Hochzeitspauschale)	4 500 €	4 800 €	300 €
Fotograf		1 080 €	
Trauringe	1 000 €	960 €	-40 €
Brautkleid + Accessoires	1 200 €	960 €	-240 €
Musik/Entertainment inkl. Technik	700 €	720 €	20 €
Blumen + Dekoration		480 €	
Location (reine Miete, falls nicht im Catering enthalten)		360 €	
Bräutigam/Anzug + Accessoires		360 €	

Brautauto		240 €	
Hochzeitstorte		240 €	
Styling	150 €	240 €	90 €
Einladungen + Danksagung		240 €	
Sonstiges (Standesamt, Gebühren, Kollekte etc.)		120 €	
Sicherheitspuffer (unvorhersehbare Kosten)		1200 €	
Summe	**7550 €**	**12000 €**	**130 €**

Sensationell – so einfach kann Kostenplanung sein!

Um Ihnen ein Gefühl dafür zu geben, welche Kosten im Rahmen einer Hochzeit auf Sie zukommen können, finden Sie im Anhang unter »A3 – Kosten einer Hochzeit« eine Liste mit ungefähren marktüblichen Preisen.

> *Eine praktische Excel-Datei zur Kostenplanung finden Sie zum Download im Internet unter www.planmy.wedding/das-buch/.*

PRIORITÄTEN

So einfach und fast banal es klingen mag, es gibt genau zwei Dinge, die auf jedem Fest Garant für gute Stimmung sind: gutes Essen (inklusive ausreichend Getränken) und gute Musik.

Die Location, die Dekoration und sogar das Brautkleid sind vergleichsweise irrelevant. Denn ganz egal, welches Brautkleid Sie auf Ihrer Hochzeit tragen, Sie werden strahlen vor Glück. Ihre Gäste kommen nicht wegen der Location, sondern wegen Ihnen. Und, Hand aufs Herz, von der Deko wird in zwei Monaten ... ach was, in zwei Wochen ... kein Mensch mehr sprechen. Unzureichendes Essen, zu wenig Getränke oder schlechte Musik hingegen bleiben in den Köpfen hängen – leider für immer.

Als dritte Top-Priorität lege ich Ihnen den professionellen Hochzeitsfotografen ans Herz. Schließlich wollen Sie sich Ihre Hochzeitsfotos auch in 10 oder 20 Jahren noch mit Freude anschauen und sie vielleicht auch Ihren Kindern und Enkeln zeigen. Da sollte schon ein Profi für die Fotos her (siehe auch »Foto und Video« ab Seite 225).

Also nehmen Sie Ihr Geld und investieren Sie in Catering, Musik und einen guten Fotografen, alles Weitere wird sich fügen. So machen Sie sich und Ihre Gäste glücklich und Sie werden Ihre Hochzeitsfotos auch in 20 Jahren noch lieben.

BUDGET AUF POLNISCH

Mein erstes Treffen mit Alina und Mattis. Die beiden haben mich zu sich nach Hause eingeladen und nun sitzen wir am Wohnzimmertisch ihrer kleinen Wohnung in einem Kölner Vorort. Alina und Mattis sind beide Anfang zwanzig. Sie studiert Grafikdesign, er ist Azubi bei einer Fluggesellschaft. Sie kennen sich schon seit ihrer Kindheit, sind seit vier Jahren ein Paar und jetzt wird mit rund 150 Gästen geheiratet. Mattis ist schweigsam, Alina redet umso mehr und erzählt mir von ihren Hochzeitsplänen: »Wir haben uns auch schon ein Schiff ausgesucht, auf dem wir feiern wollen. War gar nicht so leicht, eins zu finden, das wirklich schick und vor allem groß genug für 150 Gäste ist.«

Alina schiebt mir den Flyer der Reederei über den Tisch zu. Das Schiff ist mir bekannt, ebenso die nicht gerade bescheidene Tagesmiete. Es braucht nur drei Worte, um diese Location einzuordnen: schick, groß und teuer.

Alina spricht weiter, ohne Luft zu holen: »... und abends soll es ein Büfett mit Live Cooking geben, vorweg Fingerfood. Und eine Liveband soll spielen, zumindest am Anfang, danach ein DJ ... und die Deko: Ich fände ja ein paar Palmen, Strandkörbe und Liegestühle auf dem Deck des Schiffes sensationell, oder so richtig schicke Loungemöbel und Bambus statt Palmen. Diese Ledermöbel, die im Prospekt abgebildet sind, gehen gar nicht.«

Mit jedem Satz bläht sich in meinem Kopf das Budget für diese Hochzeit mehr und mehr auf. Unbeirrt fährt Alina fort: »... und wir brauchen jede Menge Wodka. Meine Familie stammt aus Polen, da gehört Wodka dazu. Cocktails soll es sowieso geben, aber Wodka ist mindestens genauso wichtig.«

Dann geht es um die kirchliche Trauung, einen Oldtimer, Feuerwerk, Gastgeschenke ... Alina lässt nichts aus. Nun ist sie fertig, beide schauen mich erwartungsvoll an.

Eines ist mal klar: Mit einem Azubigehalt lässt sich diese Hochzeit nicht finanzieren. Die Kosten tragen wohl entweder die Eltern, Alina und Mattis haben geerbt, oder sie haben noch keinen einzigen Gedanken daran verschwendet, dass Hochzeitfeiern Geld kostet.

Behutsam taste ich mich vor: »Haben Sie sich denn schon überlegt, wie viel Budget Sie für Ihre Hochzeit einplanen möchten?« Wieder ist es Alina, die antwortet: »Ach, wir sind da ganz offen. Vielleicht können Sie uns erst einmal sagen, mit wie viel wir rechnen sollten.«

Ganz offen klingt schon mal gut. Wahrscheinlich die Eltern. »Okay, dann lassen Sie mich mal die Kosten über den Daumen peilen. Die Schiffsmiete für einen Tag liegt bei rund 20 000 Euro, ohne Catering. Büfett mit Live Cooking und Fingerfood vom externen Caterer, dazu Getränke mit Cocktails und extra Wodka inklusive Service und Equipment … da landen wir pro Person bei gut 100 Euro, macht bei 150 Personen 15 000 Euro. Dazu Liveband, DJ, Loungemöbel, Pflanzen, Tischdeko, Hochzeitstorte, Feuerwerk, Gastgeschenke, Oldtimer … also so, wie Sie mir Ihre Hochzeit gerade beschrieben haben, können Sie mit insgesamt gut 45 000 bis 50 000 Euro rechnen. Natürlich sehe ich da auch Einsparpotenzial, aber das wäre die ungefähre Hausnummer, wenn wir wirklich alles, was Sie mir jetzt genannt haben, umsetzen würden.«

Ein bisschen habe ich erwartet, dass die beiden jetzt vom Stuhl fallen. Aber sie schauen sich an, er zuckt die Achseln, sie nickt und flötet: »Okay, das machen wir so.«

Jetzt falle ich fast vom Stuhl. Noch nie hat ein Brautpaar im Erstgespräch derart freimütig das elterliche Geld verplant. Also frage ich jetzt doch mal nach: »Wenn Sie mir die Frage erlauben, wie werden Sie Ihre Hochzeit denn finanzieren? Wird Ihre Familie etwas beisteuern?«

Mattis hebt die Hände. »Ich bin da raus, das macht Alinas Familie.«

Alina stellt mir ihr Finanzierungsmodell vor: »Also, meine Familie kommt aus Polen. Und da ist es üblich, dass jeder Gast dem Brautpaar Geld schenkt. Und je größer und pompöser die Hochzeit, umso mehr Geld wird geschenkt. Deshalb möchten wir ja diese ganz große Hochzeit, damit sich alles am Ende ausgeht und vielleicht noch eine Hochzeitsreise drin ist.«

In meinen Ohren klingt das mehr als abenteuerlich, aber vielleicht muss ich es nur etwas besser verstehen: »Darf ich fragen, wie viele Ihrer 150 Gäste aus Polen kommen?«

Alina überlegt kurz und schätzt: »Etwa 100.«

»Das heißt, das gesamte Budget von rund 50 000 Euro – ohne Hochzeitsreise – wird von diesen 100 Personen getragen, richtig?«

Alina nickt zustimmend, allerdings ist da jetzt eine kleine Falte der Verunsicherung auf ihrer Stirn, die eben noch nicht da war. Noch immer bin ich nicht sicher, ob ich Alinas Konzept wirklich verstanden habe, und frage weiter: »Das heißt, ausnahmslos jeder polnische Gast, ob Freund oder Familie, schenkt mindestens 500 Euro? Und jedes polnische Paar schenkt entsprechend 1 000 Euro?«

»Na ja …« Weitere Falten gesellen sich auf Alinas Stirn zur ersten hinzu. So richtig durchgerechnet hatte sie ihr Finanzierungsmodell offenbar nicht. Hilfe suchend schaut sie rüber zu Mattis und erntet ein Achselzucken.

Es tut mir schon fast leid, Alina auf die zweite Schwachstelle ihres Plans hinzuweisen, aber es hilft nichts: »Bedenken Sie auch, dass Ihnen sowohl die Reederei als auch der Caterer eine Anzahlung von gut 60 % in Rechnung stellen werden, also rund 20 000 Euro. Solange Sie diese Anzahlung nicht leisten, gibt es kein Schiff und kein Essen.«

Alina ist nun doch etwas kleinlaut: »Natürlich können wir alle Rechnungen erst nach der Hochzeit begleichen. Wir haben gehofft, Sie würden mit den Leuten reden.« Eventuell geht mir diese Hochzeit nur wegen meiner nichtpolnischen, wenig risikofreudigen Einstellung zur Budgetplanung durch die Lappen. Allerdings bin ich mir ziemlich sicher, dass die Reederei sowie jeder hier ansässige Caterer eine ähnlich konventionelle Meinung zum Thema Vorkasse haben. So wie Alina sich das vorstellt, wird das nicht funktionieren. Ich bin raus.

Damit ist das Gespräch für uns alle drei beendet und wir haben nichts mehr voneinander gehört. Für die beiden hoffe ich sehr, dass sie am Ende eine schöne Hochzeit hatten, ohne sich bis unters Dach zu verschulden.

Und außerdem, liebe Brautpaare, lasst euch eines gesagt sein: Wie schön oder großartig eine Hochzeit am Ende ist, hängt nicht von der Höhe des Budgets ab.

GÄSTELISTE

Um sich gezielt auf die Suche nach einer geeigneten Location für Ihre Feier zu machen, müssen Sie natürlich wissen, wie viele Gäste Sie maximal erwarten. Auch für Ihre Kostenplanung ist dieser Punkt nicht ganz unerheblich. Verlieren Sie also keine Zeit und stellen Sie Ihre vorläufige Gästeliste zusammen:

	Vorname	Nachname	Erwachsene	Kinder
1	Beate	Schmitz	1	
2	Leonhard	Schmitz	1	
3	Till	Schmitz		1
4	Maria	Heinemann	1	
5	Anton	Heinemann	1	
6	Lena	Heinemann		1
7	Leon	Heinemann		1
...				

Summe

Die Unterteilung in Erwachsene und Kinder ermöglicht Ihnen eine von Anfang an genaue Budgetkalkulation, z. B. in Sachen Kinderunterhaltung oder für das Catering, welches für Kinder meist günstiger ausfällt als für Erwachsene.

Wissen Sie nun, wie viele Gäste Sie einladen werden? Wunderbar. Ein kurzer Abgleich mit Ihrer Kostenübersicht (siehe »Budget« auf Seite 24) wird Ihnen zeigen, welchen Betrag Sie pro Gast für Location bzw. Catering einplanen können. Und schon können Sie sich auf die Suche nach Ihrer Traumlocation begeben (siehe »Suchen und Finden« auf Seite 115).

Im weiteren Verlauf der Planung können Sie Ihre Gästeliste um die folgenden Spalten erweitern:

○○ **KONTAKTDATEN** (Postadresse, Telefon, E-Mail) Ihrer Gäste für Save the Date, Einladungen, Danksagungskarten, telefonische Rückfragen und E-Mail-Verteiler

○○ **JE EINE SPALTE FÜR EINZELNE PROGRAMMPUNKTE,** zu denen nur eine Auswahl von Gästen geladen ist bzw. nicht jeder kommen wird (z.B. standesamtliche Trauung, Mittagessen im kleinen Kreis, Grillen am Vorabend, Bustransfer etc.). Dabei steht eine 1 für eine Zusage, eine 0 für eine Absage

○○ **MENÜAUSWAHL**
z.B. Fisch, Fleisch, vegetarisch (nicht erforderlich bei einem Büfett). Auch eventuelle Unverträglichkeiten können hier eingetragen werden.

○○ **HOCHZEITSGESCHENK**
Bis zum Versand der Danksagungskarten zieht erfahrungsgemäß etwas Zeit ins Land. Damit Sie auch in ein paar Wochen noch wissen, wer Ihnen was zur Hochzeit geschenkt hat, tragen Sie diese Info unmittelbar, am besten gleich während des Auspackens der Hochzeitsgeschenke, in diese Spalte ein.

So wird Ihre Gästeliste zum hilfreichen Planungstool, mit dem Sie ganz leicht den Überblick behalten werden. Im Anhang finden Sie unter »A4 – Vorlage Gästeliste« eine beispielhafte Vorlage.

> *Eine praktische Excel-Vorlage für Ihre Gästeliste finden Sie zum Download im Internet unter www.planmy.wedding/das-buch/.*

FAKE-HOCHZEIT

»Ist nicht Ihr Ernst. Sie nehmen mich auf den Arm!«

Ungläubig starre ich mein Telefon an und versuche zu begreifen, was die Frau am anderen Ende der Leitung da eigentlich von mir will. Soeben hat sie mir eine schön schräge Geschichte erzählt. Und wahrscheinlich falle ich gerade auf den Telefonstreich eines Radiosenders rein. Für kostbare Sendezeit ist diese Unterhaltung jetzt aber schon sehr lang, und die Frau hat mir schon mehrmals versichert, dass dies kein Scherz ist.

Diese Frau und ihr Verlobter planen ihre Hochzeit mit dem Motto »Schottland« in Brandenburg – mit schottischen Dudelsackspielern. 100 Gäste sind geladen, Location und Catering sind bereits fest gebucht.

Es gibt nur ein Problem: Offenbar ist die Familie des Bräutigams mit der Hochzeit nicht einverstanden, jedenfalls werden die Eltern des Verlobten nicht kommen. Zwischen Braut und Schwiegermutter hat es daraufhin mächtig gekracht. Der Streit weitete sich auf den Freundeskreis aus und jetzt werden von ursprünglich 100 geladenen Gästen nur noch 40 zur Hochzeit kommen. Stinksauer auf die Familie ihres Verlobten, vor allem auf dessen Mutter, hat es sich die Braut nun fest in den Kopf gesetzt, trotzdem und jetzt erst recht mit großer Gesellschaft zu feiern. Sie will jetzt allen, die nicht kommen, vor allem der furchtbaren Schwiegermutter, beweisen, welch ein riesiges, phänomenales Fest sie verpassen. Ein Fest mit verdammt noch mal 100 Gästen.

Ihr Auftrag an mich lautet: »Sie müssen einfach nur 60 Gäste für meine Hochzeit besorgen, diese jeweils mit einer Story versehen, woher sie mich kennen, und sicherstellen, dass sich niemand verplappert.«

Schon klar. Ich traue meinen Ohren noch immer nicht. Das kann sie doch nicht wirklich ernst meinen. »Wird Ihr Mann nicht stutzig, wenn er mehr als die Hälfte seiner Hochzeitsgäste noch nie gesehen hat?«

»Nein, der kennt so viele meiner Freunde nicht und er interessiert sich auch nicht so recht für andere Menschen.« Aha, wie sympathisch.

Das Ganze kommt mir noch immer reichlich spanisch vor, und ich frage weiter: »Ihnen ist schon klar, dass Sie im Begriff sind, für 60 wildfremde Leute ziemlich viel Geld auszugeben – davon einmal abgesehen, dass Sie auf Ihrer eigenen Hochzeit kaum jemanden persönlich kennen werden. Das können Sie doch nicht wollen, oder?«

»Das ist mir egal, ich habe genug Geld, das Budget liegt bei 40 000 Euro. Es muss einfach ein großes, fettes Fest werden mit vielen, sehr vielen Gästen.«

Das alles ist doch kompletter Wahnsinn. Eventuell kann ich sie von einem Alternativkonzept überzeugen: »Okay, aber für das Geld können Sie Ihren 40 Gästen ein wirklich bombastisches Fest bieten. Sie könnten sich die Dudelsackspieler sparen und Ihre Leute für ein ganzes Wochenende nach Schottland einladen. Gern werde ich das für Sie organisieren, das wird super. Ihre Schwiegermutter wird sich dann noch viel mehr darüber ärgern, dass sie nicht dabei war.«

Nichts zu machen, es muss die Feier in Brandenburg mit den 100 Gästen sein. Immerhin ist die Location fest gebucht und das Catering bereits angezahlt. Bis zur Hochzeit sind es noch sechs Wochen.

Ich unternehme noch einen letzten Versuch, um sie von diesem Irrsinn abzubringen. »Was ist, wenn sich da einer verplappert? Ihre Schwiegermutter wird sich bis an ihr Lebensende über Sie lustig machen – und das leider zu Recht.«

»Dafür sind Sie ja da. Sie haften dafür, dass sich niemand verplappert.«

Niemals. »Alles Gute für Sie, ich bin raus«, und ich lege auf.

Vielleicht sehe ich da etwas falsch, aber macht es nicht mehr Sinn, sich über die Gäste zu freuen, die zur Hochzeit kommen, als sich über diejenigen zu ärgern, die absagen?

Wie auch immer, falls Sie als Gast auf einer Hochzeit in Königs Wusterhausen waren, mit Dudelsackspielern und einem Bräutigam, der kaum jemanden kannte, nehmen Sie doch bitte über service@plan-my.wedding Kontakt zu mir auf und erzählen Sie mir, wie diese Geschichte weiterging. Ich platze vor Neugier.

EINLADUNG & CO.

Mit Einladung & Co. meine ich in diesem Kapitel sämtliche Drucksachen für Ihre Hochzeit, zu der ganz klar auch die Einladungen zählen. Aber auch mögliche Inhalte für Ihre Einladung, die Hochzeitshomepage als Ergänzung zur Einladung und Austauschplattform für Musikwünsche, Fotos und vieles mehr sollen hier Thema sein.

Die Drucksachen für Ihre Hochzeit betreffend könnte Ihre Einkaufsliste die folgenden Artikel umfassen:

- Hochzeitseinladungen inklusive Umschlägen
- Rückantwortkarten inklusive Umschlägen (vorfrankiert)
- Save-the-Date-Karten inklusive Umschlägen
- Tischkarten (mit den Namen der Gäste)
- Tischnummern oder Tischnamen
- Tischplan
- Kirchenhefte
- Menü-/Büfettkarten
- Kartonagen für Gastgeschenke oder Konfetti
- Beschilderung/Wegweiser
- Danksagungskarten inklusive Umschlägen

DESIGN UND KOSTEN

Besonders schön ist ein einheitliches Design für alle Ihre Hochzeit betreffenden Drucksachen, vielleicht sogar ein individuelles Hochzeitslogo. Vielleicht haben Sie ja eine/n Grafikdesigner/in im Freundeskreis, dann wären Layout und die Produktion von Einladungen, Menükarten etc. ein sensationelles Hochzeitsgeschenk – und Sie könnten sich das relativ hohe Honorar für den Grafiker sparen.

Eine etwas günstigere Alternative zum professionellen Grafikdesigner sind Onlinedruckereien, bei denen Sie aus verschiedenen Designs wählen und so Ihre gesamte Papeterie aus einer Hand produzieren lassen können – natürlich mit Ihren individuellen Inhalten.

Aber es geht noch günstiger. Wenn Sie im Internet nach »Printables« suchen, stoßen Sie auf unzählige und sehr schöne Vorlagensets, zum Teil kostenfrei. Damit können Sie Einladungen, Umschläge, Tischkarten, Schilder u. v. m. mit Ihren eigenen Texten in einheitlichem Design ausdrucken. Einfach Printable herunterladen, individuelle Texte eingeben und zu Hause oder im Copyshop auf schönem Papier ausdrucken – fertig!

Wichtig! Nicht vergessen bei der Kostenplanung, zu Produktionskosten kommen noch die Portokosten für Save-the-Date-Karten, Einladungen und für eventuelle Rückantwortkarten hinzu.

HOCHZEITSEINLADUNG

Etwa vier bis sechs Monate vor Ihrer Hochzeit ist es Zeit, die Einladungen rauszuschicken. So bleibt auch Ihren Gästen ausreichend Luft für Vorbereitungen und Reiseplanung. Falls Sie Save-the-Date-Nachrichten verschickt haben, reicht es aus, wenn Sie die Einladungen vier oder sechs Wochen vor der Hochzeit verschicken.

Eventuell haben Sie für Ihre Gäste ein Zimmerkontingent (siehe auch »Abrufkontingent« auf Seite 138) in einem Hotel reserviert. Dann ist es ideal, die Einladungen spätestens zwei Wochen vor Ablauf der Buchungsfrist für die Zimmer zu versenden – mit einem sehr klaren Hinweis auf die Frist für die Zimmerbuchung.

INHALT

Folgende Punkte und Informationen sollte Ihre Einladung mindestens enthalten:

- Datum der Hochzeit
- Namen der eingeladenen Personen (nennen Sie jeden Namen einzeln; so machen Sie deutlich, ob auch Begleitpersonen oder Kinder mit eingeladen sind)
- Treffpunkt(e) inklusive Adresse und Uhrzeit
- Ein grober Tagesablauf
- Frist für Zu- oder Absagen (u. A. w. g. bis ...)
- Kontaktadresse für Zu- und Absagen (Post- und E-Mail-Adresse)

- Dresscode (siehe auch »Dresscode« auf Seite 41)
- Hochzeitsgeschenke (z. B. Zugang zur Onlinehochzeitsliste, Hinweis auf Geldgeschenke oder Spendenkonto (siehe auch »Hochzeitsgeschenke« auf Seite 42)
- Kontaktdaten Ihres Zeremonienmeisters als Ansprechpartner für organisatorische Fragen und Hochzeitsspiele (siehe auch »Zeremonienmeister« auf Seite 62)

Darüber hinaus und je nach Bedarf sind auch die folgenden Inhalte sinnvoll:

- Rückantwortkarte inklusive frankierten Rückumschlags (siehe auch »Rückantwortkarte« auf Seite 44)
- Eindeutiger Hinweis, falls Hochzeitsspiele nicht gewünscht sind
- Hochzeitshomepage, Link inklusive Zugangsdaten
- Anreiseinformation, z. B. nächstgelegene Flughäfen/Bahnhöfe, Anfahrtsskizze, Info zu Parkmöglichkeiten, eventuelle Baustellen oder andere Hindernisse etc.
- Übernachtungsmöglichkeiten, reservierte Zimmerkontingente inklusive Buchungsfrist, empfehlenswerte Hotels in der Umgebung, Angabe von Zimmerpreisen (sofern Ihre Gäste die Übernachtung bezahlen)
- Hinweis auf Unterbrechung der Feier, z. B. »Die Zeit von ... bis ... steht euch zur freien Verfügung«, eventuell Hinweise, wie Ihre Gäste währenddessen die Zeit verbringen könnten (siehe auch »Mut zur Lücke« auf Seite 18)

Manchmal bietet es sich an, verschiedene Personenkreise zu einzelnen Programmpunkten der Hochzeit einzuladen: Zur kirchlichen Trauung kann jeder kommen, das Mittagessen findet im kleinen Kreis beim Lieblingsitaliener statt und zur Feier am Abend sind wieder alle dabei. In die Einladung schreiben Sie dann nur die Programmpunkte, zu denen wirklich alle Gäste willkommen sind. Die Informationen, die nur für einen bestimmten Personenkreis bestimmt sind, fügen Sie Ihrer Einladung in einem separaten Einleger bei.

DRESSCODE

»Dresscode? Ach was, jeder soll einfach das anziehen, worin er/sie sich wohlfühlt. Wir wollen da niemandem Vorschriften machen.« So verzichten manche Brautpaare auf einen Hinweis zum Dresscode in ihrer Einladung. Das mag ein gut gemeinter Ansatz sein, aber mit einer klaren Aussage zum Dresscode in Ihrer Einladung schreiben Sie Ihren Gästen nichts vor. Vielmehr unterstützen Sie sie in der Beantwortung ihrer Kleiderfrage, denn die stellen sich Ihre Gäste ohnehin. Entsprechend dankbar werden sie für einen Hinweis sein.
Steht Ihre Hochzeit unter einem bestimmten Motto, ist der Dresscode eindeutig. Bei einem besonders kostümlastigen Thema (z.B. Mittelalter) könnten Sie in Ihrer Einladung zur Unterstützung einige Anbieter oder Verleiher entsprechender Kostüme und Accessoires nennen.
Für diejenigen, die es gern klassisch und traditionell mögen, sind dies die allgemeingültigen Dresscodes für gehobene Anlässe und Hochzeiten:

Black Tie
Herren: Smoking
Damen: bodenlanges Abendkleid oder kurzes, aber elegantes Cocktailkleid

White Tie
Herren: Frack
Damen: bodenlanges Abendkleid

Falls Ihnen das alles zu förmlich ist und Sie sich und Ihren Gästen individuell etwas mehr Freiheiten lassen wollen, werden Sie kreativ und treffen Sie eine ganz individuelle Aussage zum Dresscode, wie:

- ⚭ fröhlich, elegant
- ⚭ sommerlich, schick (z.B. zur Gartenhochzeit)
- ⚭ festlich, glamourös

> *Wichtig!* Wie auch immer Ihr Dresscode lauten wird, eine Regel gilt ausnahmslos: Das Brautpaar steht im Mittelpunkt des Geschehens, kein Gast darf die Braut oder den Bräutigam an Eleganz übertreffen.

Für die Damenwelt bedeutet das den Verzicht auf Weiß-, Champagner und Cremetöne, denn Weiß ist nur der Braut vorbehalten. Auch die Herren lassen in puncto Eleganz dem Bräutigam den Vortritt. Trägt der einen Frack, tragen die restlichen Herren maximal einen Smoking. Trägt der Bräutigam einen Smoking, kommt für die Gäste höchstens ein eleganter Anzug infrage. Und trägt der Bräutigam einen Anzug, ist eine elegante Hose mit passendem Jackett angesagt.

Also, lieber Bräutigam, überlegen Sie sich noch vor Versand der Einladungen, was Sie zu Ihrer Hochzeit tragen werden.

So können Sie den Dresscode an Ihr Outfit anpassen – und nicht umgekehrt.

HOCHZEITSGESCHENKE

Vorbei sind die Zeiten, zu denen ein Hochzeitstisch im Kaufhaus mit vom Brautpaar auserwählten Geschenken bereitstand und jeder Gast persönlich dort erschien, um ein Geschenk zu kaufen. Heute funktioniert das alles online – zum Glück!

Fast alle traditionellen Kaufhäuser bieten einen Onlinehochzeitsservice an, ebenso die großen Onlinehändler. Darüber hinaus gibt es Onlineanbieter von Hochzeitstischen, bei denen Sie sich die verschiedensten Angebote aus allen Ecken des Internets ganz individuell zusammenstellen können. Sie brauchen dann nur noch den Link und die Log-in-Daten (die Liste muss auf jeden Fall passwortgeschützt sein) per E-Mail an Ihre Gäste zu verschicken – fertig.

Wichtig: Idealerweise haben Sie bei Ihrer Onlinehochzeitsliste die Möglichkeit, Zeitpunkt und Adresse für eine »Sammellieferung« aller Geschenke anzugeben. So können Sie sich alle Ihre Geschenke auf einmal an einen Ort Ihrer Wahl schicken lassen. Anderenfalls trudeln die Pakete über Wochen und Monate nach und nach bei Ihnen zu Hause ein. Beim Kauf sollte jeder Gast dann selbst entscheiden können, ob er das Geschenk zu sich nach Hause liefern lässt, um es selbst zur Hochzeit mitzubringen, oder ob sein Geschenk in die von Ihnen vordefinierte Sammellieferung kommt.

Und was, wenn Sie und Ihr Haushalt bereits voll ausgestattet sind? Dann macht ein kleiner Geldregen zur Hochzeit Träume wahr. Wenn das Ihr Wunsch ist, scheuen Sie sich nicht, das in Ihrer Hochzeitseinladung klar zu äußern. Sonst kommt Tante Erna doch mit ihrem Kaffeeservice oder einem Küchenmixer um die Ecke. Wie auch immer Sie Ihren Geldwunsch in Ihrer Einladung formulieren, im Internet finden sich unzählige charmante Textvorschläge. Ihren Gästen wird das Geldschenken mehr Freude machen, wenn Sie ihnen schon in der Einladung mitteilen, welchen Traum Sie sich von Ihrem Hochzeitsgeld verwirklichen möchten.

Und ganz besonders wird es Ihre Hochzeitsgäste freuen, wenn Sie, sobald Sie sich diesen Traum erfüllt haben, ihnen ein paar Fotos mit einem großen »DANKE« schicken.

> *Wunschlos glücklich?*
> **Vielleicht sind Sie in der wunderbaren Situation, dass keine Wünsche offen sind. Nur werden Sie Ihre Lieben nicht davon abbringen, Ihnen etwas zur Hochzeit zu schenken. Warum dann nicht für einen guten Zweck spenden? Verweisen Sie in Ihrer Einladung einfach auf ein Projekt, welches Ihnen am Herzen liegt, und rufen Sie zu einer Spende auf. Glück vermehrt sich, indem man es teilt.**

RÜCKANTWORTKARTE

Indem Sie Ihrer Einladung eine Rückantwortkarte beilegen, holen Sie nicht nur Zu- oder Absagen Ihrer Gäste ein. Mit ihr können Sie von Ihren Freunden und Verwandten alle für Ihre Planung relevanten Informationen abrufen, wie z. B.:

- ⚭ Menüauswahl
- ⚭ Lebensmitttelallergien
- ⚭ Top-3-Lieblingssongs für den DJ
- ⚭ Teilnahme an einzelnen Programmpunkten wie Polterabend, Vorabendliches Beisammensein, Standesamtliche Trauung, Schiffsfahrt, Bustransfer etc.

Damit Sie auch wissen, wer Ihnen die Karte zurückschickt, darf auf keinen Fall die vom Gast auszufüllende Zeile für den/die Namen und die Angabe der jeweiligen Personenzahl und Anzahl von Kindern fehlen. Kein Witz, eines meiner Brautpaare hat die Namenszeile vergessen. Die Rückantwortkarten trudelten ein, und die beiden wussten zwar, dass Leute kommen würden, aber nicht, wer.

EINLADUNG PER E-MAIL

Hochzeitseinladungen per E-Mail versenden ist längst salonfähig und dabei noch kostengünstig, schnell und umweltfreundlich. Und mal Hand aufs Herz – von vielen Freunden haben wir die E-Mail-Adressen sofort parat, während wir die Postadressen erst einmal herausfinden müssten. Idealerweise hängen Sie Ihrer Einladungs-E-Mail noch eine PDF-Datei mit dem zeitlichen Ablauf, Treffpunkten und Adressen an. Dieses PDF können sich Ihre Gäste ganz einfach ausdrucken und mitnehmen.

> *Wichtig!* Sind Sie sicher, dass auch die älteren Gäste online sind und Ihre Hochzeitseinladung per E-Mail erhalten werden? Falls nicht, schicken Sie Ihren »Offline-Gästen« eine schöne Einladungskarte, einfach ganz »oldschool« per Post.

SAVE THE DATE

Feiern Sie spontan, sind Sie etwas spät dran mit der Planung oder fällt Ihre Hochzeit in die Ferienzeit? Dann informieren Sie Ihre Gäste schon einmal vorab über Ihre Hochzeit, damit die sich den Termin frei halten können.
Eine kurze E-Mail oder Karte mit ...

Save the Date
Hochzeit von Tina & Thomas am xxx
Weitere Infos folgen.

... reicht völlig aus. Für Locationsuche und alles Weitere ist danach noch Zeit.

Schöne Idee: Ihre Save-the-Date-Nachricht auf einen Kühlschrank-magnet gedruckt erinnert Ihre Gäste jeden Tag wieder an das gro-ße Ereignis und steigert die Vorfreude.

HOCHZEITSHOMEPAGE

Eine Hochzeitshomepage, auf der alle wichtigen Informationen zur Hochzeit online und mobil verfügbar sind, ist die perfekte Ergän-zung zu Ihrer Einladung. Auch nach der Hochzeit können Fotograf und Gäste die Homepage nutzen, um entstandene Fotos zu teilen. Im Internet gibt es zahlreiche Anbieter, die kostengünstig fertig de-signte Hochzeitshomepages anbieten. Ganz ohne Programmier-kenntnisse lässt sich Ihre Hochzeitshomepage aus einem einfa-chen Baukastensystem zusammenstellen.

Falls Sie sich nicht sicher sind, welche Inhalte Sie auf Ihre Hochzeits-homepage setzen möchten, hier ein paar Anregungen:

○○ **WIR HEIRATEN**
Alle Informationen aus Ihrer Einladung zu Datum, Ort, Zeit, Treffpunkt, Tagesablauf, Dresscode usw.

○○ **UNSERE LOVESTORY**
Ein paar Fotos, die Geschichte Ihres Kennenlernens, der Hei-ratsantrag ... was immer Sie beide und Ihre Beziehung aus-macht.

○○ **KIRCHE UND LOCATION**
Ein paar tolle Fotos inklusive Beschreibung der Räumlichkeiten steigern die Vorfreude.

○○ **KONTAKTE**
Adresse für Zu-/Absagen, Kontaktdaten des Zeremonienmeis-ters bzw. für organisatorische Fragen rund um die Hochzeit.

○○ **GESCHENKE**
Link zum Onlinehochzeitstisch, Kontoverbindung zur Über-

weisung von Geldgeschenken, ein Wunsch, den Sie sich mit den geschenkten Beträgen erfüllen wollen usw.

⚭ MUSIKWÜNSCHE

Kontaktformular oder Chat, in dem Ihre Gäste Musikwünsche für die Hochzeitsparty äußern können.

⚭ DOWNLOADS

Nach der Hochzeit können Sie Ihren Gästen hier die schönsten Hochzeitsfotos und Musik-Playlists zum Download bereitstellen.

Je nachdem, wie mitteilungsfreudig Sie sind, können Sie Ihre Freunde und Verwandten auch in einem Blog über Erfolge und Pannen bei der Hochzeitsplanung auf dem Laufenden halten.

> *Wichtig!* Ihre Hochzeitshomepage muss mit einem Passwort geschützt sein, welches Sie Ihren Gästen in der Einladung oder einer separaten E-Mail mitteilen. Schließlich braucht nicht die ganze Welt zu wissen, wo und wie Sie heiraten.

DANKSAGUNG

Eine kleine Karte, handgeschrieben, als Dankeschön fürs Kommen und das tolle Hochzeitsgeschenk – perfekt. Notieren Sie sich am besten schon beim Auspacken Ihrer Hochzeitsgeschenke, wer was geschenkt hat, sonst kann es peinlich werden (siehe auch »Gästeliste« auf Seite 32).

Wenn Sie dann noch ein paar Fotos von der Hochzeit, vielleicht einen Stick mit Bildern oder eine CD mit dem Soundtrack von der Party beilegen, werden Ihre Gäste vor Freude ganz aus dem Häuschen sein und augenblicklich in Erinnerungen schwelgen.

SITZORDNUNG

Eine durchdachte Sitzordnung ist Ihre Chance, schon im Vorfeld für gute Stimmung im Saal zu sorgen. Am besten widmen Sie sich diesem Thema erst dann, wenn Sie alle Zu- und Absagen Ihrer Gäste erhalten haben und kaum mehr mit kurzfristigen Absagen zu rechnen ist – etwa ein bis maximal zwei Wochen vor Ihrer Hochzeit. Also, los geht's! Mit den folgenden Hinweisen sind Sie bestimmt schnell fertig und die gute Stimmung auf Ihrer Hochzeit ist Ihnen sicher:

☼ FESTE CLIQUEN TEILEN (NICHT PULVERISIEREN) UND MIT NEUEN LEUTEN KOMBINIEREN.

Eine eingeschworene Clique hat richtig Partypotenzial. Sitzt aber die gesamte Truppe an einem Tisch, werden Ihre Party People ausschließlich mit sich selbst feiern. In Dreier- oder Viergruppen auf mehrere Tische verteilt, wird Ihre Clique großflächig für gute Stimmung sorgen.

∞ GEMEINSAMKEITEN SUCHEN

Gemeinsame Hobbys, Interessen, Ansichten oder auch Kinder sorgen immer für Gesprächsstoff am Tisch.

∞ STREITPOTENZIAL VERMEIDEN

Der vegane Tierfreund mit dem Jäger und Grillmeister, geschiedene oder getrennte Paare mit (oder ohne) neuen Lebensgefährten ... es gibt so Kombinationen, die an einem Tisch nicht optimal bis gar nicht funktionieren. Im Zweifel fragen Sie im Vorfeld einfach bei beiden Seiten nach, ob sie gemeinsam an einem Tisch sitzen möchten.

∞ KONKURRIERENDE ALPHATIERE

Zwei konkurrierende Unternehmer, zwei Diven, die ihresgleichen neben sich nicht dulden ... manchmal ist ein Saal zu eng für zwei Egos, ein Tisch ist es dann erst recht. Tun Sie sich und allen anderen Gästen einen Gefallen und gewähren Sie jedem Platzhirsch sein Revier.

∞ HINTEN RUHIG, VORNE LAUT

An den DJ gerichtete Bitten wie »Könnten Sie die Musik etwas leiser machen? Man kann sich ja gar nicht unterhalten« vermeiden Sie, indem Sie ältere bzw. weniger tanzwütige Gäste im hinteren Bereich des Saals platzieren (sofern da nicht ausgerechnet die Lautsprecher stehen).

∞ PARTYANIMALS VOR!

Na klar! Wer die Nacht durchtanzt, sitzt direkt an der Tanzfläche goldrichtig.

∞ DAMEN UND HERREN IM WECHSEL

Das Verhältnis Damen/Herren je Tisch braucht nicht zwingend 1:1 zu sein, aber eine gesunde Mischung ist von Vorteil (und ergibt sich ohnehin oft von selbst).

∞ DER SINGLETISCH

Oh bitte, kein Singletisch. Die Betroffenen werden sofort merken, wo sie da gelandet sind, mehr Stigma und Bevormundung geht nicht. Verteilen Sie »Ihre Singles« stattdessen in Zweier- oder Vierergruppen auf mehrere Tische und der Abend wird perfekt.

⚭ DAS ENDE DER TAFEL

Manchmal kommt man nicht umhin, auch das Kopfende einer langen Tafel zu besetzen. Dieser prominente Sitzplatz ist nicht jedermanns Sache. Hier sitzt am besten jemand mit einem Quäntchen Selbstbewusstsein. Noch zwei gute Gesprächspartner zu beiden Seiten – alles richtig gemacht.

RUND ODER ECKIG?

Oft wird die Art der Bestuhlung bereits durch den Charakter der Location und die vorhandene Ausstattung bestimmt. Und obwohl sich hartnäckig das Gerücht hält, dass lange Tafeln weniger kommunikativ als runde Tische sind, kann ich das aus meiner Erfahrung heraus nicht bestätigen. Schließlich stehen Ihnen an einer langen Tafel nicht nur die Herrschaften zur Rechten und zur Linken zum Unterhalten und Feiern zur Verfügung, sondern auch mindestens drei Personen, die Ihnen direkt gegenübersitzen – und zwar viel näher dran als bei einem runden Tisch.

Meiner Meinung nach sind runde Tische und lange Tafeln gleichermaßen kommunikativ. Und am Ende kommt es viel mehr darauf an, wer zusammen am Tisch sitzt, nicht wie viele. Eine wohlüberlegte Sitzordnung ist alles – egal ob runde Tische oder lange Tafeln.

Sollte Ihnen aber ein Locationbetreiber eine U-Form für Ihre Hochzeit anbieten, lassen Sie es. Da kommen Argumente wie »Das ist super, dann kann die Tanzfläche in die Mitte« oder »Das ist doch schön, wenn alle Gäste sich gegenseitig anschauen können«. Fakt aber ist: Sitzen alle Gäste mit dem Gesicht nach innen, hat jeder Gast nur zwei Sitznachbarn zum Reden und kein Gegenüber. Bestuhlen Sie auch die Innenseite der U-Form, sitzt die Hälfte Ihrer Gäste mit dem Rücken zur Tanzfläche.

Fazit: Das U mag super sein für Tagungen oder Arbeitskreise, ist aber ein Killer für Ihre Hochzeit. Bestehen Sie stattdessen auf Tafelbestuhlung, das Equipment ist dasselbe.

TISCHKARTEN UND TISCHPLAN

Natürlich müssen Ihre Gäste wissen, wo genau sie sitzen sollen. Kleine Tischkarten mit dem jeweiligen Namen des Gastes sind da unerlässlich – oder ein hübsches, mit Namen versehenes Gastgeschenk.

Und damit Ihre Gäste ihren Sitzplatz schneller finden, helfen Sie ihnen bei der Suche mit einem großen Tischplan in der Nähe des Eingangs zum Saal (mindestens DIN-A3-Format). Dieser Plan zeigt die Anordnung der Tische im Raum und je Tisch die Namen der Gäste, die Sie dort platziert haben.

Wenn Sie Ihrer Sitzordnung einen besonders persönlichen Anstrich geben möchten, können Sie den Tischen einfach Namen statt Nummern geben (z. B. Ihre Lieblingsstädte, Hobbys, Lieblingsfilme, Stationen aus Ihrem Leben etc.). Das liefert Ihnen auch gleich eine schöne Steilvorlage für die Einleitung Ihrer Ansprache. Sie können erzählen, weshalb Sie diese Namen gewählt haben, was Sie damit verbinden und weshalb Sie Ihre Gäste so an den Tischen platziert haben (siehe auch »Warme Worte« auf Seite 204).

Tischplan mit Tafelbestuhlung

Sowohl bei Tafeln als auch runden Tischen sitzt das Brautpaar stets in der Mitte der dem Eingang gegenüberliegenden Wand-/Fensterseite mit Blick auf die Hochzeitsgesellschaft.

SEETERRASSE

TANZFLÄCHE

EINGANG

TERRASSE

Renate	Braut	Anna
Herbert	Bräutigam	Ralph
Marwa	Inge	Isabell
Michael	Heinz	Thomas
Lisa	Sarah	Renate D.
Lutz	Lothar	Herbert
Leon	Gertrud	Sheniz
Hans	Otto	Muhedin

TANZ-FLÄCHE

Sabia	Almut	Lina
Frank	Harald	Michel
Linda	Ingo	Torben
David	Lara	Steffi
Biggi	Ingolf	Hannes
Steffen	Ingrid	Thomas
Lena	Saskia	Christiane

EINGANG

DER EHRENTISCH

Am Ehrentisch sitzen das Brautpaar, deren Eltern und die Trauzeugen. Ganz traditionell sieht hier die Sitzordnung wie folgt aus:

- Die Braut sitzt rechts vom Bräutigam.
- Zur Rechten der Braut sitzt der Vater des Bräutigams, daneben die Mutter des Bräutigams.
- Links neben dem Bräutigam sitzt die Mutter der Braut, daneben der Brautvater.
- An die Brauteltern reihen sich die Trauzeugen. Als Ehrengäste stehen die Trauzeugen in der traditionellen Rangordnung noch vor den nächsten Verwandten.
- An die Trauzeugen reihen sich Großeltern, Onkel, Tanten etc.

⚭ Ist der Pfarrer anwesend, nimmt er gegenüber dem Brautpaar Platz.

Schon klar. Gerade mit der auch mir eigenen Rechts-Links-Schwäche bin ich von solchen Aufzählungen maximal verwirrt und muss mir das aufmalen.

Ehrentisch rund

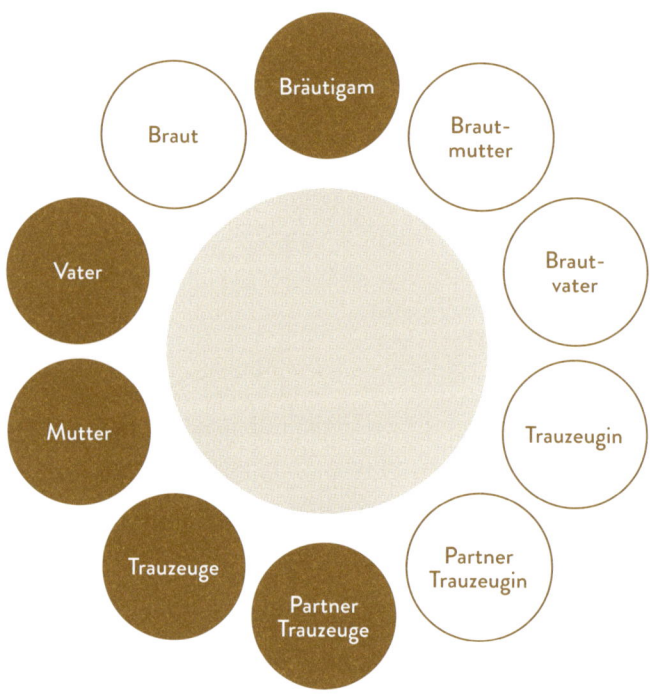

Ehrentisch Tafel

Wichtig! Falls Sie daran zweifeln, ob diese Sitzordnung auf Ihrer Hochzeit funktionieren wird (z. B. bei geschiedenen Brauteltern), sprechen Sie dieses Thema rechtzeitig mit den betreffenden Gästen an. Keine Tradition ist es wert, dass auf Ihrer Hochzeit die Stimmung kippt.

PACKLISTE

Natürlich könnten Sie und Ihr Verlobter am Morgen Ihrer Hochzeit hektisch Ihre Siebensachen zusammenpacken und hoffen, dass Sie am Ende nichts vergessen haben. Meistens funktioniert das nicht und kostet unnötig Nerven.

Legen Sie sich doch einfach eine Liste an, in der Sie während der gesamten Planung nach und nach notieren, was Sie, Ihre Trauzeugen oder Ihr Zeremonienmeister für die Hochzeit einpacken und mitbringen sollten. Je nach Bedarf könnte diese wie folgt aussehen:

Braut

- Brautkleid, Schuhe, Schleier, Accessoires, Ersatzstrumpfhose, Ersatzschuhe
- Notfall-Kit für die Braut (siehe auch »Notfall-Kits« auf Seite 58)

Bräutigam

- Anzug, Schuhe, Einstecktuch, Reversschmuck
- Umschläge mit Geldbeträgen für Barzahlungen (z. B. Tip für den Service, DJ o. Ä.)
- Eventuell Ringkissen

Braut und Bräutigam

- Traubescheinigung vom Standesamt (für die kirchliche Trauung)
- Personalausweise
- Eheringe
- Handzettel mit Eheversprechen

- Kleidung für den Folgetag
- Gepäck für Übernachtung/Hochzeitsreise

Trauzeuge/-in

- Personalausweis(e)
- Bei Bedarf Notfall-Kit für die Braut, sofern die Braut es nicht selbst dabeihaben kann oder möchte (siehe auch »Notfall-Kits« auf Seite 58)

Beste Freundin/Zeremonienmeister

- Plan vom zeitlichen Ablauf des Tages
- Liste mit Namen und Telefonnummern aller involvierten Akteure
- Bei Bedarf Notfall-Kits für die Gäste (siehe auch »Notfall-Kits« auf Seite 58)

Für das Standesamt

- Streublüten/Konfetti/Seifenblasen
- Gläser und Getränke für Sektempfang vorm Standesamt
- Antennenschleifen

Für die Kirche

- Kirchenhefte
- Gestecke für Kirchenbänke
- Streublüten/Konfetti/Seifenblasen
- Blumenkörbchen für Blumenkinder
- Gläser und Getränke für Sektempfang vor der Kirche
- Antennenschleifen

Für die Location

- Sitzordnung für den Caterer (nur beim Menü, damit klar ist, wo z. B. die Vegetarier sitzen) und zum Platzieren von Tischkarten/Gastgeschenken
- Gastgeschenke/Tischkarten
- Menü-/Büfettkarten
- Tischplan zum Aufstellen am Eingang des Festsaals
- Tischdekoration (falls die nicht vom Floristen kommt)
- Utensilien für den Kindertisch (siehe auch »Kindertisch« auf Seite 242)
- Notfall-Kits für die Gäste (siehe auch »Notfall-Kits« auf Seite 58)

NOTFALL-KITS

Natürlich geht es bei der Hochzeit um das große Ganze, keine Frage. Es gibt trotzdem ein gutes Gefühl, auch für die kleinen Unwägbarkeiten des Lebens gewappnet zu sein, vom Hühnerauge bis zur Laufmasche.

FÜR DIE BRAUT

Liebe Braut, am Tag Ihrer Hochzeit dreht sich alles um Sie, entsprechend üppig darf Ihr Notfall-Kit ausfallen:

- Blasenpflaster
- Taschentücher
- Lippenstift, Make-up, Puder
- Kopfschmerztablette
- Kamm, Haarspray, Haarnadeln
- Minzbonbons

- Mini-Deospray
- Nähset mit Nadel und weißem Faden

Keine Angst, Ihre Trauzeugin hat sicher noch ein wenig Platz in ihrer Tasche, damit Sie das nicht alles mit sich herumzutragen brauchen.

FÜR DIE GÄSTE

Niemand soll am Tag Ihrer Hochzeit von Mücken geplagt, von herunterhängenden Haarsträhnen genervt oder von schmerzenden Füßen gequält werden. Mit wohlplatzierten Boxen, Schachteln oder Körbchen, gefüllt mit den entsprechenden Utensilien, zeigen Sie Ihren Gästen, wie sehr Ihnen ihr Wohl am Herzen liegt.

Auf der Damentoilette
- Deospray
- Kamm, Haarspray, Haarnadeln
- Tampons
- Blasenpflaster
- Erfrischungstücher
- Minzbonbons

Auf der Herrentoilette
- Deospray
- Minzbonbons

Neben der Tanzfläche
- Flip-Flops für schmerzende Füße

Auf der Terrasse
- Sonnenschutz

- Mückenspray
- Fächer
- Erfrischungstücher

Zum Abschied
- Kopfschmerztabletten
- Ohrenstöpsel

Zeremonienmeister

Beste Freundin, Trauzeugin, engster Verbündeter und Wächter über die persönliche Schmerzgrenze.

Wenn sich am Tag Ihrer Hochzeit ein Dritter um den reibungslosen Ablauf kümmert, ist das Gold wert. So können Sie Ihre Feier umso unbeschwerter genießen.

In Amerika und England engagiert man hierfür eigens einen professionellen Zeremonienmeister, den Wedding Master of Ceremonies. Und obwohl diese Tradition in Deutschland (noch) nicht verbreitet ist, findet auch hier kaum eine Hochzeit ohne Zeremonienmeister statt.

Denn es gibt sie auf fast jeder Hochzeit: die beste Freundin, den besten Freund, die Trauzeugin, die Sie, liebes Brautpaar, bei den Vorbereitungen und vor allem am Hochzeitstag selbst organisatorisch unterstützt. Voilà ... Ihr Zeremonienmeister!

Der sprachlichen Einfachheit halber verwende ich in diesem Buch die männliche Form Zeremonienmeister oder ZM, auch wenn es sich dabei ebenso gut (eigentlich sogar meistens) um eine Frau handeln kann. Ich hoffe, das ist okay für Sie.

ROLLE

Wenn Ihnen Ihre Trauzeugin oder Freundin ihre Unterstützung anbietet, ist das erst einmal eine tolle Sache. Ist sie aber grundsätzlich eine Chaotin, immer zu spät, schnell überfordert und bereits jetzt mit Job und Kind voll ausgelastet, ist sie eher nicht die ideale Besetzung für diese Aufgabe. Schauen Sie sich in Ihrem Freundeskreis nach einer Person um, die folgende Eigenschaften in sich vereint und somit bestens als Zeremonienmeister geeignet wäre. Er/sie sollte ...

- ⚭ zuverlässig, pünktlich und organisiert sein,
- ⚭ selbstbewusst und höflich auftreten – wichtig, um die Gäste zu »lenken« und gegebenenfalls den Service, den DJ oder andere Dienstleister anzuweisen,

- über ein gewisses Durchsetzungsvermögen verfügen – z. B. wenn es gilt, dem Service bei Bedarf Druck zu machen oder unerwünschte Überraschungsaktionen von Gästen (z. B. Brautentführung) zu unterbinden,
- vor vielen Menschen locker und frei sprechen können – wichtig, um ein Spiel oder einen Programmpunkt anzumoderieren,
- Zeit haben, auch für die Hochzeitsvorbereitungen
- nicht unbedingt 200 km weit weg wohnen und – vor allem
- Lust auf Ihre Hochzeit haben.

Haben Sie Ihren Zeremonienmeister gefunden? Wunderbar! Um seine Sache gut zu machen, muss Ihr Zeremonienmeister natürlich wissen, was Sie von ihm erwarten und welche Aufgaben für ihn damit einhergehen. Die von Brautpaaren meist formulierten Erwartungen an ihren Zeremonienmeister sind folgende:

ENGSTER VERBÜNDETER DES BRAUTPAARES
Ihr Zeremonienmeister ist in erster Linie für Sie, das Brautpaar, da. Dann kommen die Gäste, dann die Hochzeitsanbieter und Dienstleister.

ANLAUFSTELLE FÜR DIE GÄSTE
Für organisatorische Fragen Ihrer Gäste rund um Ihre Hochzeit ist Ihr ZM die perfekte Anlaufstelle – und das nicht nur während, sondern bereits in den letzten Wochen vor der Hochzeit.

ANSPRECHPARTNER FÜR ANBIETER/DIENSTLEISTER
Am Tag Ihrer Hochzeit hält Ihr ZM Ihnen den Rücken frei, steht allen Hochzeitsanbietern für jegliche Fragen zur Verfügung und hat ein Auge darauf, dass alles, z. B. Musik, Deko, Catering, Service etc. ... planmäßig läuft.

Mit diesem klaren Verständnis seiner Rolle wird Ihr Zeremonienmeister auch auf spontane Begebenheiten in Ihrem Sinne reagieren können, ohne sich ständig mit Ihnen abstimmen zu müssen.

AUFGABEN

Die folgenden Aufgaben lassen sich wunderbar an Ihren Zeremonienmeister delegieren. Wenn Sie groß feiern, tun Sie Ihrem ZM den Gefallen und entlasten Sie ihn. Eventuell finden sich im Freundeskreis noch weitere Personen, die gern einzelne Aufgabenbereiche übernehmen möchten. So ist die Verantwortung auf mehrere Schultern verteilt, und alle haben Zeit und Luft, um mit Ihnen Ihre Hochzeit zu genießen.

VOR DER HOCHZEIT

♋ KOORDINIERUNG VON HOCHZEITSSPIELEN

Das ist die mit Abstand wichtigste Aufgabe Ihres Zeremonienmeisters. Wie jeder Mensch haben auch Sie Ihre persönliche Schmerzgrenze, was die Masse und Albernheit von Hochzeitsspielen angeht. Ihr Zeremonienmeister sorgt dafür, dass Freunde und Verwandte diese Schmerzgrenze einhalten. Sonst sprengt ein Spielemarathon den Abend und schlimmstenfalls finden Sie sich auf Ihrer Hochzeit in Situationen wieder, die Sie so nie gewollt haben.

♋ ANSPRECHPARTNER FÜR DIE GÄSTE

Fragen zum zeitlichen Ablauf der Feier, An- und Abreise, Übernachtungsmöglichkeiten, Hochzeitsgeschenke oder Mitfahrgelegenheiten ... Viele Gäste haben viele Fragen. Ihr Zeremonienmeister kennt die Antworten und steht Ihren Gästen schon vor der Hochzeit mit Rat und Tat zur Seite.

⚭ BASTELEIEN

Tischkarten, Gastgeschenke, Antennenschleifen, Kirchenhefte, Tischdekoration ... für eine Hochzeit gibt es jede Menge Schleifchen zu binden, Kärtchen zu beschriften, Kleinigkeiten zu basteln, Streublüten und Konfettti zu besorgen, Organzasäckchen zu befüllen ... Je mehr Leute mithelfen, umso besser.

AM TAG DER HOCHZEIT

⚭ ANSPRECHPARTNER FÜR INVOLVIERTE ANBIETER

Ihr Zeremonienmeister steht allen Akteuren, die heute ihren Beitrag zu Ihrer Hochzeit leisten, als Ansprechpartner für Rückfragen zu Aufbau und Ablauf der Feier zur Verfügung.

⚭ VORAB-CHECK KIRCHE

Etwa 15 bis 20 Minuten vor Eintreffen der Hochzeitsgesellschaft: Auslegen von Kirchenheften und Schildern zur Sitzplatzreservierung, Bereitstellen der Streukörbchen und -blüten für die Blumenkinder, eventuell Blumengestecke in die Kirchenbänke hängen, Autoschleifen und Streublüten/Seifenblasen an die Gäste verteilen.

⚭ BLUMENKINDER UND BRAUTJUNGFERN

Finale Abstimmung mit den Brautjungfern zum Ablauf der Trauungszeremonie, kleine Probe mit den Blumenkindern.

⚭ SEKTEMPFANG VOR STANDESAMT/KIRCHE

Einen geeigneten Platz für den Sektempfang suchen, ausreichend Sekt und Gläser bereithalten.

⚭ VORAB-CHECK LOCATION

Etwa 30 Minuten vor Eintreffen der Hochzeitsgesellschaft: Sicherstellen, dass Ausstattung, Dekoration, Service, DJ ... wie geplant bereitstehen. Bei Bedarf Menükarten, Gastgeschenke, Tischkarten und Tischplan und eventuell Notfall-Kits für die Gäste (siehe auch »Notfall-Kits« auf Seite 58) platzieren.

⚭ BARZAHLUNGEN VOR ORT

Eventuell wird ein Honorar direkt vor Ort gezahlt, üblich ist das zum Beispiel bei DJs oder Chauffeuren oder beim Trinkgeld für den Service. Damit Sie auf Ihrer Hochzeit nicht mit Geldbeträgen hantieren müssen, können Sie eigens vorbereitete Geldumschläge zu treuen Händen Ihrem Zeremonienmeister übergeben, der diese den Empfängern in Ihrem Namen aushändigt.

⚭ GÄSTE LEITEN

Gerade wenn Sie als Brautpaar nicht zur Stelle sind, ist Ihr Zeremonienmeister der »Reiseleiter« Ihrer Hochzeitsgesellschaft. Er bittet sie, in der Kirche Platz zu nehmen, dirigiert sie vom Außenbereich der Location in den Festsaal oder informiert darüber, wann und wo die Feier nach einer Unterbrechung weitergeht. Die Einhaltung Ihres Zeitplans ist somit gesichert, und Ihre Gäste fühlen sich bestens aufgehoben, denn sie sind stets zur rechten Zeit am rechten Ort.

⚭ SERVICE IM AUGE BEHALTEN

Insbesondere wenn eine Getränkepauschale gebucht ist, schenkt der Service gelegentlich nicht allzu motiviert nach. Auch wenn der Serviceleiter sich zu später Stunde verabschiedet und das Feld seinen Kollegen überlässt, kann das die Servicequalität schlagartig mindern. Ihr ZM hat ein Auge auf die Servicekräfte und tritt ihnen bei Bedarf auf die Füße.

⚭ MODERATION + MIKRO

Talkmaster-Qualitäten sind nicht erforderlich, aber eine kurze Ankündigung des jeweils nächsten Programmpunktes (Spiel, Brautstraußwerfen, Luftballons steigen lassen, Feuerwerk etc.) lenkt die Aufmerksamkeit Ihrer Gäste in die richtige Richtung. Und damit ein Redner auf Ihrer Hochzeit nicht erst das Handmikro suchen muss, ist es super, wenn der Zeremonienmeister das Mikrofon einfach entsprechend weiterreicht.

⚭ GÄSTEBUCHEINTRÄGE ORGANISIEREN

Damit sich möglichst viele Gäste eintragen, kann es nicht schaden, gelegentlich mit dem Gästebuch herumzugehen oder in einer kleinen Durchsage daran zu erinnern.

⚭ GESCHENKETISCHSERVICE

Von der Kirche zur Location, von der Terrasse der Location in den Festsaal, später vom Festsaal ins Hotel oder in die Wohnung des Brautpaares. Ihr Zeremonienmeister sorgt für den Transport Ihrer Hochzeitsgeschenke.

Falls Sie für Ihre Hochzeit einen Hochzeitsplaner engagiert haben, wird dieser natürlich vor Ort sein und (hoffentlich) alle Aufgaben des ZM für Sie erfüllen.

Bevor Sie aber eine/n gute/n Freund/in am Tag Ihrer Hochzeit unter all diesen Aufgaben begraben, ist eine Aufgabenverteilung auf mehrere Gäste nur fair und sinnvoll.

BRIEFING

Ihr Zeremonienmeister weiß, was er zu tun hat und was Sie von ihm erwarten. Damit er seine Aufgaben problemlos erfüllen kann, benötigt er spätestens sechs Wochen vor der Hochzeit ein paar wichtige Informationen von Ihnen:

ALLGEMEINE INFORMATIONEN

- ⚭ Gästeliste inklusive E-Mail-Adressen und Telefonnummern.
- ⚭ Grober Ablaufplan vom Tag der Hochzeit
- ⚭ Namen und Handynummern aller involvierten Anbieter und Dienstleister inklusive der jeweils vereinbarten Einsatzzeiten und Leistungen.

KRITERIEN FÜR HOCHZEITSSPIELE

Damit Ihr ZM Hochzeitsspiele in Ihrem Sinne koordinieren bzw. ab-
biegen kann, muss er wissen, was Sie von Hochzeitsspielen halten
und wo Ihre persönliche Schmerzgrenze liegt:

💍 Sind Hochzeitsspiele überhaupt gewünscht?

💍 Über welche Spiele oder Überraschungen würden Sie sich
freuen? Stellen Sie eine kleine Like-Liste für Ihren ZM zusammen. Falls ein Gast noch Inspiration sucht, kann der ZM mit
dieser Liste behilflich sein.

💍 Welche Spiele dürfen auf keinen Fall stattfinden? Ebenso wichtig ist die No-Go-Liste mit Spielen und Aktionen, die Sie ab-
lehnen, z. B. Brautentführung, Spiele, bei denen das Kleid be-
schmutzt wird, Peinlichkeiten etc.

💍 Welche Zeitfenster stehen über den Tag für Hochzeitsspiele
zur Verfügung? Als Koordinator von Spielen und Überraschungsaktionen muss Ihr ZM wissen, in welche Zeiträume er
sie einplanen darf. Immer mit konkreter Anfangs- und Endzeit.
Es muss nicht immer nur der Abend sein. Den ganzen Tag
über können sich kleine Zeitfenster für Hochzeitsspiele auftun,
z. B.:

- unmittelbar nach der Trauung, noch bevor es weiter zur
Location geht (z. B. für Baumstammsägen),
- während des Sektempfangs vor dem Dinner,
- zwischen den Gängen eines Menüs oder
- zwischen Dessert und Tanzflächeneröffnung.

Mit diesem sehr klaren Briefing an Ihren Zeremonienmeister schla-
gen Sie für Ihre Hochzeit gleich drei Fliegen mit einer Klappe:

1. Pünktlich zur Tanzflächeneröffnung, idealerweise spätestens um 22:30 Uhr, sind alle Spiele gespielt und die Party kann beginnen.
2. Unter Ihren Gästen wird zu keiner Zeit Langeweile aufkommen, da Hochzeitsspiele auf den ganzen Tag verteilt sind.
3. Sie dürfen sicher sein, dass man Ihre Schmerzgrenze hinsichtlich der Masse und Peinlichkeit von Hochzeitsspielen respektiert, ohne dass der Überraschungseffekt verloren geht.

Perfekt, alles richtig gemacht!

SPIELE UND ÜBERRASCHUNGEN KOORDINIEREN

Lieber Zeremonienmeister, nun sind Sie an der Reihe. Das Brautpaar hat die Koordinierung der Hochzeitsspiele vertrauensvoll in Ihre Hände gelegt. Aus dem Briefing (siehe »Briefing« auf Seite 68) wissen Sie, was an Hochzeitsspielen geht und was nicht. Sie sind der Wächter über die Schmerzgrenze des Brautpaares – die beiden bauen auf Sie.

Außerdem sorgen Sie dafür, dass die Masse der Spiele nicht den zeitlichen Rahmen der Feier sprengt. Die Zeitfenster, die am Tag der Hochzeit für Spiele vorgesehen sind, kennen Sie ebenfalls aus dem Briefing. Alles, was Sie jetzt noch zu tun haben, ist in nur vier Schritten erledigt:

1. E-MAIL AN DIE GÄSTE (5 BIS 6 WOCHEN VOR DER HOCHZEIT)
In der E-Mail bitten Sie darum, geplante Hochzeitsspiele zwecks Koordinierung bis spätestens zwei Wochen vor der Hochzeit (konkretes Datum nennen!) mit Ihnen abzustimmen. Einen

Textvorschlag für diese E-Mail finden Sie im Anhang unter
»A5 – E-Mail an die Gäste«.

2. **SPIELE SAMMELN (2 BIS 5 WOCHEN VOR DER HOCHZEIT)**
Die bei Ihnen eingehenden Spielevorschläge der Gäste sammeln Sie am besten in einer Übersicht mit folgender Struktur:

Uhrzeit	Name	Dauer	Mikro	Gast
(von/bis)	des Spiels	des Spiels	erforderlich?	

- **UHRZEIT:** Diese Spalte lassen Sie vorerst frei.
- **NAME DES SPIELS:** Damit Sie auch in ein paar Wochen
  noch wissen, um welches Spiel es sich handelt.
- **DAUER:** Eine ungefähre Zeitangabe in Minuten reicht. Kein
  Spiel sollte länger als fünf, maximal zehn Minuten dauern.
- **MIKRO:** Ist ein Mikro erforderlich? Ja oder nein. Manche
  Spiele können nur am Abend im Festsaal stattfinden, wo
  ein Mikrofon vorhanden ist.
- **GAST:** Hier notieren Sie Name, Telefonnummer und
  E-Mail-Adresse des jeweiligen Gastes.

*Eine beispielhaft ausgefüllte Übersicht finden Sie
im Anhang unter »A6 – Übersicht Spiele und Aktionen«.
Eine praktische Excel-Datei zur eigenen
Verwendung steht im Internet unter
www.planmy.wedding/das-buch/ zur Verfügung.*

3. EINPASSEN DER SPIELE IN DEN GESAMTABLAUF (2 WOCHEN VOR DER HOCHZEIT).

Im Briefing hat das Brautpaar Ihnen die möglichen Zeitfenster für Hochzeitsspiele genannt, und aus Ihrer Übersicht geht hervor, wie lange jedes Spiel dauert. Nun können Sie die Spiele in die vorgegebenen Zeitfenster einpassen, indem Sie in Ihrer Übersicht jeweils die Uhrzeit von/bis ergänzen.

Hier noch ein paar Tipps für die ideale Reihenfolge der Hochzeitsspiele:

- Aktionen, bei denen ein Mikrofon benötigt wird, können nur im Festsaal stattfinden, also am Abend.
- Spiele, bei denen mit Wasser oder anderen Substanzen gekleckert wird, finden (bei gutem Wetter) besser draußen statt, z. B. beim Empfang auf der Terrasse.
- Für den Spannungsbogen: kleinere Aktionen tagsüber, aufwendigere Aktionen am Abend.
- Aktionen von Gästen, die voraussichtlich früher ins Bett gehen (ältere Gäste, Gäste mit kleinen Kindern) finden besser früher als später statt.
- Jetzt brauchen Sie die betreffenden Gäste nur noch darüber zu informieren, um wie viel Uhr sie am Tag der Hochzeit mit ihrem Spiel loslegen können.

> **Wichtig!** Drohen die Spiele den zeitlichen Rahmen zu sprengen, stimmen Sie sich noch einmal mit dem Brautpaar ab. Eventuell können die Zeitfenster noch erweitert werden. Falls nicht, liegt es bei Ihnen zu entscheiden, welche Spiele stattfinden – und welche nicht. Einem Gast ein Spiel abzusagen, ist natürlich nicht schön. Würde aber wegen zu vieler Spiele das Essen kalt werden oder die Partystimmung leiden, ginge das auf Kosten aller.

Wunderbar, lieber Zeremonienmeister, jetzt kann nichts mehr schiefgehen. Und sollte auf der Hochzeit doch noch jemand mit unerwünschten Spontanspielen um die Ecke kommen, scheuen Sie sich nicht, beherzt einzugreifen.

LAST-MINUTE-SPIELEMARATHON

Hochzeit von Martina und Michael, 22 Uhr.

Das Essen war hervorragend, alle Reden sind geschwungen, in einer Viertelstunde wird der DJ die Musik aufdrehen und die Tanzfläche eröffnen – ohne Hochzeitstanz. In der Luft liegt diese kribbelnde Unruhe, als raunten die Gäste nach einem langen Tag dem DJ in Gedanken zu: »Komm jetzt, dreh auf, wir wollen tanzen.«

Alle hier scheinen das zu spüren – nur die beiden Trauzeugen nicht, die sich in diesem Moment breit grinsend vor mir aufbauen: »Wir hätten hier noch eine Kleinigkeit, die wir gern loswerden möchten.« Triumphierend wedelt einer der beiden mit einem Zettel vor meiner Nase herum. Hinter ihnen steht ein Bollerwagen, begraben unter einem riesigen Berg von Zeug. Auf den ersten Blick kann ich einen Besen, ein Dreirad, ein paar Töpfe und einige Lebensmittel erkennen.

Martina und Michael haben nichts gegen Hochzeitsspiele, es sollten nur nicht zu viele sein und bitte nicht eklig oder peinlich. In der Einladung haben die beiden das sehr klar gesagt und ihre Gäste darum gebeten, alle Spiele mit mir abzustimmen.

In den letzten Wochen habe ich mehrmals im Freundes- und Verwandtenkreis herumgefragt, ob jemand etwas plant. Schweigen im Walde. Erst vor drei Tagen habe ich einen dieser beiden Trauzeugen, Sebastian, noch gefragt, ob er etwas wüsste. »Nein, gar nichts!« Und ausgerechnet dieser Typ steht jetzt, um 22 Uhr, mit einem Berg von Equipment und dümmlich grinsend vor mir, in der Hand eine beängstigend lange Liste.

Ruhig bleiben, lächeln, alles ist schön, wir sind auf einer Hochzeit. Ich versuche mein freundlichstes Lächeln, es wird eher das zweitfreundlichste. »Oh, wie schön! Ist das eure Liste mit Spielen für heute Abend? Da habt ihr euch ja wirklich viele tolle Dinge einfallen lassen.«

Feierlich nickend überreicht Sebastian mir den Zettel, auf dem in krakeliger Schrift nicht weniger als 20 Spiele notiert sind. Angesichts der mehreren Kubikmeter Material auf dem Bollerwagen scheinen die beiden es tatsächlich ernst zu meinen. Wenn wir das jetzt alles durchspielen, sind wir um zwei Uhr morgens noch nicht fertig und die Party ist gelaufen.

Ich wende mich an Sebastian. »Ihr hättet mir doch was sagen können. Haben wir zwei nicht noch am Mittwoch telefoniert?«

»Ja, aber das sollte doch alles eine Überraschung werden.« Wie Sebastian das sagt, klingt es so, als würde er gerade die Prinzessin aus dem Turm befreien. Dass er stattdessen im Begriff ist, der Hochzeitsparty seines besten Freundes den Todesstoß zu verpassen, ist ihm nicht klar. Aber mir ist eines sehr klar: Auf keinen Fall wird das alles so stattfinden, sorry.

Zusammen mit Sebastian gehe ich die Liste kurz durch und wir legen eine Reihenfolge fest. Das unsägliche Babyfütterspiel und der Dreiradparcours mit verbundenen Augen kommen ganz nach hinten. Ein selbst gedichteter Song und ein kleiner Theatersketch sind auch auf der Liste, damit fangen wir an. Das Bettlakenherz kommt auf Platz drei.

Die Plätze 4 bis 10 von insgesamt 20 legt Sebastian fest, sie finden ohnehin nicht statt.

»Okay, Sebastian, wir fangen mit diesen 10 Spielen an und entscheiden dann je nach Stimmung, womit wir weitermachen.« Sebastian ist einverstanden, der DJ weiß Bescheid.

Das Lied und der Sketch sind ein voller Erfolg. Und als Michael um 22:30 Uhr seine Martina durch das Bettlakenherz trägt, dreht der DJ auf mein Zeichen rigoros auf. Augenblicklich ist die Tanzfläche rappelvoll. Sebastian schaut überrascht zu mir rüber, ich deute achselzuckend auf den DJ.

Den Bollerwagen lasse ich sicherheitshalber im Nebenraum hinter der Garderobe verschwinden – aus den Augen, aus dem Sinn.

Bis um vier Uhr morgens wird getanzt, nicht einmal Sebastian verschwendet noch einen Gedanken an seine Hochzeitsspiele.

Party gerettet, alles richtig gemacht.

Trauung

Die Kussgarantie, Hochzeit im
Taubenschlag, der sichere Weg zum
Wunschtermin und Amelies Geheimnis.

Unlängst war ich Gast auf einer standesamtlichen Hochzeit. Die Trauung fand im Park eines wundervollen Schlosses statt. Es war ein strahlender Sommernachtmittag, die weißen Stühle leuchteten in der Sonne, das ganze Setting war einfach perfekt.

Umso holperiger verlief die Trauung – leider. Brautjungfern und Trauzeugen mussten in den hinteren Reihen Platz nehmen, da die vorderen Reihen von anderen Gästen belegt waren. Unmittelbar nach der Trauung drehte sich das Brautpaar zur Hochzeitsgesellschaft um und ... tja ... und was eigentlich? Stehen bleiben? Durch die Reihen nach hinten gehen und dort die Glückwünsche der Gäste entgegennehmen? Oder mit den Glückwünschen warten bis zum Sektempfang auf der Schlossterrasse? Alle verharrten, niemand wusste, was zu tun ist, ein unangenehmes Schweigen machte sich breit. Es waren auch Streukörbe für Blumenmädchen vorbereitet worden. Allerdings hatten die Mädchen keine Ahnung, wann sie eigentlich streuen sollten, und offenbar hatte sich auch sonst niemand Gedanken darüber gemacht.

Das Ergebnis dieses Durcheinanders war ein chaotischer, abrupter Abgang aus dieser für alle etwas seltsam gewordenen Situation. Und das alles, obwohl das Schlosshotel dem Brautpaar extra eine hauseigene Hochzeitsplanerin an die Seite gestellt hatte.

Eines steht fest: Wenn Sie sich als Brautpaar nicht im Vorfeld einige banale, aber konkrete Gedanken zum Ablauf Ihrer Trauungszeremonie machen, tut es wohl niemand – nicht Ihr Pfarrer, erst recht kein Standesbeamter und schlimmstenfalls noch nicht einmal Ihr Hochzeitsplaner. Damit es Ihnen auf keinen Fall so ergeht wie meinen Bekannten, steht die Zeremonie ganz am Anfang dieses Kapitels. Hier finden Sie die Denkanstöße für all die kleinen Entscheidungen zum reibungslosen Ablauf Ihrer Trauung, egal ob standesamtlich, kirchlich oder frei.

Mindestens ebenso wichtig sind die für die Trauung erforderlichen Formalitäten, Voraussetzungen, Kosten und Besonderheiten bei der Anmeldung zur Eheschließung. Hier unterscheiden sich Standesamt, Kirche und freie Trauung voneinander, daher finden Sie dahingehende Tipps und Informationen in den danach folgenden Unterkapiteln zu Standesamt, Kirche und freier Trauung.

ZEREMONIE

In Amerika findet einige Tage vor der Trauung das sogenannte Rehearsal (zu Deutsch: Probe) statt. Dabei kommen die wichtigsten Protagonisten der Trauung (Brautpaar, trauende Person, Trauzeugen, Blumenkinder etc.) für einen Probedurchlauf der Zeremonie zusammen. Das ist zwar aufwendig, aber immerhin weiß dann jeder zur Trauung sehr genau, was wann und wie zu tun ist. Bei uns ist das Rehearsal weniger üblich, aber zum Glück für den reibungslosen Ablauf auch nicht zwingend notwendig. Damit auf Ihrer Trauung auch ohne Probedurchlauf alles glattläuft, gehen Sie Ihre Zeremonie im Geiste einmal durch, Schritt für Schritt, vom Eintreffen Ihrer Hochzeitsgesellschaft bis hin zur Gratulation nach der Trauungszeremonie. Auf den folgenden Seiten erläutere ich Ihnen die für den reibungslosen Ablauf Ihrer Trauungszeremonie wichtigen Punkte und eine Reihe relevanter Kernfragen, die es sich lohnt zu stellen (und zu beantworten).

EINTREFFEN DER HOCHZEITSGESELLSCHAFT

Spätestens 15 Minuten vor Beginn der Trauung sollten sich Ihre Gäste am Trauort einfinden. Bis dann aber alle ihre Plätze einnehmen, bedarf es erfahrungsgemäß stets einer zusätzlichen, ausdrücklichen Aufforderung. Ob das Ihr Pfarrer, der Standesbeamte, der Bräutigam oder Ihr Zeremonienmeister übernimmt, spielt keine Rolle. Wichtig ist nur, dass es am Ende jemand übernimmt.

Kernfragen

....

○○ Wissen unsere Gäste, wann und wo sie sich zur Trauung einfinden sollen? Das sollte vor allem in der Hochzeitseinladung stehen.

○○ Wer bittet unsere Gäste rechtzeitig (kurz vorm Eintreffen der Braut) darum, ihre Plätze einzunehmen? Auf jeden Fall muss die betreffende Person auch darüber Bescheid wissen.

SITZORDNUNG

....

Die vorderen Sitzreihen sind den Trauzeugen, dem engeren Familienkreis und den Personen vorbehalten, die an der Zeremonie beteiligt sind (z. B. Brautjungfern, Fürbittttensteller, Blumenmädchen etc.). Um sicherzugehen, dass die vorderen Reihen nicht anderweitig besetzt werden, legen Sie auf den Stühlen oder Bänken einfach »Reserviert«-Schilder aus.

Kernfragen

....

○○ Wer sitzt wo bei der Trauung?

○○ Wer erstellt die »Reserviert«-Schilder?

○○ Wer legt die »Reserviert«-Schilder wann aus? Wer sammelt sie nach der Trauung wieder ein (falls bereits die nächste Hochzeitsgesellschaft in den Startlöchern steht)?

> *Wichtig!* Informieren Sie auch die betreffenden Gäste darüber, dass die reservierten Plätze für sie bestimmt sind, sonst bleiben die vorderen Reihen am Ende leer.

MUSIKER

Eventuell haben Sie Musiker oder Sänger für Ihre Trauung engagiert. Wo genau werden sie während der Trauung stehen bzw. sitzen? Das können Sie am besten mit der Sie trauenden Person klären, ebenso den eventuellen Bedarf an Stühlen, z. B. für einen Cellisten.

Diese Absprache erübrigt sich natürlich, wenn Sie direkt über Ihren Pfarrer den zur Gemeinde zugehörigen Organisten oder Kirchenchor engagieren.

Darüber hinaus ist abzustimmen, wann im Laufe der Trauung welche Musikstücke vorgetragen werden.

Kernfragen

- ⚭ Was benötigen die Musiker an Technik oder Mobiliar?
- ⚭ Was ist davon bereits am Trauort vorhanden, was bringen die Musiker mit, was müsste eventuell noch angemietet werden?
- ⚭ Wo genau werden die Musiker während der Trauung und während sie musizieren sitzen oder stehen? Bei Bedarf Plätze reservieren.
- ⚭ Wann werden welche Stücke gespielt/gesungen? Abstimmung mit Musikern und dem Trauredner/Standesbeamten/Pfarrer erforderlich.

EINTREFFEN DER BRAUT

Traditionell empfängt der Pfarrer das Brautpaar vor Beginn der Trauung am Kirchenportal. Aber natürlich ist der Wow-Effekt größer, wenn bis zur Trauung niemand die Braut sieht, schon gar nicht der Bräutigam. Die Braut betritt den Trauort erst, wenn alle anwesenden Personen ihre Plätze eingenommen haben.

In dem Fall muss klar sein, wer der Braut (bzw. dem Brautführer oder dem Chauffeur) das Signal für den Einzug gibt. Wichtig ist auch, wo die Braut auf das Signal wartet und wie viel Zeit sie von dort aus benötigt, um zum Ort der Trauung zu gelangen. Je nachdem, wo das Brautgefährt parkt oder welchen Fußweg die Braut noch zurückzulegen hat, kann das ein relevanter Zeitfaktor sein.

Kernfragen

....

- ⚭ Wer gibt der Braut/dem Fahrer des Brautwagens/dem Brautführer das Zeichen für den Einzug?
- ⚭ Welchen Weg hat die Braut dann noch zum Ort der Trauung zurückzulegen und wie viel Zeit wird sie dafür benötigen?

DER LANGE WEG ZUM ALTAR

Hochzeit in einer der schönsten Kirchen Berlins mitten im Grunewald. In ein paar Minuten werden sich Susanne und José hier das Jawort geben. Die Hochzeitsgesellschaft ist komplett, José und die Trauzeugen stehen am Altar und können es kaum erwarten, dass es endlich losgeht.

Soeben erhielt ich die SMS vom Chauffeur, dass er mitsamt Braut und Brautvater in 10 Minuten an der Kirche eintreffen wird.

Wir haben vereinbart, dass er jetzt zu dem kleinen Parkplatz direkt hinter der Kirche fährt und mir Bescheid gibt, sobald er da ist. Dann bitte ich die Gäste, ihre Plätze einzunehmen. Erst wenn alle sitzen, bekommt der Fahrer von mir das Signal, dass jetzt alles bereit ist für den Einzug der Braut. Vom Parkplatz zur Kirche sind es nur etwa 25 m zu laufen. Ein simpler, auch an dieser Kirche oft und stets erfolgreich durchgeführter Plan.

Mein Handy vibriert, der Chauffeur ist dran: »Hallo, wir stehen jetzt auf dem Parkplatz.« Perfekt. Die Gäste nehmen ihre Plätze ein, und ich rufe den Chauffeur zurück: »Alles klar, die Braut kann kommen.« Seine Antwort: »Gut, wir sind in 15 Minuten da.«

Äh, was? Bis heute weiß ich nicht, wie der Chauffeur trotz Wegbeschreibung und Anfahrtsskizze zu dem anderen Wanderparkplatz, gute 5 km von der Kirche entfernt, fahren und dabei annehmen konnte, richtig zu sein, obwohl dort weit und breit keine Kirche steht.

Interne Notiz: Bevor ich das nächste Mal Hochzeitsgäste bitte, Platz zu nehmen, gehe ich selbst hinaus und überzeuge mich mit meinen eigenen Augen davon, dass die Braut auch wirklich da ist.

C'est la vie – man muss nicht alles verstehen, nur alles bedenken.

EINZUG DER BRAUT/DES BRAUTPAARES

Wie möchten Sie in Ihre Trauung einziehen?

Manche Braut lässt sich klassisch von ihrem Vater zum Traualtar führen, andere Brautpaare gehen gemeinsam den Gang zum Altar hinunter. Oftmals sind auch Blumenkinder und/oder Brautjungfern dabei. Auch sie müssen wissen, was genau Sie von ihnen erwarten.

Unmittelbar vor der Trauung werden Sie weder die Zeit noch die Nerven haben, den Brautjungfern und Blumenkindern ihren Job zu erklären (mehr dazu gleich im nächsten Abschnitt) oder Ausschau nach dem Brautvater zu halten, weil der gerade noch mit ein paar Gästen plaudert.

- Wer führt die Braut zum Altar?
- Wo und wann trifft der Brautführer auf die Braut?
- Wo genau trifft der Bräutigam auf seine Braut (z. B. am Altar oder vor der Kirche)?
- Wo stehen die Trauzeugen beim Einzug?

BLUMENKINDER

Das Blütenstreuen nach der Trauung beim Auszug des Brautpaares aus der Kirche ist ein alter heidnischer Brauch. Die Blüten sollen dem frisch vermählten Paar Glück bringen, ihr Duft lockt die Fruchtbarkeitsgöttin an, die dem Brautpaar reichlich Nachwuchs bescheren soll. Mittlerweile streuen Blumenkinder ihre Blüten häufig sowohl beim Einzug der Braut als auch nach der Trauung. Es sieht einfach schön aus, wenn die Braut auf Blütenblättern zum Altar schreitet und der Fruchtbarkeit tut es sicher auch keinen Abbruch.

Damit nicht alle Blumen auf einmal zu Ihren Füßen landen oder die Blumenkinder lange vor Ihnen den Altar erreichen, nehmen Sie, die Eltern oder Ihr Zeremonienmeister sich vor der Trauung ein paar Minuten Zeit, um mit den Kindern den Ablauf einmal durchzugehen. Ein paar extra Streublüten zum Probieren, eine kurze Laufprobe für die richtige Geschwindigkeit und dazu ein paar beruhigende Worte – perfekt. Und wenn zur Trauung dann doch nicht alles perfekt läuft – es sind Kinder und jeder Patzer wird ein kleines Highlight sein. Für Ihre Blumenkinder benötigen Sie lediglich:

- Blumenkörbchen
- Streublüten; Ihr Florist wird auf Anfrage gern welche mitbringen. Lieber mehr als weniger, da Kinder gern großzügig mit den Blüten umgehen.

○○ Eventuell Haarschmuck oder Blütenarmbänder für die Mädchen; Ihr Florist wird auf Anfrage sicher gern etwas Passendes zaubern.

Und nicht vergessen: Abstimmung mit den jeweiligen Eltern bezüglich der Garderobe für die Kleinen.

Kernfragen

○○ Wer bringt Streublüten und Streukörbchen für die Blumenkinder mit?

○○ Gehen die Blumenkinder vor den Brautjungfern oder hinter ihnen?

○○ Streuen die Blumenkinder bereits zum Einzug der Braut oder erst zum Auszug des Brautpaares ihre Blumen?

○○ Wer macht kurz vor der Trauung einen kleinen Probelauf mit den Blumenkindern?

○○ Wo sitzen die Blumenkinder während der Trauung?

BRAUTJUNGFERN

Die Brautjungfern haben ihren Ursprung in einem heidnischen Brauch aus dem Mittelalter. Ähnlich gekleidet wie die Braut, sollen sie böse Geister und Dämonen in die Irre führen und von der Braut ablenken, sodass das Brautpaar unbehelligt den Bund der Ehe eingehen kann. Mittlerweile ist es der Braut vorbehalten, Weiß zu tragen, aber nach wie vor tragen die Brautjungfern sehr schöne, meist einheitliche Kleider, die die Dämonen verwirren und vom Brautpaar ablenken sollen.

Je nachdem, wie konkret Ihre Erwartungen an den Dresscode Ihrer Brautjungfern sind, ist es eine nette Geste, wenn das Brautpaar sich an den Kosten für die Brautjungfernkleider zumindest beteiligt.

Im Internet finden sich zahlreiche Anbieter, die für genau diesen Anlass festliche Kleider in den verschiedensten Designs und Farben zu erschwinglichen Preisen anbieten.

Gehen die Brautjungfern nun vor oder hinter der Braut in die Kirche? Eine ultimative, allgemeingültige Choreografie gibt es nicht.

In den USA gehen die Brautjungfern beim Einzug vor der Braut her. Zum Schutz gegen böse Dämonen ist das sicher wirksamer, als wenn sie hinter ihr gingen. Zudem setzt die voranschreitende Entourage der Brautjungfern den Einzug der Braut perfekt in Szene. In England hingegen gehen die Brautjungfern zum Einzug hinter der Braut und tragen die Schleppe. Da steht eher der praktische Nutzen im Vordergrund, was je nach Auswahl Ihres Brautkleides durchaus eine Überlegung wert sein kann.

Beim Auszug aus der Kirche gehen die Brautjungfern stets hinter dem Brautpaar.

Kernfragen

- ⚭ Was werden die Brautjungfern tragen (Dresscode)?
- ⚭ Wer trägt die Kosten für die Kleider der Brautjungfern, sofern diese extra gekauft oder angefertigt werden?
- ⚭ Werden die Brautjungfern beim Einzug in die Kirche vor oder hinter der Braut gehen?
- ⚭ Wo sitzen die Brautjungfern während der Trauung?

DER KUSS

Erstaunlich, aber wahr: Was für Sie (und wohl auch für die Mehrzahl Ihrer Gäste) der emotionalste Moment Ihrer Trauung ist, ist aus Sicht eines christlichen Pfarrers völlig irrelevant – der Kuss. Denn für den Vollzug der (kirchlichen) Eheschließung ist der Segen wichtig, und nicht selten lässt ein Pfarrer den Kuss einfach weg oder vergisst ihn.

Fast ein Viertel der Trauungen (katholisch wie evangelisch), die ich erlebt habe, waren kussfrei und entsprechend irritiert die Brautpaare.

FAST UNGEKÜSST

Evangelische Trauung von Nina und Thorsten in Schwerin. Draußen läuft alles wie am Schnürchen, und ich freue mich, dass ich einmal eine Trauungszeremonie fast wie ein Gast von Anfang bis Ende miterleben darf. Neben mir, am Rand der dritten Reihe, sitzt Louisa, eine enge Freundin von Nina, die soeben ein sehr schönes Gedicht vorgetragen hat.

Nun stellt die Pfarrerin die Traufrage, dann kommen der Ringtausch, der Segen und … und wie jetzt!? Kein Kuss? … Die Pfarrerin bittet das Brautpaar und alle Anwesenden, wieder Platz zu nehmen. Auch sie selbst setzt sich auf eine kleine Bank rechts neben dem Altar, um Platz für das Musikduo zu machen. Sängerin und Gitarrist treten hervor und stimmen eine unendlich schöne Version von Stings »Fields of Gold« an, der wir alle verträumt lauschen. Alle außer Louisa und mir.

Kein Kuss?! So lange kenne ich Nina und Thorsten noch nicht, aber auch Louisa glaubt zu wissen, dass Nina auf ihrer Hochzeit eher auf den Ring als auf den Kuss verzichten würde. Louisa sitzt nur ein paar Meter von der Pfarrerin entfernt, ich stupse sie an: »Komm, geh zu ihr hin und frag sie, was mit dem Kuss ist – für Nina.« Gesagt, getan. Was die beiden jetzt miteinander reden, kann ich nicht hören, aber Louisa kommt mit nach oben gerecktem Daumen wieder zurück. Dann versinken wir noch für ein paar Sekunden in der wunderschönen Musik. Als der Schlussakkord im Kirchenschiff verhallt, steht die Pfarrerin auf, tritt vor Nina und Thorsten hin und bittet die beiden, sich noch einmal zu erheben.

»Ich habe eine Mängelrüge erhalten, und ja, ich habe etwas vergessen.« Sie wendet sich an Thorsten: »Sie dürfen Ihre Braut jetzt küssen.«

In diesem Moment fällt nicht nur von Thorsten und Nina, sondern von allen Hochzeitsgästen diese kleine, stets etwas ehrfürchtige Anspannung einer kirchlichen Trauung ab. Die beiden lachen, fallen sich erleichtert um den Hals und ihr Kuss löst eine Welle des Jubels aus. Uuuuhhh … Gänsehaut.

Sie sehen, am Ende sind auch Pfarrer nur Menschen, vergessen Dinge oder sehen ein, dass ein Hochzeitskuss für andere wichtiger ist als für sie selbst.

Na gut, ein katholischer Pfarrer, den ich nach einer ebenfalls kussfreien Trauung ansprach, erklärte mir in verächtlichem Ton: »Kuss? Pfff … das ist doch nur etwas fürs Fernsehen.« Ach so. Is' klar.

Wenn Sie sich Ihre kirchliche Trauung nicht ohne Kuss vorstellen können, scheuen Sie sich nicht, dieses Thema bereits im Trauegespräch offen anzusprechen. Bleibt Ihre Trauung dennoch kussfrei, ist unmittelbar nach der Trauung, z. B. vor allen Gästen vor dem Kirchenportal, der perfekte Moment für einen filmreifen, allseits bejubelten Hochzeitskuss.

AUSZUG DES BRAUTPAARES

Sie entscheiden, ob Sie beim Auszug Ihre Hochzeitsgesellschaft anführen oder Ihre Freunde und Familie vorweggehen lassen. Das hängt auch ein wenig davon ab, ob Ihre Gäste ein Spalier für Sie bilden oder ob Sie die Glückwünsche direkt am Ausgang beim Verlassen der Kirche oder des Standesamtes entgegennehmen werden. Bei aller Spontaneität, es macht Sinn, sich diese Gedanken im Vorfeld zu machen, eventuell in Abstimmung mit Ihrem Zeremonienmeister. Denn stellen Sie sich vor, Sie schreiten nach der Trauung glücklich und forschen Schrittes gen Ausgang und plötzlich verlassen Ihre Gäste fluchtartig das Gebäude, weil die eigentlich ein Spalier geplant hatten. Auch für Ihren Hochzeitsfotografen ist das wichtig zu wissen, sonst sind Sie in diesem schönen Moment auf den Fotos womöglich nur von hinten zu sehen.

Kernfragen

- Ziehen wir vor oder hinter unseren Gästen aus der Trauung aus?
- Planen unsere Gäste ein Spalier?
- Weiß der Fotograf Bescheid?

GRATULATION UND SEKTEMPFANG

In einer Kirche ergibt es sich fast von selbst, dass Sie die Glückwünsche Ihrer Gäste nach der Trauung vor dem Kirchenportal entgegennehmen. Aber nicht immer ist die Situation so eindeutig. Bei der Trauung, die ich eingangs beschrieben habe, waren da nur ein paar Stuhlreihen und ein roter Teppich auf einer Wiese – kein Eingang und kein Ausgang. Das Brautpaar blieb einfach stehen und wusste selbst nicht so recht, wo und wie es jetzt weitergehen soll. Bei den Gästen löst das Unsicherheit aus, der Sie ganz einfach beikommen können – durch entschlossenes und schlüssiges Handeln. Sie lösen die Situation auf, indem Sie die Szenerie der Trauung verlassen und einfach ein paar Schritte dorthin gehen, wo ausreichend Platz für Sie und Ihre Gäste zum Gratulieren ist.

Wenn Sie die Glückwünsche später an einem anderen Ort entgegennehmen möchten (z. B. wenn am Trauort selbst keine Zeit oder kein Platz ist), reicht eine kurze Ansage wie: »Wir machen jetzt noch schnell ein Gruppenfoto und sehen uns dann gleich in der Location zum Gratulieren und Anstoßen wieder.«

Kleiner Tipp: Teilen Sie Ihren nächsten Verwandten oder Trauzeugen vorher mit, wo Sie die Glückwünsche entgegennehmen möchten, gern noch mit dem kleinen Hinweis, dass sie herzlich willkommen sind, beim Gratulieren den Anfang zu machen. Alle weiteren Gäste werden dann von ganz allein nachziehen.

Kernfragen

....

- ⚭ Wo genau wollen wir die Glückwünsche entgegennehmen?
- ⚭ Wie viel Zeit bleibt uns nach der Trauung direkt am Trauort, bevor die nächste Hochzeitsgesellschaft eintrifft?
- ⚭ Wollen wir unseren Gästen unmittelbar nach der Trauung Sekt anbieten oder später in der Location?
- ⚭ Wer bringt Sekt und Gläser mit?

TAUBENCRASH

Trauung in Schwerte, glücklich lachend verlässt das Brautpaar das Standesamt, die Hochzeitsgesellschaft versammelt sich auf dem Vorplatz, wo alles für den Sektempfang bereitsteht.

Die Brautmutter hat Tauben gebucht, die in einer weißen Kiste auf ihre Freilassung warten. Ein paar feierliche Worte, der Deckel der Kiste wird geöffnet und etwa zehn Tauben fliegen unter dem Jubel der Anwesenden gen Himmel.

Alle? Nein, nicht alle. Eine Taube schlägt nicht den Kurs ihrer Kameraden ein. Plötzlich läuft alles wie in Zeitlupe ab. Ich denke noch: »Nein, das ist eine Taube. Die kann fliegen. Auf keinen Fall wird die jetzt ...« Rund dreißig gefüllte Sektgläser zerbersten. Spitze Schreie, nasse Kleider, überall Glasscherben. Die Taube taumelt in der Luft, fängt sich und verschwindet.

Interne Notiz: Nicht alle Tauben können gleich gut fliegen. Ausreichend Platz lassen zwischen Taubenkorb und allem, was zerbrechlich ist.

GUT GEPLANT

Ganz egal, ob Sie sich kirchlich, standesamtlich oder frei trauen lassen, es ist sinnvoll, neben den in diesem Kapitel bereits gestellten Kernfragen auch die folgenden Punkte und Fragen in Bezug auf Ihre Trauung zu klären:

- Wann soll die Trauung stattfinden (Datum, Uhrzeit)?
- Wo wollen wir uns trauen lassen?
- Mit welchen Kosten sollten wir rechnen?
- Wie viele Gäste erwarten wir zur Trauung?
- Ist im Trauzimmer/im Saal/in der Kirche genug Platz für so viele Gäste?
- Wie lange wird die Trauung dauern?
- Werden wir Trauzeugen benennen? Wenn ja, wen?
- Was sollten wir bzw. unsere Trauzeugen zur Trauung mitbringen? (Ringe, Traukerze, Personalausweise ...)
- Welche Möglichkeiten haben wir, um die Trauung individuell zu gestalten? (Rituale, Eheversprechen, Trausprüche etc.)
- Wünschen wir uns die musikalische Begleitung unserer Trauung?
- Sind ausreichend Parkmöglichkeiten für Gäste und Brautauto vorhanden?
- Gibt es die Möglichkeit, nach der Trauung einen kleinen Sektempfang auf dem Vorplatz zu organisieren?
- Wie viel Zeit haben wir für Fotos, Baumstammsägen etc., bevor die nächste Hochzeitsgesellschaft eintrifft?
- Ist das Streuen von Reis und/oder Blumen erlaubt?

STANDESAMT

Das samstägliche Treiben vor dem Kölner Standesamt ist eine Sehenswürdigkeit für sich. Permanent sind mindestens drei Hochzeitsgesellschaften gleichzeitig auf dem Vorplatz versammelt, aus mindestens drei verschiedenen MP3-Playern ertönt Musik und mischt sich mit dem Gedudel des Drehorgelspielers.

Immer wieder neue Gruppen formieren sich auf der Treppe zum Gruppenfoto und alle paar Minuten bilden wieder neue Gäste vor dem Eingangsportal ein Spalier und bejubeln ihr frisch vermähltes Brautpaar. Es regnet Reis, Blüten und Konfetti. Jede Braut eine Prinzessin und doch vollkommen anders als die nächste. Die einen schwatzen lachend mit ihren Gästen, andere haben vor Aufregung rote Flecken im Gesicht und so manche Braut mit stramm geschnürter Korsage ist bedenklich blass. Fast im Minutentakt fahren weitere Brautpaare in aufwendig geschmückten Stretchlimousinen, Hummers oder Oldtimern vor, andere kommen Händchen haltend zu Fuß über den Vorplatz geschlendert.

Ganz klar, wer hier heiratet, der heiratet in einem Taubenschlag.

Natürlich geht es in vielen anderen Standesämtern dieses Landes weitaus ruhiger zu. Aber insbesondere in trubeligen, stark frequentierten Standesämtern sind die Termine schnell ausgebucht und die Beamten derart ausgelastet, dass die Individualität während der Trauung zuweilen auf der Strecke bleibt. Wie Sie dennoch beste Chancen auf Ihren Wunschtermin und eine individuelle standesamtliche Trauungszeremonie haben, erfahren Sie in diesem Kapitel. Und immerhin sind das Prozedere der Anmeldung sowie die Formalitäten zur Eheschließung bundesweit einheitlich geregelt. Was für die Anmeldung zu tun ist und wo Sie welche Dokumente herbekommen, erfahren Sie ebenfalls auf den nächsten Seiten.

ANMELDUNG

Grundsätzlich melden Sie Ihre Eheschließung bei dem für Sie zuständigen Standesamt an. Zuständig ist das Standesamt, bei dem einer von Ihnen oder auch Sie beide Ihren angemeldeten Wohnsitz haben. Auch wenn Sie sich in einem anderen Standesamt trauen lassen möchten, melden Sie Ihre Eheschließung zunächst in dem für Ihren Wohnsitz zuständigen Standesamt an. Der Standesbeamte wird dann Ihre Unterlagen, sobald diese vollständig vorliegen, an ein Standesamt Ihrer Wahl weiterleiten, sofern Sie sich woanders trauen lassen möchten.

Zur Anmeldung Ihrer Eheschließung benötigen Sie beide jeweils die folgenden Unterlagen:

- Beglaubigter Ausdruck aus dem Geburtenregister (nicht älter als 6 Monate), erhältlich beim Standesamt Ihres Geburtsortes
- Aufenthaltsbescheinigung (Meldebescheinigung) ausgestellt zum Zwecke der Eheschließung mit Angabe des Familienstandes, der Staatsangehörigkeit und der Wohnung, erhältlich beim Einwohnermeldeamt Ihres Hauptwohnsitzes
- Gültiger Reisepass oder Personalausweis

Falls Sie bereits gemeinsame Kinder haben:

- Geburtsurkunde oder ein beglaubigter Ausdruck aus dem Geburtenregister (nicht älter als 6 Monate), erhältlich bei dem Standesamt, welches für den Geburtsort Ihres Kindes zuständig ist

Falls Sie schon einmal verheiratet waren:

- Urkundlicher Nachweis über die Auflösung der letzten Ehe (z. B. Tod oder Scheidung). Gemeint ist nicht das Scheidungsurteil oder die Sterbeurkunde des früheren Ehegatten, sondern eine beglaubigte Abschrift aus dem Familienbuch der letzten Ehe. Die Abschrift erhalten Sie bei dem Standesamt, wo die Ehe geschlossen wurde.

Die Unterlagen können Sie bei den meisten Ämtern ganz einfach online anfordern und per Post zu sich nach Hause schicken lassen. Sofern einer der folgenden Punkte auf Sie zutrifft, sollten Sie sich vor Anmeldung Ihrer Eheschließung eingehend von Ihrem zuständigen Standesbeamten über die erforderlichen Dokumente beraten lassen:

- Einer von Ihnen ist im Ausland geboren oder ausländischer Staatsbürger
- Einer von Ihnen ist adoptiert
- Einer von Ihnen hat ein noch minderjähriges Kind

Sobald Sie alle Ihre Dokumente beisammenhaben, reichen Sie diese persönlich im Standesamt ein und melden so Ihre Eheschließung an. Die meisten Standesämter bestehen tatsächlich darauf, dass Sie beide zusammen persönlich zur Anmeldung Ihrer Eheschließung erscheinen, um sich davon zu überzeugen, dass Sie beide freiwillig handeln.

ORT DER TRAUUNG

Wenn Sie von einer standesamtlichen Trauung im eigenen Garten träumen, muss ich Sie leider enttäuschen. Standesamtliche Trauungen finden entweder im Standesamt selbst oder in einer Außenstelle des jeweiligen Standesamtes statt. Viele Standesämter gehen Kooperationen mit wunderschönen Locations in der Umgebung ein, um heiratswilligen Paaren einen besonders attraktiven Rahmen für ihre standesamtliche Trauung zu bieten. Welches Standesamt über welche Außenstellen verfügt und an welchen Terminen dort jeweils getraut wird, erfahren Sie auf den Internetseiten der Standesämter.

> *Darüber hinaus können Sie im Internet unter www.planmy.wedding/hochzeitslocations/ die Hochzeitslocations herausfiltern, bei denen eine standesamt- liche (oder auch kirchliche) Trauung direkt vor Ort möglich ist.*

TRAUZEUGEN

Die Tradition der Trauzeugen reicht zurück ins Mittelalter. Wichtige Dokumente sind zu der Zeit oft Kriegen oder Bränden zum Opfer gefallen. So haben stets zwei Trauzeugen der Trauungszeremonie beigewohnt, um bei Bedarf die Ehe des Paares bezeugen zu können. Mittlerweile ist diese Rolle der Trauzeugen in den Hintergrund ge- rückt. Vielmehr stehen Trauzeugen heute für persönlichen Bei- stand, wenn es in der künftigen Ehe einmal kriseln sollte. Und na- türlich helfen sie bei den Vorbereitungen der Hochzeit, meist sind es die Trauzeugen, die die in diesem Buch beschriebene Rolle des Zeremonienmeisters übernehmen.

Seit 2008 können Sie standesamtlich auch ganz ohne Trauzeugen heiraten. Wenn Sie möchten, dürfen Sie maximal zwei reale Perso- nen benennen. Ausdrücklich »reale Personen«, denn die Leute kom- men auf die lustigsten Gedanken. Elton John hat seinen Hund zum Trauzeugen gemacht. Hierzulande aber müssen Ihre Trauzeugen:

- mindestens 18 Jahre alt sein,
- die Sprache verstehen, in der die Zeremonie abgehalten wird (zur Not können Sie Ihrem Trauzeugen einen Übersetzer an die Seite stellen),

- mental in der Lage sein, der Trauung inhaltlich zu folgen (spätestens jetzt wäre Ihr Hund raus), und
- einen gültigen Lichtbildausweis zur Trauung vorlegen.

KOSTEN

Für die Anmeldung der Eheschließung fällt eine Gebühr an, die je nach Standesamt zwischen etwa 20 und 80 Euro variiert. Hinzu kommen die Kosten für die Beschaffung der erforderlichen Dokumente, je Dokument etwa 10 bis 25 Euro. Falls Sie sich in einer Außenstelle vom Standesamt trauen lassen, kann es sein, dass hierfür eine Nutzungsgebühr erhoben wird. Diese kann je nach Exklusivität der Location zwischen etwa 50 Euro und mehreren Hundert Euro liegen.

TERMINRESERVIERUNG

Erst sechs Monate im Voraus können Sie Ihre Eheschließung bei Ihrem zuständigen Standesamt persönlich anmelden. Ihr Wunschtermin für die standesamtliche Trauung wird also erst ein halbes Jahr im Vorfeld zur Reservierung freigegeben und keinen Tag früher.
Zu dem Zeitpunkt haben Sie eventuell bereits die Location für Ihre anschließende Feier gebucht. Umso wichtiger ist es, sich jetzt den Wunschtermin im Standesamt zu sichern. Denn gerade die begehrten Termine (lange Wochenenden, der 8.8., 9.9., etc.) sind exakt sechs Monate im Voraus rasend schnell ausgebucht, insbesondere bei den stark frequentierten Standesämtern.

Und so gehen Sie vor:
Frühzeitig, spätestens acht Monate vor Ihrem Wunschtermin, erkundigen Sie sich bei Ihrem zuständigen Standesamt, ab wann Sie Ihre Eheschließung für Ihren Wunschtermin anmelden können und

welche Unterlagen Sie dafür benötigen. Neben den erforderlichen Dokumenten wird man Ihnen ein konkretes Datum und eine Öffnungszeit für die frühestmögliche Anmeldung nennen.

Am besagten Tag erscheinen Sie beide mit allen erforderlichen Unterlagen im Gepäck bei Ihrem Standesamt, und zwar mindestens 30 Minuten vor Beginn der Öffnungszeit, damit Sie die erste Wartenummer ziehen. Sie werden nicht die Einzigen sein, die vorzeitig darauf warten, dass sich die Tore öffnen.

Manche Standesämter werden Ihnen vielleicht schon bei Ihrem ersten Anruf Ihren Wunschtermin reservieren, manchmal stehen sie auch direkt mit den namhaften Locations in der Umgebung in Verbindung und haben Sie daher schon längst auf dem Schirm.

In jedem Fall lohnt es sich, frühzeitig mit dem Standesamt Kontakt aufzunehmen, damit bei der Anmeldung für Ihren Wunschtermin alles glatt läuft.

VORGESPRÄCH

Im Vorgespräch lernt der Standesbeamte Sie beide näher kennen, um seine Traurede individuell auf Sie abzustimmen. Ihre Geschichte, wie Sie sich kennengelernt haben, was Ihre Beziehung ausmacht und der Heiratsantrag werden Thema in diesem Gespräch sein. Auch die musikalische Begleitung, ein eventuelles Eheversprechen oder die individuelle Gestaltung der Zeremonie werden zur Sprache kommen.

Und wenn es gar kein Vorgespräch gibt? In manchen Standesämtern werden aus Kapazitätsgründen grundsätzlich keine Vorgespräche mit den Brautpaaren geführt. Manchmal steht auch erst einen Tag vor der Trauung fest, wer Sie beide überhaupt trauen wird. Damit Ihre Traurede trotzdem möglichst individuell wird, können Sie wie folgt vorgehen:

Eine Woche vor Ihrer Trauung rufen Sie im Standesamt an und fragen (ganz lieb), ob es möglich wäre, eine kurze E-Mail mit ein paar Zeilen für die Traurede zu schicken, die man dem zuständigen Standesbeamten rechtzeitig ausdrucken und in die Mappe legen könnte. Ihre E-Mail sollte dann maximal eine halbe DIN-A4-Seite lang sein. Ein paar Stichpunkte zu Ihrer beider Person, Ihrem Kennenlernen oder Ihrer Beziehungsgeschichte – fertig.

Ob Sie damit Erfolg haben werden, hängt natürlich vom Wohlwollen des jeweiligen Standesbeamten ab. Aber bei meinen Hochzeiten in Köln, dem trubeligsten Standesamt, das ich kenne, hat das immer wunderbar geklappt.

GUT GEPLANT

Für Ihre standesamtliche Trauung sind – abgesehen von den bisherigen Ihre Zeremonie betreffenden Fragen – die folgenden Punkte mit dem jeweiligen Standesbeamten zu klären:

- Möchten wir uns in einer Außenstelle vom Standesamt trauen lassen? Falls ja, wann sind dort Trauungen möglich?
- Ab wann können wir unseren Wunschtermin zur Trauung beim Standesamt anmelden?
- Ist es möglich, dass man uns unseren Wunschtermin schon einmal reserviert und wir die Unterlagen später nachreichen?
- Welche Dokumente benötigen wir für die Anmeldung unserer Eheschließung?
- Wird es vor unserer Trauung ein persönliches Gespräch mit dem Standesbeamten zum Ablauf und zur Gestaltung der Zeremonie geben?

KIRCHE

Die kirchliche Trauung ... für viele Paare Inbegriff und Herzstück einer jeden Märchenhochzeit. Zu Beginn dieses Kapitels haben Sie bereits viel erfahren über die Organisation und Gestaltung einer Trauungszeremonie, unabhängig davon, ob es sich um eine kirchliche, standesamtliche oder freie Trauung handelt. Jetzt kommen wir zu den für die kirchliche Trauung relevanten Fragen, wie z. B.: Wann darf man kirchlich heiraten und wann nicht? Was genau ist eine ökumenische Trauung? Wie verhält es sich mit den Kosten und was erwartet Sie beim Traugespräch mit Ihrem Pfarrer?

Klar, das hört sich zunächst nach etwas drögem Stoff an ... ist es leider auch. Ich versuche, es möglichst leicht herüberzubringen, und Sie halten sich einfach vor Augen, dass am Ende eine wunderschöne, romantische und hoffentlich pannenfreie Zeremonie steht.

IRRFAHRT

Noch 15 Minuten bis zur Trauung von Amelie und Christoph, 90 Gäste versammeln sich bereits vor der Kirche.

In ihrer Wohnung wartet Amelie im Brautkleid und fertig gestylt auf ihren Vater, der sie gleich hier abholen und zur Kirche fahren wird. Alles ist perfekt geplant, jeden Moment wird er an der Tür klingeln und dann geht es los.

Amelies Telefon klingelt, ihr Papa ist dran. »Sag mal, ich stehe hier vor deiner Tür. Habt ihr noch kein Klingelschild?«

»Äh, doch. Aber wo stehst du denn? Ich sehe dein Auto gar nicht.«

»Na, vor deiner Tür.«

Sie wirft noch einmal einen Blick aus dem Fenster. »Sicher nicht.«

Jetzt wird Amelie ganz heiß und kalt. Was ist da los? Ihr Vater kennt sich in der Stadt nicht aus, deshalb hatte sie ihm extra Straße und Hausnummer der Wohnung aufgeschrieben, damit er die Adresse in sein Navi eingeben kann … nicht aber die Postleitzahl.

Tatsächlich steht Amelies Vater vor einer fremden Wohnung in einer gleichnamigen Straße am anderen Ende der Stadt. Jetzt zur richtigen Wohnung und dann zur Kirche zu fahren, würde fast eine Stunde dauern. Verdammt.

Amelie schaltet schnell. »Okay Papa, du fährst direkt zur Kirche, ich komme mit dem Taxi dahin. Wir treffen uns vor der Kirche. Bis gleich.«

Noch fünf Minuten bis zur Trauung. In der Kirche nehmen die Gäste allmählich ihre Plätze ein, ich stehe zusammen mit Anja, der Trauzeugin, in der Nähe der Eingangstür. Alles wartet auf die Ankunft der Braut. Mein Handy vibriert, Amelie ist dran. Sie redet von falscher Adresse, brauchen länger, wartet aufs Taxi, trifft Papa vor der Kirche, trinkt jetzt erst mal ein Bier. Und ein Satz mit Nachdruck: »Kein Wort zu meiner Mutter.«

Amelies Eltern sind geschieden und nicht gut aufeinander zu sprechen. Das Zuspätkommen zur Hochzeit seiner Tochter würde Amelies Mutter ihrem Ex-Mann nie verzeihen, auch wenn alles nur ein Versehen war.

Anja und ich beraten uns kurz. Anja hält Brautmutter und Gäste in Schach, ich spreche mit dem Bräutigam und der Pastorin. Der Mutter und den Gästen erzählt Anja Dinge wie: »Ach, ihr kennt das ja, die Braut braucht immer etwas länger … Kleid, Styling, Schleier, Aufregung … Setzt euch doch einfach schon mal hin, sie kommt sicher gleich.«

Die Pastorin sieht es locker, dies ist die letzte Trauung für heute, wir haben also Zeit nach hinten. Sehr gut. Christoph steht etwas blass und verloren am Altar herum. Ich erzähle ihm, weshalb

> seine Braut sich verspätet, und hoffe, dass ihn das aufheitert.
> Klappt auch.
>
> Mit 30 Minuten Verzögerung betritt die wunderschöne Amelie
> am Arm ihres Vaters die Kirche. Alles ist perfekt.
>
> Interne Notiz: Nichts, wirklich nichts, dem Zufall oder dem
> Brautvater überlassen.

Immerhin können wir jetzt, wo Sie diese Geschichte gelesen haben, fast sicher sein, dass Sie es pünktlich zu Ihrer kirchlichen Trauung schaffen werden.

Bevor Sie, liebe Braut, bei Ihrem Einzug in die Kirche Ihren Gästen den Atem und Ihrem Bräutigam den Verstand rauben, sind aber noch ein paar Fragen zu klären und Formalitäten zu erledigen.

RECHTLICHES

Kann nicht einfach jeder, der möchte, kirchlich heiraten? Ganz so einfach ist es dann doch nicht. Einige bundesweit einheitliche, kirchenrechtliche Regelungen knüpfen Ihre Trauungszeremonie an ein paar Bedingungen. Das ist zum Teil etwas trockener Stoff, daher habe ich die wichtigsten Punkte hier einmal möglichst übersichtlich in einem Interview zusammengestellt, jeweils mit den Antworten für eine katholische und eine evangelische Trauung:

Müssen wir gefirmt bzw. konfirmiert sein?

KATHOLISCH: Nicht zwingend. Der zuständige Pfarrer wird Sie vielleicht dazu ermutigen, sich vor der Trauung firmen zu lassen. Die Firmung ist aber nicht Voraussetzung für die katholische Trauung.

EVANGELISCH: Wenigstens ein Ehepartner muss Mitglied der evangelischen Kirche (also getauft) und konfirmiert sein. Ist der andere zwar getauft, aber nicht konfirmiert, findet vor der Trauung eine Unterweisung im evangelischen Glauben statt.

Ist eine kirchliche Trauung möglich, wenn von uns nur einer in der Kirche ist und der andere einer anderen Glaubensrichtung (z. B. Islam) angehört?

KATHOLISCH: In dem Fall benötigen Sie die Erlaubnis der katholischen Kirche. Der katholische Ehepartner muss versprechen, seinem Glauben treu zu bleiben und für die katholische Erziehung und Taufe der Kinder Sorge zu tragen.
EVANGELISCH: Leider nein. Es kann aber eine gottesdienstliche Feier anlässlich der Eheschließung stattfinden. Die gottesdienstliche Feier ist keine Trauung und wird nicht ins Stammbuch eingetragen.

Können wir uns trauen lassen, wenn nur einer von uns in der Kirche ist?

KATHOLISCH: Grundsätzlich ja. Hier muss eine »Dispens«, eine kirchenrechtliche Genehmigung, von der bischöflichen Behörde eingeholt werden.
EVANGELISCH: Ja, sofern wenigstens ein Partner Mitglied der evangelischen Kirche und konfirmiert ist.

Müssen wir für die kirchliche Trauung bereits standesamtlich verheiratet sein?

KATHOLISCH: Seit Januar 2009 nicht. Allerdings hat die kirchliche Trauung auch dann keinerlei zivilrechtliche Bedeutung. Sie ersetzt also nicht die standesamtliche Trauung.
EVANGELISCH: Ja, unbedingt.

Können wir auch heiraten, wenn einer von uns geschieden ist?

KATHOLISCH: Normalerweise nicht. Ist aber die erste Ehe des geschiedenen Partners nach katholischem Verständnis nicht gültig geschlossen, könnte sie im Nachhinein annulliert werden. Lassen Sie sich von Ihrem Pfarrer beraten.

EVANGELISCH: In dem Fall liegt es im Ermessen des Pfarrers, darüber zu entscheiden.

Können wir uns als gleichgeschlechtliches Paar kirchlich trauen lassen?

KATHOLISCH + EVANGELISCH: Leider nein.

Alle Unklarheiten beseitigt und die Entscheidung für eine kirchliche Trauung getroffen? Wunderbar! Dann können Sie nun Ihre kirchliche Trauung anmelden.

ANMELDUNG

Ihr erster Ansprechpartner zur Anmeldung Ihrer kirchlichen Trauung ist der Pfarrer in Ihrer Heimatgemeinde, in der Sie Ihren Wohnsitz haben. Eine Frist zur Anmeldung gibt es nicht, »gut gebuchte« Kirchen sind schnell belegt – also, je früher, desto besser (gern ein Jahr oder sechs Monate im Vorfeld). Auf jeden Fall sollte noch Zeit für das vorangehende Traugespräch sein.

Auch wenn Sie in einer anderen als Ihrer Heimatgemeinde heiraten möchten, melden Sie Ihre Trauung zunächst bei Ihrem Heimatpfarrer an, der Ihnen dann eine Überweisung ausstellt. Die Auswahl Ihrer Traukirche und Terminabsprachen mit dem jeweils anderen

Pfarrer liegen dann bei Ihnen. Das Gleiche gilt, wenn Sie sich im Ausland kirchlich trauen lassen möchten.

Falls Sie sich in Ihrer Heimatgemeinde von einem anderen Pfarrer trauen lassen möchten, erfordert das die Zustimmung Ihres Heimatpfarrers, denn er hat in seiner Kirche das Hausrecht. Allerdings habe ich es noch nie erlebt, dass ein Pfarrer einem Brautpaar diese Zustimmung verwehrt hat. Für die Anmeldung der kirchlichen Trauung wird Ihr Heimatpfarrer Sie bitten, die folgenden Dokumente vorzulegen:

- Personalausweise
- Taufbescheinigungen mit Ledigennachweis, nicht älter als 6 Monate, ausgestellt vom jeweiligen Taufpfarramt. Falls Sie nicht getauft sind, erhalten Sie Ihren Ledigennachweis (= erweiterte Meldebescheinigung) bei dem für Sie zuständigen Einwohnermeldeamt. Auch dann darf der Ledigenausweis nicht älter als 6 Monate sein.
- Heiratsurkunde vom Standesamt bzw. Anmeldebescheinigung zur Eheschließung
- Firmungsurkunde (katholisch)/Konfirmationsurkunde (evangelisch)
- Bei Heirat außerhalb der Heimatgemeinde: Erlaubnis/Überweisung des Gemeindepfarramtes

> *Wichtig!* Unbedingt mitbringen zur kirchlichen Trauung: Heiratsurkunde der standesamtlichen Eheschließung!

TRAUZEUGEN

Für die kirchliche Trauung (egal ob evangelisch oder katholisch) müssen Trauzeugen das Alter der »Religionsmündigkeit« erreicht haben, also mindestens 14 Jahre alt sein. Die Konfession spielt eigentlich keine Rolle, wobei manche Pfarrer Wert darauf legen, dass sich zumindest ein Trauzeuge zum katholischen bzw. evangelischen Glauben bekennt. Ob und welche Trauzeugen für Ihre Trauung zugelassen werden, liegt stets im Ermessen des jeweiligen Pfarrers.

Lassen Sie sich katholisch trauen, benötigen Sie genau zwei Trauzeugen, nicht mehr und nicht weniger. Mit der Unterschrift der Brautleute und Trauzeugen auf dem Trauformular ist Ihre Ehe kirchenrechtlich gültig.

Die evangelische Kirche hält es ähnlich wie das Standesamt, Sie dürfen, wenn Sie möchten, maximal zwei Trauzeugen benennen, können aber auch ganz ohne Trauzeugen getraut werden. Eine Unterschrift Ihrer Trauzeugen ist nicht erforderlich, Sie können aber ihre Namen mit in die Hochzeitsurkunde eintragen lassen.

> *Wichtig!* Ihre Trauzeugen müssen zur kirchlichen Trauung einen gültigen Lichtbildausweis vorlegen.

KOSTEN

Die Kosten für eine kirchliche Trauung sind überschaubar, manche Gemeinden erheben eine kleine Aufwandsgebühr. Abgesehen davon wird sich Ihr Pfarrer über eine Spende zur Gemeindearbeit freuen. Auch eine kleine Spende für den mitwirkenden Organisten oder den Kirchenchor für die musikalische Begleitung Ihrer Trauungszeremonie ist angebracht.

Die Kollekte (siehe auch »Kollekte« auf Seite 106) ist hiervon separat zu betrachten.

ÖKUMENISCHE TRAUUNG

Wenn einer von Ihnen katholisch, der andere evangelisch ist und Sie Elemente beider Konfessionen in Ihre Trauung einbinden möchten, ist die ökumenische Trauung eventuell eine gute Option. Allerdings sind Sie dann nicht sowohl katholisch als auch evangelisch getraut, denn die ökumenische Trauung ist entweder eine evangelische Trauung in Begleitung eines katholischen Pfarrers oder eine katholische Trauung in Begleitung eines evangelischen Pfarrers.

Eine kirchliche Trauung, die gleichermaßen evangelisch wie katholisch ist, gibt es nicht.

TRAUGESPRÄCH

Keine Eheschließung ohne Traugespräch, egal ob evangelisch oder katholisch. Neben dem Ablauf der Zeremonie werden auch Glaubensfragen angesprochen. Es geht um das Eheverständnis der katholischen bzw. evangelischen Kirche sowie die religiöse Erziehung und Taufe künftiger Kinder.

Auch die Zeremonie an sich (Dauer und Ablauf der Trauung, Trauzeugen etc.) sowie die inhaltliche Gestaltung, wie z. B. ein Eheversprechen, der Trauspruch, Fürbitten oder die Einbindung Ihrer Gäste in die Zeremonie, sind Gegenstand des Traugesprächs.

Falls Sie sich katholisch trauen lassen, wird man mit Ihnen ein Ehevorbereitungsprotokoll ausfüllen, welches Sie beide dann unterzeichnen. Neben Ihren Personalien werden darin auch die Fragen nach Ehehindernissen, den Eigenheiten der katholischen Ehe (monogam, sakramental, unauflöslich) und die Freiwilligkeit der Eheschließung festgehalten. Manche Pfarrer legen ihren Brautpaaren die Teilnahme an einem Ehevorbereitungsseminar nahe, in dem die Bedeutung der Ehe im katholischen Glauben noch einmal explizit behandelt wird.

KOLLEKTE

Die Kollekte ist eine Spende für kirchliche oder karitative Zwecke. Je nach Gemeinde geht entweder während der Brautmesse ein Klingelbeutel herum, oder es wird nach der Messe am Kirchenausgang um eine Spende gebeten. In manchen Gemeinden können Sie als Brautpaar auf den Zweck der Kollekte Einfluss nehmen. Eventuell wird Ihr Pfarrer Ihnen einige karitative Projekte vorschlagen, aus denen Sie auswählen können, oder Sie benennen selbst ein Projekt, welches Ihnen am Herzen liegt. In dem Fall würden Sie dem Pfarrer die Bankverbindung des jeweiligen Projektes nennen und er würde die Überweisung der Kollekte entsprechend übernehmen.

KIRCHENHEFTE

Kirchenhefte sind kein absolutes Muss, geben Ihren Gästen aber eine schöne Orientierung zum Ablauf der Trauungszeremonie und viele nehmen es sich auch gern als Andenken mit nach Hause. Besonders schön ist es, wenn Ihre Kirchenhefte vom Layout her den Einladungen und/oder Menükarten entsprechen. Auch ein Taschentuch für Freudentränen darf beigelegt werden.
Inhaltlich bieten sich die folgenden Punkte an:

- 💍 Programmablauf der Trauung
- 💍 Liedtexte
- 💍 Texte der Fürbitten
- 💍 Trauspruch

Auch der Zweck für die Kollekte oder praktische Hinweise zum Sektempfang oder zur Weiterfahrt nach der Trauung in die Location können Sie in Ihr Kirchenheft mit aufnehmen.

GUT GEPLANT

Für Ihre kirchliche Trauung lohnt es sich, die folgenden Punkte und Fragen mit der Sie trauenden Person im Vorfeld zu besprechen. Auch dies versteht sich zusätzlich zu den im Unterkapitel »Zeremonie« aufgeführten Aspekten.

- Möchten wir in unserer Heimatgemeinde oder außerhalb getraut werden?
- Sind die rechtlichen Voraussetzungen für eine kirchliche Trauung erfüllt?
- Welche Dokumente benötigen wir für die Anmeldung unserer kirchlichen Trauung?
- Sind Blumen bereits in der Kirche vorhanden (eventuell von einer vorangegangenen Messe)?
- Ab wie viel Uhr steht uns die Kirche für Vorbereitungen offen (z. B. Kirchenhefte auslegen, Blumen arrangieren etc.)?
- Welcher Zweck ist für die Kollekte vorgesehen? Können wir eventuell ein Projekt unserer Wahl unterstützen?
- Kuss während der Trauung? Ja, bitte!

FREIE TRAUUNG

Die freie Trauung kann für Sie die richtige Alternative sein, wenn

- Sie sich nicht standesamtlich oder kirchlich trauen lassen können oder möchten oder
- Sie sich hinsichtlich des Ablaufs oder auch des Ortes eine besonders individuelle Trauungszeremonie wünschen.

Die freie Trauung ist kein Ersatz für eine standesamtliche oder kirchliche Trauung. Weder können Sie die steuerlichen und rechtlichen Vorteile eines standesamtlich verheirateten Ehepaares in Anspruch nehmen (es sei denn, Sie haben zuvor auch standesamtlich geheiratet), noch gelten Sie vor der Kirche als verheiratet.

Das Tolle ist, Sie können vollkommen frei entscheiden, wie, wo und wann Ihre freie Trauung stattfindet. Ob ehrwürdig, klassisch, humorvoll, christlich religiös, mit Elementen aus unterschiedlichen Religionen, vollkommen frei von Religion, mit oder ohne Rituale ... bei der freien Trauung ist einfach alles möglich und die Auswahl an Traurednern vielfältig. Manche Trauredner sind freie Theologen, die Ihrer Trauung einen religiösen Anstrich geben werden, sofern Sie das möchten. Andere Trauredner sind auch selbst Sänger oder Musiker und bieten Ihnen ein attraktives Package aus freier Trauung inklusive der passenden musikalischen Begleitung an. Auch die Kombination aus Traurede und Hochzeitsdekoration und/oder Hochzeitsplanung ist keine Seltenheit. Wieder andere kommen ursprünglich aus ganz anderen Bereichen und haben auf unterschiedlichsten Wegen ihre Leidenschaft für freie Trauungen entdeckt.

Ich denke, hier ist es wichtig, dass Sie den Menschen sehen, der Ihre Trauung durchführt, und nur Sie können beurteilen, ob dieser Mensch zu Ihnen passt.

Falls Sie noch auf der Suche nach einem Trauredner sind, werden Sie im Internet unter www.planmy.wedding/reden_ moderation/ ganz sicher fündig.

Das Honorar für eine freie Trauung liegt meist etwa zwischen 1.000 und 2.000 Euro. In diesem Preis sollten mehrere persönliche Gespräche, die Konzipierung von Rede und Trauungszeremonie und natürlich die Durchführung Ihrer Trauungszeremonie enthalten sein. Hinzu kommen in der Regel noch die Kosten für die Anfahrt sowie eventuelle Zusatzkosten für musikalische Einlagen und ggf. erforderliche Tontechnik (Handmikro, Lautsprecher). Die Angebote sind oft sehr unterschiedlich strukturiert. Sollte für Sie nicht eindeutig klar sein, was genau im Angebotspreis enthalten ist, fragen Sie lieber noch einmal nach.

GUT GEPLANT

Bevor Sie sich auf die Suche nach Ihrem Trauredner oder Ihrer Traurednerin begeben, machen Sie sich zunächst ein paar Gedanken dazu, was Sie von Ihrer Trauung und der Sie trauenden Person erwarten. Die folgenden Fragen könnten Ihnen dabei helfen:

- Welche Atmosphäre wünschen wir uns für unsere Trauungszeremonie (z. B. locker, witzig, romantisch, emotional, wie im Standesamt, religiös, nicht religiös, etc.)?
- Möchten wir einige Gäste oder vielleicht auch die gesamte Hochzeitsgesellschaft in unsere Trauungszeremonie mit einbinden?
- Möchten wir, dass die uns trauende Person auch die musikalische Begleitung der Zeremonie übernimmt?
- Welches Budget haben wir zur Verfügung?

109

◌ Wie stellen wir uns die Person vor, die uns trauen soll (z. B. jung und witzig, etwas ehrwürdig und gesetzt, Mann oder Frau usw.)?

Sobald Ihnen eines oder mehrere Angebote von Traurednern/-innen vorliegen, werfen Sie einen genaueren Blick auf die folgenden Punkte:

◌ Wie viele Vorgespräche sind im Preis enthalten? Mindestens zwei sollten es schon sein.
◌ Was kommt an Reisekosten zum Honorar noch hinzu?
◌ Was passiert, wenn der/die Trauredner/in am Tag der Trauung krank oder anderweitig verhindert ist? In dem Fall sollte er/sie kurzfristig für Ersatz sorgen können.
◌ Benötigt der Trauredner ein Mikrofon bzw. Tontechnik? Ist diese im Preis enthalten oder müssten wir sie extra anmieten?

Location

Wettlauf der Brautpaare, besser tiefstapeln und was Kurt Cobains Nachbar am Wochenende macht.

Die Suche und Auswahl der perfekten Location für Ihre Hochzeit ist eine der wichtigsten und vielleicht auch zeitintensivsten Entscheidungen, die Sie im Rahmen Ihrer Vorbereitungen treffen werden. Sie werden Telefonate führen, Anfragen versenden, Angebote vergleichen und Besichtigungstermine wahrnehmen. Und wenn Sie Ihre Location gefunden haben, geht es erst richtig los. Zahlreiche Details wollen abgestimmt, Entscheidungen getroffen und Kostenfallen umgangen werden.

Die folgenden Seiten werden Ihnen dabei helfen, den Wettlauf der Brautpaare um Ihre Wunschlocation zu gewinnen. Sie werden erfahren, welche Fragen Sie Ihren Vertragspartnern stellen müssen, und in der Lage sein, auf Augenhöhe mit ihnen zu verhandeln.

Vor allem aber werden Sie Ihrer Hochzeit gelassen entgegensehen, wohl wissend, dass dieser Tag, wenn überhaupt, nur schöne Überraschungen mit sich bringen wird.

IM AUGE DES BETRACHTERS

Es ist Anfang September, Spätsommer in Berlin. Die Sonne steht tief und taucht Berlin-Mitte in warmes Abendlicht. Heute treffe ich Seniz zum zweiten Mal, ich lerne Ingo kennen, und Ingo lernt den Ort kennen, an dem er seine Seniz heiraten wird. Schon seit Jahren träume ich davon, diese eine besondere Location zu bespielen. Aus jeder Fuge des Hauses strömt das Leben von über einhundert Jahren Tanzkultur. Es erzählt von wilden Partys, illustren Gästen und auch vom Krieg. Prunkvoll und abgerockt zugleich, ist dieser Ort für mich der Inbegriff des perfekten Shabby Chic und dazu noch ein Stück echte Berliner Zeitgeschichte. Und welch ein Glück – bereits vor unserem ersten Treffen hatte Seniz ebendiesen Saal fest gebucht, wohl wissend, dass auch Ingo ihn lieben würde.

Zu dritt gehen wir über den Hof zum Haupteingang des Gebäudes, klingeln und man öffnet uns die Tür. Es geht die schmale Holztreppe hinauf in den ersten Stock. Die Saaltür öffnet sich, Seniz und Ingo halten sich an den Händen und betreten den Raum. In langen Strahlen fällt die Abendsonne durch die Fenster auf den alten knarzigen Dielenboden. Es ist ganz still. Aufgewirbelter Staub tanzt im Sonnenlicht. Die vielen Jugendstil-Glasvasen im Raum sind mit bunten Wiesenblumen bestückt und der riesige Kristallkronleuchter mit echten Kerzen spiegelt sich glitzernd in den großen halb blinden Wandspiegeln.

Hand in Hand stehen Seniz und Ingo im Lichtkegel der Sonne. Seniz schaut Ingo an, Ingo nimmt die Atmosphäre des Saals in sich auf und sieht aus wie ein Kind, das soeben einen Märchenwald betritt: große, freudig staunende, leuchtende Augen. Auf Anhieb ist Ingo von diesem Ort verzaubert. Für diese Momente bin ich Hochzeitsplaner.

Die Location ist geritzt, alles nimmt seinen Lauf und schließlich kommt der große Tag.

Familie und Freunde des Brautpaares sammeln sich vor dem Haus und betreten gemeinsam den Saal. Ein buntes Gemisch aus schönen alten Holzstühlen ist in Reihen gestellt, die Jugendstilvasen sind wieder mit Wiesenblumen bestückt und der mächtige Kronleuchter blinkt in der Sonne. Ein älteres Paar kommt auf mich zu, die beiden stellen sich mir als Seniz' Eltern vor.

Ich strecke ihnen meine Hand entgegen. »Wie schön, Sie kennenzulernen, Ihre Tochter hat mir schon viel von Ihnen erzählt. Ich hoffe, Sie haben gut hierhergefunden, herzlich willkommen. Wie gefällt Ihnen die Location?«

Wie aus der Pistole geschossen und aus tiefstem Herzen kommt die Antwort von Seniz' Vater: »Furchtbar. Das ist ja total ärmlich hier.« Ich muss lachen. Auch für diese Momente bin ich Hochzeitsplaner.

Liebe Brautpaare, wenn ihr den für eure Trauung perfekten Ort gefunden habt, macht euch keine Gedanken darüber, was andere sagen oder denken könnten.

SUCHEN UND FINDEN

Schon zu Beginn eines jeden Jahres startet der Wettlauf der Brautpaare um die begehrten Hochzeitslocations für das darauffolgende Jahr. Je langfristiger Sie planen und je früher Sie mit der Suche beginnen, umso besser stehen Ihre Chancen auf eine Hochzeit in Ihrer Traumlocation. Dabei ist vor allem eines gefragt: Schnelligkeit. Denn wie Sie wissen, sind Sie nicht allein auf der Suche nach Ihrer Location.

Zunächst gilt es, bei allen infrage kommenden Locations den Wunschtermin zu reservieren und Angebote einzuholen. Bevor Sie nun anfangen, E-Mails zu versenden und auf schnelle Antworten zu hoffen, kürzen Sie das Ganze einfach ab, indem Sie alle für Sie infrage kommenden Locations einmal durchtelefonieren und die wichtigsten Punkte schon einmal vorab klären:

- Ist die Location zum Wunschtermin verfügbar? Falls ja: reservieren. Falls nein: Gibt es freie Alternativtermine?
- Ist eine standesamtliche/kirchliche Trauung vor Ort möglich (falls gewünscht)? Falls ja: Welches Standesamt ist da unser Ansprechpartner? Falls nein: Wo kann man sich in der Nähe trauen lassen?
- Ist die Location groß genug für unsere Hochzeitsgesellschaft?
- Sind (bei Bedarf) Übernachtungsmöglichkeiten vor Ort oder in der Nähe vorhanden?

Binnen kürzester Zeit grenzen Sie so Ihre Auswahl auf die Häuser ein, die auch wirklich für Ihre Hochzeit infrage kommen. Um nun schnellstmöglich aussagekräftige Angebote zu erhalten, schicken Sie am besten sofort Ihre Anfrage per E-Mail hinterher. Diese sollte knapp formuliert sein und die folgenden Punkte enthalten:

- Ihren Wunschtermin und ggf. Alternativtermin(e)
  Sollten Sie noch keinen Termin haben, bitten Sie einfach die Location um Terminvorschläge.
- Maximale Gästezahl, die Sie auf Ihrer Hochzeit erwarten
- Ungefährer zeitlicher Ablauf der Feier – zumindest den Teil des Ablaufs, der für die Location relevant ist (siehe auch »Zeitlicher Ablauf« auf Seite 16).
- Bitte um Speisenvorschläge (falls die Location Speisen anbietet)
- Bei Bedarf Frage nach Übernachtungsmöglichkeiten. Falls die Location selbst keine Zimmer anbietet, kann der Betreiber sicher Unterkünfte in der Umgebung empfehlen.

Einen Textvorschlag für Ihre schriftliche Anfrage finden Sie im Anhang unter »A7 – Location, schriftliche Anfrage« oder zum Download im Internet unter www.planmy.wedding/das-buch/.

Perfekt! Ihre Anfragen sind raus, Sie haben Ihre Locationsuche auf den Weg gebracht, in den kommenden Tagen werden die Angebote bei Ihnen eintrudeln.

BESICHTIGUNGSTERMIN

Sobald Sie die eingegangenen Angebote der Locations gesichtet haben, geht die Suche in die nächste Runde. Mit den Häusern, die nach Sichtung der Angebote noch im Rennen sind, vereinbaren Sie nun Besichtigungstermine.

In ihren Angeboten notieren die Locations oft eine »Optionsfrist« (siehe auch »Optionen und Fristen« auf Seite 117). Bis zum Ablauf dieser Frist ist Ihr Wunschtermin für Sie reserviert und man erwartet Ihre Rückmeldung, danach erlischt die Reservierung. Daher ist es besonders wichtig, dass Sie alle infrage kommenden Locations vor Ablauf der kürzesten Optionsfrist besichtigen.

Umso besser, wenn Sie Ihre Auswahl mittlerweile auf nur eine Handvoll guter Optionen reduzieren konnten und nach Möglichkeit mehrere Locations an einem Tag besichtigen können.

Machen Sie sich während des Termins möglichst ausführliche Notizen und – sofern erlaubt – ein paar Fotos. Nach mehreren Besichtigungsterminen kann man sonst schnell durcheinanderkommen. Viel Spaß beim Besichtigen!

> *Hinweis!* **Die wichtigsten Punkte und Fragen für Ihren Besichtigungstermin finden Sie am Ende dieses Kapitels unter »Gut geplant« auf Seite 139.**

OPTIONEN UND FRISTEN

Fast alle Angebote von Locations sind zeitlich befristet, etwa mit einem Vermerk im Angebot »Option bis zum ...«.

Das bedeutet, bis zum Ablauf dieser »Optionsfrist« ist der im Angebot genannte Hochzeitstermin exklusiv für Sie reserviert. Falls die Location bis dahin nichts von Ihnen hört, erlischt Ihre Option automatisch und das Angebot hat keine Gültigkeit mehr. Deshalb ist es besonders wichtig, dass Sie Ihre verschiedenen Optionsfristen im Blick behalten. Eine verpasste Frist und die Location ist weg.

Die Länge der Optionsfristen variiert zwischen wenigen Tagen und mehreren Wochen. Bei Bedarf können Sie stets um eine Optionsverlängerung bitten. Ob sie gewährt wird, liegt dann im Ermessen des Betreibers der jeweiligen Location.

ERSTE UND ZWEITE OPTION

Erhalten Sie ein Angebot »in erster Option«, sind Sie der erste Anwärter auf den genannten Hochzeitstermin und einer festen Buchung steht nichts im Wege. Jedes weitere Brautpaar, das sich vor Ablauf Ihrer Optionsfrist für denselben Termin interessiert, bekommt die »zweite Option« (bzw. dritte, vierte ...) zugesprochen. Erst wenn Sie der Location absagen oder die Frist für Ihre erste Option verstreichen lassen, rutschen die anderen Interessenten automatisch eine Option weiter hoch.

Es kann passieren, dass eine Location Sie schon vor Ablauf Ihrer Optionsfrist anruft, um auf eine Entscheidung zu drängen. Eventuell hält dann ein anderes Brautpaar die zweite Option auf Ihren Termin, hält selbst noch anderweitige Optionen, die bald ablaufen, und möchte nun gern Bescheid wissen. In manchen Fällen möchte auch einfach die Location gern »den Sack zumachen«. Lassen Sie sich davon nicht aus der Ruhe bringen. Hat man Ihnen die Frist auf Ihre erste Option schriftlich zugesichert, können Sie auf Einhaltung dieser Frist bestehen.

Haben Sie sich aber bereits für eine andere Location entschieden, ist es sowohl gegenüber der Location als auch gegenüber anderen Brautpaaren fair, wenn Sie Ihre erste Option wieder freigeben. Dazu reicht einfach eine kurze E-Mail an die Location, in der Sie mitteilen, dass Sie sich für ein anderes Angebot entschieden haben.

ÜBERBLICK BEHALTEN

Legen Sie sich am besten eine Liste mit Ihren Optionen und Terminen an. So behalten Sie den Überblick und laufen nicht Gefahr, versehentlich eine Frist zu verpassen. Diese Übersicht könnte in etwa so aussehen:

	Haus am See	Waldschloss
Verfügbare/r Termin/e	25.6.2022 (Standesamt + Feier)	18.6.2022, alternativ 2.7.2022 (nur Feier)
1. oder 2. Option	1	1
Option bis zum	19.11.2021	8.11.2021
Besichtigung am	5.11.2021	6.11.2021

Eine praktische Word-Vorlage zur eigenen Anwendung steht Ihnen zum Download unter www.planmy.wedding/das-buch/ zur Verfügung.

OPTIONEN LÖSEN

Haben Sie sich für eine Location entschieden, unterzeichnen Sie den Vertrag und senden ihn an die Location zurück. Bitte begehen Sie jetzt nicht den Fehler, allen anderen Locations abzusagen, solange die Location Ihren Vertrag nicht gegengezeichnet hat.

Stellen Sie sich vor, Sie sagen alle Optionen ab und erhalten dann von der Location Ihrer Wahl die Nachricht, dass der Vertrag nun doch nicht zustande kommt. Bis zuletzt kann Ihnen eine versehentliche Doppelbuchung oder eine besser bezahlte Veranstaltungsanfrage für denselben Termin einen Strich durch die Rechnung machen. Ihre frühzeitig gelösten Optionen sind dann an andere Brautpaare gegangen und Sie stehen ohne Location da – der Supergau.

> **Wichtig!** Erst wenn die Tinte beider Unterschriften auf Ihrem Locationvertrag getrocknet ist, ist es Zeit, den anderen Locations abzusagen – und keine Sekunde vorher.

DER VERTRAG

Sie haben Ihre Traumlocation gefunden und Ihr Wunschtermin ist verfügbar? Alles bestens, dann ist es Zeit, den Vertrag mit der Location abzuschließen und die Buchung festzumachen.

Aber nicht so schnell. Eines muss Ihnen klar sein: Bei aller Freundlichkeit, der Betreiber einer Location ist nicht Ihr Freund, sondern ein Geschäftspartner – und oft geht es um eine Menge Geld.

Für Sie mag Ihre Hochzeit die erste Veranstaltung dieser Größenordnung sein. Diese Unerfahrenheit nutzen Hoteliers und Locations allzu gern zu ihrem Vorteil aus, da brauchen Sie noch nicht einmal an ein besonders schwarzes Schaf zu geraten. Da werden Gebühren erhoben, die nicht sein müssten, kostenintensive Regelungen in die AGB aufgenommen oder Einsparpotenziale und Verhandlungsspielräume gar nicht erst aufgezeigt – alles branchenüblich und völlig legitim.

Deshalb möchte ich Ihren Blick für ein paar relevante Details in den Verhandlungen und im Locationvertrag schärfen. So wissen Sie, wann bei Ihnen die Alarmglocken angehen sollten, und Sie können informierte Entscheidungen treffen.

Bevor Sie also Ihren Vertrag unterzeichnen, tun Sie sich den Gefallen und widmen Sie den nächsten Seiten Ihre Aufmerksamkeit.

IMMER ALLES SCHRIFTLICH

Ich kann es nicht oft genug sagen: Machen Sie alles schriftlich bzw. per E-Mail. Stellen Sie Fragen zum Vertrag per E-Mail und erbitten Sie schriftliche Antworten und Bestätigungen.

In manchen Hotels (insbesondere bei den großen Ketten habe ich das oft erlebt) erfolgen über den Vertrag hinausgehende Absprachen grundsätzlich nur telefonisch und werden nicht schriftlich bestätigt. Dann wechselt plötzlich der Ansprechpartner (die Mitarbeiterfluktuation in der Branche ist hoch) und alle mündlich getroffenen Absprachen sind vergessen – quasi nicht existent.

Mein Tipp: Schreiben Sie nach jedem Telefonat mit der Location Ihrem Ansprechpartner eine kurze E-Mail, in der Sie Ihr Gespräch noch einmal in Stichpunkten zusammenfassen, in etwa so:

Sehr geehrte ...,
vielen Dank für das freundliche Telefonat von soeben,
das ich gern noch einmal wie folgt zusammenfassen
möchte: ...

Auf diese Weise sorgen Sie dafür, dass mündliche Absprachen nachvollziehbar bleiben – sowohl für einen neuen Ansprechpartner als auch im wenig wünschenswerten Fall einer Rechtsstreitigkeit.

AGB LESEN UND VERSTEHEN

Wenn Sie im Internet ein Buch oder ein paar Schuhe kaufen, lesen Sie sich dann jedes Mal die AGB des Anbieters durch? Ich nicht, denn meine Zeit ist mir zu schade, um mich durch fünf oder mehr Seiten Kleingedrucktes zu quälen. Eventuell geht es Ihnen da ähnlich.

Hier aber geht es um die Location, vielleicht auch das Catering Ihrer Hochzeit. Wir sprechen also von einem nicht ganz unerheblichen Betrag und von Verträgen, deren AGB es gern in sich haben. Nehmen Sie sich die Zeit, die gesamte Vereinbarung VOR Vertragsunterschrift aufmerksam zu lesen und so oft und viel nachzufragen, bis Sie alles verstanden haben. Lassen Sie sich auf keinen Fall abspeisen mit Aussagen wie:

»Ach, das steht da nur standardmäßig drin«, »Da hat es noch nie Probleme gegeben« oder »Das können wir auch im Nachhinein noch klären«.

Gehen Sie Ihrem Gegenüber ruhig auf die Nerven, wenn es sein muss. Immerhin wollen die Geld mit Ihnen verdienen, nicht umgekehrt.

Sie können nie zu viele Fragen stellen, nur zu wenige.

LESEN HILFT

»Wir dürfen die Stühle nicht stellen.« Keine zwei Stunden vor Eintreffen der Hochzeitsgesellschaft ist das eine üble Nachricht, die mir mein Kollege da am Telefon überbringt. Er organisiert den Aufbau im Schloss, wo nachher die Trauung stattfindet. Ich bin rund 70 km entfernt in dem Hotel, wo Brautpaar und Gäste untergebracht sind. In gut einer Stunde fahren wir von hier aus mit dem Bus raus zum Schloss.

Ich bin verwirrt. »Wie bitte? Warum nicht?«

»Das sind keine Stühle für den Innenbereich.«

Meine Verwirrung steigt. »Wer sagt das?«

»Der Kastellan. Es dürfen nur für den Innenbereich geeignete Stühle auf den Steinboden gestellt werden. Das steht wohl auch so im Vertrag.«

Seufzend krame ich den fast 20-seitigen Vertrag aus meiner Tasche heraus. Irgendwo mittendrin, klein gedruckt, werde ich fündig. Da steht etwas von »Stühle für den Innenbereich ... historischer Steinboden ... nur mit Gummistopfen ...«

Verdammt. Wie konnte ich das übersehen?!

Die Stühle, die wir stellen wollen, haben definitiv keine Gummistopfen, und ich weiß, dass die Stiftung, die das Schloss betreibt, sehr strikt in der Einhaltung ihrer Regeln ist.

Das Schloss liegt abgelegen – es ist zu spät, um jetzt noch neue Stühle anliefern zu lassen. Es hilft nichts, wir müssen die vorhandenen Stühle irgendwie umrüsten. Da kommt mir eine Idee: »Wie sieht es aus mit diesen Filzdingern, die man unter Möbel kleben kann? Würde der Kastellan die erlauben?«

Kurzes Gespräch im Hintergrund. »Ja. Aber jetzt 90 Stühle mit Filznoppen bekleben … und wir müssen die ja noch besorgen. Das wird eng. Ich schau mal, wo der nächste Baumarkt ist, und melde mich.« Guter Mitarbeiter.

Kurz darauf klingelt erneut mein Telefon. »Also, der nächste Baumarkt ist rund 20 Autominuten vom Schloss entfernt und die haben auch Filznoppen da.«

In knapp zwei Stunden werden wir mit dem Bus am Schloss eintreffen. Wenn mein Kollege jetzt losfährt, ist er in 45 Minuten mit den Filznoppen wieder da. Für den Aufbau bleibt ihm dann noch eine Stunde. In dieser Zeit müssen 90 Stühle mit Filznoppen beklebt, Schilder aufgestellt, Trauhefte verteilt, Buchsbäume platziert und Utensilien für geplante Aktionen ausgepackt werden. Das ist sportlich – sehr sportlich, aber uns bleibt keine Wahl.

Mehr als meinen Kollegen anfeuern kann ich jetzt gerade vom Hotel aus leider nicht. »Alles klar. Dann gib Gas, vielleicht kann ich noch etwas Zeit rausholen. Wir sehen uns nachher am Schloss.«

Als der Bus am Hotel eintrifft, bitte ich den Busfahrer, ein paar Minuten später loszufahren und einen kleinen Umweg zu machen. Auch den Fahrer des Oldtimers, der die Braut zum Schloss bringt, bitte ich um eine diskrete Verzögerung. Er wird das Schlossgelände ohnehin erst befahren, nachdem wir mit dem Bus eingetroffen sind. Das verschafft uns rund 15 Minuten, zusätzliche 10 Sekunden pro Stuhl für meinen Kollegen.

Mit 15 Minuten Verspätung treffen wir am Schloss ein. Mein Kollege erwartet uns am Tor und nickt mir zu. Ein Glück! Einige Minuten später biegt der Oldtimer in die Einfahrt ein.

Alles ist perfekt, es kann losgehen.

Und die Moral von der Geschicht: AGB lesen lohnt sich – immer.

MIETZEITRAUM

Klären Sie eindeutig ab, für welchen Zeitraum (mit Angabe der Uhrzeiten) Ihnen die Location zur Verfügung steht – sowohl für die Feier als auch für Vorbereitungen sowie eventuelle Abbau- und Aufräumarbeiten.

Am Abend beinhaltet der Mietpreis häufig nur die Raumnutzung bis 24 Uhr, danach wird eine Verlängerungspauschale in Rechnung gestellt. Das ist okay, Sie sollten es aber vorher wissen, um diese Kosten in Ihrer Budgetkalkulation zu berücksichtigen.

MUSIK AB 22 UHR

Wie lange und wie laut dürfen wir auf unserer Hochzeit feiern? Bundesweit gibt es zum Schutz der Nachtruhe keine einheitliche Regelung, dafür sind die Länder zuständig. Im Kern kommen alle zu einem ähnlichen Konsens: In der Zeit von 22 bis 6 Uhr (manchmal 7 Uhr) darf die Nachtruhe der Anwohner nicht gestört werden.

Wenn Sie bei sich zu Hause feiern, wird Ihr Nachbar wohl zunächst bei Ihnen klingeln – schließlich kennt man sich. Die Anwohner einer Hochzeitslocation aber kennen Sie nicht und werden einfach gleich die Polizei rufen, wenn sie sich in ihrer Nachtruhe gestört fühlen. Die Beamten werden dann ein oder zwei Verwarnungen aussprechen und Sie bitten, die Party in Zimmerlautstärke fortzusetzen. Bei dauer-

hafter und wiederholter Ruhestörung darf die Musikanlage beschlag-
nahmt werden und Sie riskieren eine Strafanzeige sowie ein Bußgeld.
Wie man es dreht und wendet, sobald Ihre Hochzeit in Hörweite
von Nachbarn stattfindet, sind Sie auf deren Wohlwollen angewiesen. Erfreulicherweise bieten sich Ihnen gleich mehrere Möglichkeiten, diesen Konflikt im Vorfeld zu entschärfen.

Bevor Sie die Location buchen:

○○ Wählen Sie eine abgelegene Location, die keine direkten
Nachbarn hat.

*Auf der Internetseite
www.planmy.wedding/hochzeitslocations/
können Sie alle Hochzeitslocations gezielt filtern nach Lage:
Keine direkten Nachbarn.*

○○ Fragen Sie bei der Location nach, ob es in der Vergangenheit
Schwierigkeiten mit den Nachbarn wegen Störung der Nachtruhe gegeben hat.
○○ Falls Sie in einem Hotel feiern, bitten Sie darum, dass die Zimmer rund um den Festsaal von Ihren Gästen belegt werden
(die meisten Hotels handhaben das ohnehin so).

Wenn Sie Ihre Location in einem Wohngebiet bereits gebucht haben:

○○ Eine Anmeldung der Feier beim zuständigen Ordnungsamt
kann helfen. Allerdings haben Sie keinen Anspruch auf eine
Ausnahmegenehmigung. Formulieren Sie Ihre Bitte daher so
höflich und freundlich wie möglich.
○○ Die Charmeoffensive: Einige Tage vor der Hochzeit könnten Sie
den Nachbarn einen netten Brief mit der Bitte um Verständnis

in die Briefkästen werfen. Dazu ein paar Ohrenstöpsel und eine kleine Tafel Schokolade für die Nerven – das könnte helfen.

DER NACHBAR

Unternehmerhochzeit in Berlin – drei Tage, vier Locations, wenig Schlaf und jede Menge Action. In vier Tagen geht es los, die Vorbereitungen sind fast abgeschlossen, wir liegen perfekt im Zeitplan.

Für den zweiten Abend ist eine Party mit rund 150 Gästen in einem sehr angesagten Szenerestaurant geplant.

Ich liebe es, Hochzeiten in trendigen Locations auszurichten. Allerdings ist die Zusammenarbeit mit diesen Szeneläden oft anstrengend. Je angesagter der Laden, umso verplanter die Leute – schließlich verkauft sich die Location auch ohne teures Fachpersonal.

Oft habe ich es dann mit sehr trendigen, aber chaotischen Menschen zu tun, die heute nicht mehr wissen, was gestern besprochen wurde, und die jeden Tag mit irgendwelchen neuen, lustigen Überraschungen um die Ecke kommen.

Darum bin ich auch kaum verwundert, als das Telefon klingelt und mir der Geschäftsführer der Location, ein Doppelgänger von Kurt Cobain, die Existenz eines Nachbarn eröffnet.

»... der will jetzt 300 Euro, sonst ruft er am Samstag um 22 Uhr die Polizei.«

Na super. »Wie reizend. Ich sollte auch neben eine Partylocation ziehen und jeden Freitag und Samstag Geld für meine Nachtruhe erpressen. Kennen Sie den? Macht der das öfters?«

»Ja, der wohnt schon seit ewigen Zeiten hier nebenan. Der fährt dann immer zu seiner Mutter nach Brandenburg, will aber 300 Euro als Entschädigung für den Aufwand haben.«

Meinem Brautpaar würden die 300 Euro nicht wehtun, aber hier geht es ums Prinzip. Wenige Tage vor der Hochzeit ist es zu spät für derartige Nachforderungen. Die beiden werden dafür kein Verständnis haben, und völlig zu Recht.

Erster Versuch – Alternativprogramm: »Wir haben noch ein freies Hotelzimmer im Stadtzentrum, fünf Sterne inklusive Frühstück für eine Nacht. Wäre das was für den Nachbarn?«

Kurt Cobain würde ihn fragen und sich wieder melden. Am Abend kommt der Rückruf.

»Nein, er will die 300 Euro.«

Auf keinen Fall werde ich mein Brautpaar kurz vor der Hochzeit mit so einem Schwachsinn konfrontieren. Noch viel weniger möchte ich 300 Euro für einen ominösen Nachbarn zahlen, der vielleicht sogar nur eine freie Erfindung von Kurt ist. Andererseits müssen Kurt und ich in den nächsten Tagen gut zusammenarbeiten.

Also spiele ich das Spiel erst einmal mit und starte den zweiten Versuch – Problem wegdrücken: »Jetzt mal im Ernst. Wir zahlen hier 24 000 Euro, nur um den Laden für einen Abend zu nutzen, ohne Getränke, ohne alles. Sie sagen selbst, dass dieser Typ schon seit Jahren nebenan wohnt und regelmäßig Geld für ein Wochenende bei seiner Mutter abkassiert. Wenn Sie das von Anfang an wissen, müssen Sie das doch auch von Anfang an kommunizieren oder die 300 Euro einfach von den nicht gerade geringen Mieteinnahmen bezahlen. Der Typ ist Ihr Problem, nicht meins.«

Jetzt wird Kurt sauer. »Hören Sie, der wollte eigentlich 500 Euro, ich habe ihn auf 300 gedrückt. Ich setze mich hier für Sie ein und Sie blaffen mich an.«

Ich zicke zurück: »Dann wären es von Anfang an eben 24 500 Euro Miete gewesen. Jetzt ist es aber zu spät für Zusatzforderungen.«

Wir beide holen am Telefon einmal tief Luft.

Kurt fragt: »Und jetzt?«

Dritter Versuch – Spieß umdrehen: »Hören Sie, die beiden zeigen Ihnen einen Vogel, wenn Sie denen jetzt mit dieser Geschichte kommen – und zu Recht. Zumindest das Trinkgeld können Sie dann komplett vergessen. Aber hey, Sie können es ja mal versuchen. Rufen Sie die zwei an und sagen Sie denen, dass da ein Irrer nebenan wohnt, der jetzt 300 Euro für ein Wochenende bei seiner Mutter haben will.«

Kurt legt auf. Am nächsten Tag erhalte ich eine E-Mail von seiner Assistentin. Kurt hätte sich mit dem Nachbarn geeinigt und es fielen keine weiteren Kosten an. Na bitte.

Liebe Brautpaare, die ihr euch mit den Kurt Cobains der Veranstaltungsbranche konfrontiert seht, lasst euch nicht jeden Bären aufbinden, den man euch für Geld verkaufen will.

LAUTSTÄRKEBESCHRÄNKUNG

Falls der Betreiber Ihrer Location Ihnen mitteilt, dass der DJ ausschließlich die hauseigene Musikanlage nutzen darf, werden Sie hellhörig! Dann könnte es sein, dass die Anlage vom Ordnungsamt eingepegelt wurde – eine unliebsame Information, mit der so manche Location erst einmal hinterm Berg hält.

Das Ordnungsamt legt anhand der Entfernung zum nächsten Nachbarn die maximale Lautstärke für die Musikanlage (in Dezibel) fest, darüber hinaus geht nichts mehr. Wenn Sie Pech haben, werden Sie Ihre Hochzeitsparty dann in Zimmerlautstärke feiern.

Eine pauschale Aussage darüber, wie viel Dezibel mindestens für eine Hochzeitsparty angebracht sind, lässt sich leider kaum treffen. Das hängt sehr von der Akustik in der Location ab.

Ist die Anlage Ihrer Hochzeitslocation tatsächlich eingepegelt, wäre es ideal, wenn Sie sich im Vorfeld bei einer anderen Party in der Location einen realistischen Eindruck vom Sound der Anlage machen können. Alternativ könnte sich auch Ihr DJ die Anlage einmal anschauen und Ihnen sein Feedback geben.

Ist die hauseigene Musikanlage laut Aussage der Location nicht eingepegelt, obwohl Ihr DJ sie unbedingt nutzen soll, würde ich mir den Grund dafür genau erklären lassen und die Location um eine schriftliche Bestätigung bitten, dass die Anlage nicht eingepegelt ist.

HOCHZEITSPAUSCHALE

Die meisten Hotels und Restaurants, die nicht nur den Raum, sondern auch die Speisen und Getränke für Ihre Hochzeitsfeier stellen, werden Ihnen alles zusammen in einer Hochzeitspauschale anbieten. Anstelle eines festen Mietpreises für die Raumnutzung zuzüglich der Speisen und Getränke zahlen Sie eine Pauschale pro Person, die in der Regel die folgenden Leistungen beinhaltet:

- ⚭ Raumnutzung
- ⚭ Feste Speisen- und Getränkeauswahl
- ⚭ Tischdekoration
- ⚭ Eventuell Menü-/Büfettkarten
- ⚭ Personal
- ⚭ Ausstattung (Möbel, Tischwäsche, Gastronomie-Equipment)

Je nach Anbieter und Speisenauswahl liegt so eine Hochzeitspauschale in etwa zwischen 50 und 120 Euro pro Person. Kinder und Jugendliche werden separat, Kleinkinder meist gar nicht berechnet. Grundsätzlich ist eine Hochzeitspauschale eine gute Sache. Sie macht die Abrechnung leicht nachvollziehbar, und Sie wissen ziemlich genau, welche Kosten auf Sie zukommen werden.

Bevor Sie den Vertrag nun unterschreiben, lohnt es sich aber, innerhalb der Pauschale einen Blick auf die folgenden Punkte zu werfen:

GÄSTEZAHL

Die bei der Hochzeitspauschale wohl üblichste und kostenintensivste Klausel befindet sich meist in den AGB des Hauses und lautet in etwa so:

Die vertraglich vereinbarte Gästezahl kann bis einen Monat vor der Veranstaltung um 5 % und bis eine Woche vor der Veranstaltung um weitere 2 % reduziert werden.

Das klingt erst einmal harmlos, bedeutet aber, dass Sie die vertraglich vereinbarte Gästezahl nur um maximal 7 % reduzieren dürfen. Wenn Sie im Vertrag also 100 Gäste angeben, werden Sie für mindestens 93 Personen zahlen, auch wenn am Ende nur 85 Gäste kommen. Bei 100 Euro pro Person würden Sie dann ganze 800 Euro zu viel zahlen. Ganz klar, Sie wollen nur für die Gäste zahlen, die auch tatsächlich zur Hochzeit erscheinen. Die Location hingegen möchte möglichst viele Gäste abrechnen. Daher sollten bei Ihnen alle Alarmglocken angehen, wenn Sie im Vertragsgespräch Sätze hören wie: »Am besten notieren wir im Vertrag die für diesen Raum maximal zulässige Gästezahl, damit für Ihre Hochzeit auf jeden Fall ausreichend Catering und Bestuhlung eingeplant werden.«
Wenn Sie das tun, haben Sie bereits verloren.
Was also können Sie tun? Ganz einfach. Man möchte nicht, dass Sie die Gästezahl reduzieren, also stapeln Sie zunächst tief, um später die Gästezahl zu erhöhen.
Und so gehen Sie vor:

- Vor Vertragsunterschrift erfragen Sie die kleinstmögliche Gästezahl für die Ihnen der gewünschte Raum ohne Zusatzkosten zur Verfügung gestellt wird. Diese Zahl halten Sie im Vertrag fest.

Beispiel: Der Festsaal ist für maximal 100 Gäste ausgelegt, Sie werden auch 100 Gäste einladen. Ohne Aufpreis könnte man den Saal bereits für 60 Gäste buchen. Im Vertrag halten Sie 60 Personen fest.

- ⚭ Einen Monat vor der Hochzeit haben alle Gäste zu- oder abgesagt. Der Location teilen Sie nun die tatsächliche Gästezahl abzüglich ca. 5 % mit.

  Beispiel: Sie haben 85 Zusagen und 15 Absagen erhalten. Ihrer Location teilen Sie schriftlich mit, dass Sie mit 80 Gästen rechnen. So erhöhen Sie die vertraglich vereinbarte Gästezahl von 60 auf 80.

- ⚭ Erst eine Woche (ca. 5 Werktage) vor Ihrer Hochzeit teilen Sie der Location die tatsächliche Anzahl Ihrer Hochzeitsgäste mit. Der Betreiber wird keine Einwände gegen diese geringfügige Erhöhung haben, schließlich bleibt noch ausreichend Zeit, um entsprechend zu planen.

Herzlichen Glückwunsch, Sie zahlen keinen Cent zu viel, und der Betreiber Ihrer Location hat ausreichend Zeit, um sich auf die tatsächliche Anzahl Ihrer Gäste einzustellen.

> **Wichtig!** Behalten Sie auch die in den AGB aufgeführten Fristen zur Gästereduzierung im Auge. Dabei bleiben Sie stets 5 % unterhalb Ihrer tatsächlichen Gästezahl.

NUTZUNGSDAUER

Eine Hochzeitspauschale gilt immer für einen begrenzten Zeitraum, in der Regel vom Eintreffen der Hochzeitsgesellschaft bis etwa 23 oder 24 Uhr.

Und was geschieht dann?

Eine recht egozentrische Schlossherrin in Brandenburg beantwortete mir diese Frage allen Ernstes mit: »Die Pauschale geht bis 23 Uhr, dann gehe ich schlafen und möchte Ruhe haben im Schloss.«

Das ist sicher nicht der Normalfall, zumal die Schlossherrin das Haus tatsächlich noch bewohnte, was eine absolute Ausnahme ist. Aber stellen Sie sich vor, das Paar hätte tatsächlich dort gefeiert und die Schlossherrin hätte um 23 Uhr einfach den Stecker gezogen. Diese kleine Geschichte zeigt sehr schön, dass es hier Klärungsbedarf gibt.

Aber keine Sorge, in den meisten Fällen wird man Ihnen ab Ende der Hochzeitspauschale für jede Verlängerungsstunde einen bestimmten Betrag in Rechnung stellen, der je nach Location sehr variieren kann. Besser, Sie fragen vorher nach und nehmen mögliche Verlängerungsstunden in Ihre Kostenkalkulation auf.

DEKORATION

Sogar bei wirklich großen, namhaften Häusern kommt es vor, dass die in der Hochzeitspauschale enthaltene Tischdekoration geradezu mitleiderregend dürftig ausfällt. Ein paar Teelichter, viel zu kleine Blumengestecke für die großen Tische, bestenfalls noch ein paar Streublüten wären dann alles. Üppige Rosenbouquets, mehrarmige Kerzenleuchter – Fehlanzeige.

Fragen Sie konkret nach, was an Dekoration in Ihrer Hochzeitspauschale enthalten ist, und lassen Sie sich ein paar Beispielfotos schicken. Falls man Ihnen am Telefon sagt, dass die Fotos auf der Homepage die in der Pauschale enthaltene Dekoration zeigen, schicken Sie die Fotos sicherheitshalber noch einmal per E-Mail an die Location mit dem Vermerk, dass dies die in der Pauschale enthaltene Tischdekoration ist. Wie gesagt, »alles immer schriftlich« und nein, das ist nicht paranoid, sondern angemessen.

Falls Ihnen die vom Haus angebotene Dekoration zu dünn ist, können Sie entweder selbst zusätzliche Dekoration mitbringen oder darum bitten, dass man Ihnen die Hochzeitspauschale mit üppigerer Dekoration noch einmal neu berechnet (nicht vergessen: Beispielfoto schicken lassen).

STÜHLE UND STUHLHUSSEN

Fast jede Hochzeitslocation hat sie auf ihrer Website: Fotos von Stühlen mit diesen wunderschönen weißen Überzügen (Stuhlhussen) – festlicher geht es nicht. Das heißt aber noch lange nicht, dass die Stuhlhussen auch in Ihrer Hochzeitspauschale enthalten sind. Wenn im Angebot nicht ausdrücklich »Stühle mit weißen Hussen« vermerkt sind, sind in der Hochzeitspauschale höchstwahrscheinlich auch keine Hussen enthalten.

Ein Fünfsternehotel in Berlin verwendet stattdessen auf Hochzeiten standardmäßig braune, abgewetzte Bankettstühle – superhässlich! Von daher lohnt es sich, hier einmal genau nachzuhaken, welche Stühle zu Ihrer Feier gestellt werden, und diese sich spätestens beim Besichtigungstermin einmal anzusehen.

Sind in der Hochzeitspauschale keine Hussen enthalten, wird man Ihnen hierfür sicher ein separates Angebot unterbreiten, das kann dann schon mal 15 bis 20 Euro kosten – pro Stück.

Alternativ finden sich im Internet kostengünstigere Anbieter, die Stuhlhussen bereits ab ca. 5 Euro pro Stück vermieten. Einfach ein Foto vom Stuhl mit den genauen Abmessungen an den Hussenanbieter senden und ein Angebot einholen.

> *Auch unter www.planmy.wedding/equipment/ können Sie Anbieter von Equipment gezielt nach Hussen filtern.*

Wenn Sie Hussen online bestellen, sind die folgenden Punkte unbedingt zu beachten und zu klären:

- Testhusse vorab bestellen und an einem Stuhl in der Location ausprobieren.
- Anlieferung der Hussen für die Hochzeit spätestens am Tag vor der Hochzeit, sodass genügend Zeit zum Aufziehen der Hussen bleibt.
- Anlieferungstermin unbedingt mit der Location abstimmen.
- Wer zieht die Hussen vor der Feier auf die Stühle auf?
- Gibt es die Möglichkeit, die Hussen nach der Hochzeit bis zu ihrer Abholung in der Location zwischenzulagern?
- Wer zieht die Hussen nach der Feier von den Stühlen ab und schickt sie an den Anbieter zurück?

Und nicht vergessen, alles immer schriftlich.

SCHLECHTWETTERVARIANTE

Wie oft habe ich am Abend vor einer Hochzeit einer völlig aufgelösten Braut die Tränen getrocknet, weil für den nächsten Tag Regen angesagt war! Lassen Sie sich keine grauen Haare über das Wetter wachsen, das bringt außer grauen Haaren rein gar nichts. Ein Wetterumschwung ist kein Drama – solange für die Schlechtwettervariante gesorgt ist.

Wenn bei Regen einfach nur die zum Festsaal zugehörige Terrasse nicht voll genutzt werden kann, ist das nicht weiter wild. Manchmal aber weicht die Schlechtwettervariante schon wesentlich vom sommerlichen Set-up ab, z. B. wenn ein Zelt zum Einsatz kommt oder der Sektempfang dann in einem anderen Raum stattfindet. Lassen Sie sich schon bei der ersten Locationbesichtigung zeigen, wie die Schlechtwettervariante Ihrer Hochzeit aussehen würde, und überlegen Sie sich, ob Sie mit dieser Variante leben können. Im Vertrag sollte dann klar definiert sein, in welchen Räumlichkeiten bei schlechtem Wetter gefeiert wird, sonst sind die Räume womöglich anderweitig besetzt.

Kommt bei nassem Wetter ein Zelt zum Einsatz, lassen Sie sich dessen Größe, Farbe und Ausstattung (Heizung, Zeltboden, Möblierung, Dekoration etc.) entweder im Vertrag oder gesondert per E-Mail bestätigen.

GEMA-GEBÜHREN

Manche Locationbetreiber stellen ihren Kunden grundsätzlich GEMA-Gebühren in Rechnung und fühlen sich verpflichtet, jede Veranstaltung bei der GEMA anzumelden, egal ob Hochzeit oder Firmenfeier. Für diesen »Service« werden dann schon mal mehrere Hundert Euro in Rechnung gestellt.

Fakt ist aber: Die GEMA-Pflicht trifft für öffentliche Veranstaltungen zu, nicht aber für Hochzeiten. Wenn Ihr Locationvertrag eine GEMA-Klausel enthält, streichen Sie diese unbedingt durch, bevor Sie den Vertrag unterzeichnen. Denn hat der Locationbetreiber Ihre Hochzeit erst bei der GEMA angemeldet, können tatsächlich Gebühren anfallen, zumindest gibt es dann unschöne Diskussionen mit der GEMA.

WAS IST DIE GEMA?

Die GEMA ist die Gesellschaft für musikalische Aufführungs- und mechanische Vervielfältigungsrechte. Sie sorgt dafür, dass die Musiker, deren Musik irgendwo in Deutschland öffentlich gespielt wird, entsprechend bezahlt werden.

WARUM IST EINE HOCHZEIT GEMA-FREI?

Die Lizenzgebühr der GEMA fällt nur bei öffentlichen Veranstaltungen an, nicht bei Privatfeiern. Im deutschen Urheberrecht wird der Begriff »Öffentlichkeit« dadurch definiert, dass die Teilnehmer nicht »durch persönliche Beziehungen verbunden« sind. Ausschlaggebend für eine private Feier ist also die persönliche Beziehung zwischen den Gästen und dem Gastgeber.

Natürlich feiern Sie Ihre Hochzeit mit Freunden und Verwandten und selbstverständlich handelt es sich somit um eine private Feier. Auch die Anzahl Ihrer Gäste spielt keine Rolle. Wenn Ihr Freundes- und Familienkreis nun einmal 300 oder mehr Personen umfasst, macht das Ihre Hochzeit nicht zu einem öffentlichen Anlass.

Nicht einmal das anwesende Servicepersonal, die Ihnen unbekannte Begleitung eines Freundes, ein offenes Fenster, durch welches Musik nach außen dringt, oder ein Zaungast, der die Musik Ihrer Gartenparty zufällig mithören kann, machen Ihre Hochzeit zu einer öffentlichen Veranstaltung.

AUSNAHME

Anders verhält es sich, wenn Sie in einem Restaurant feiern, in dem Ihr Bereich akustisch nicht vom öffentlichen Restaurantbereich abgegrenzt ist. Angenommen, Sie haben für Ihre Hochzeitsgesellschaft die Hälfte der Sonnenterrasse eines Lokals gemietet, auf der anderen Hälfte läuft der normale Restaurantbetrieb. Wenn Sie jetzt auf Ihrer Hälfte der Terrasse Musik abspielen, ist das natürlich auch im öffentlichen Teil der Terrasse zu hören. In dem Fall müssten Sie tatsächlich GEMA-Gebühren entrichten.

ÜBERNACHTUNGEN

Wenn Sie sichergehen möchten, dass möglichst viele Ihrer Gäste in einem bestimmten Hotel untergebracht werden, bieten gerade die größeren Hotels die Reservierung eines Zimmerkontingents an. Das bedeutet, das Hotel hält für eine gewisse Zeit eine bestimmte Anzahl von Zimmern für Ihre Gäste vor.

Grundsätzlich unterscheidet man in der Hotellerie zwei Arten von Zimmerkontingenten: das Festkontingent und das Abrufkontingent. Nicht jedes dieser Kontingente ist für Ihre Zwecke geeignet und allzu oft werden unerfahrene Kunden von den Hotels nicht oder nur unzureichend beraten. Im Ergebnis bleiben Sie auf hohen Stornokosten sitzen – gut fürs Hotel, schlecht für Sie.

FESTKONTINGENT

Beim Festkontingent buchen Sie als Brautpaar/Veranstalter eine bestimmte Anzahl von Zimmern. Sie sind der Vertragspartner des Hotels und Ihnen werden die Zimmer in Rechnung gestellt. Einmal fest gebucht, ist die kostenfreie Stornierung der Zimmer in der Regel nicht oder nur unter bestimmten Bedingungen möglich (z.B. bis 3 Monate vor der Hochzeit – bis dahin haben Sie aber eventuell noch nicht einmal die Einladungen verschickt).

Für Sie als Brautpaar hat das Festkontingent einen riesigen, sehr teuren Haken: Der Beherbergungsvertrag kommt zwischen Ihnen und dem Hotel zustande und Sie haften für die Stornierungen Ihrer Gäste.

Für das Hotel ist das Festkontingent eine sichere Einnahmequelle, daher werden die meisten Häuser Ihnen zunächst nur diese Variante anbieten, es sei denn, Sie bitten ausdrücklich um ein sogenanntes Abrufkontingent.

ABRUFKONTINGENT

Beim Abrufkontingent hält das Hotel eine bestimmte Anzahl von Zimmern bis x Tage (z. B. 30 Tage) vor Ihrer Hochzeit vor. Bis zum Ablauf dieser Frist können Ihre Gäste unter Nennung eines Stichworts, z. B. »Hochzeit von Tina & Thomas«, diese Zimmer direkt beim Hotel zum vereinbarten Preis buchen.

Alle Zimmer, die bis zum Ablauf der Frist nicht gebucht worden sind, gehen an jenem Tag wortlos und ohne Ihr weiteres Zutun in den freien Verkauf zurück.

Der Beherbergungsvertrag kommt zwischen dem Hotel und dem jeweiligen Gast zustande. Der Gast zahlt das Zimmer bei An- oder Abreise und haftet auch für die Stornokosten im Fall einer kurzfristigen Absage. Sie als Brautpaar brauchen sich keine Sorgen um Stornierungen zu machen und können ruhig schlafen.

Wenn man Ihnen kein Abrufkontingent anbieten kann oder möchte, verzichten Sie besser auf das Zimmerkontingent. Dann weisen Sie Ihre Gäste in der Hochzeitseinladung einfach darauf hin, dass sie ihre Zimmer möglichst zeitnah direkt beim Hotel buchen sollten, da die Reservierung eines Zimmerkontingents nicht möglich war.

ÜBERNACHTUNGSKOSTEN

Wer kommt für die Übernachtungskosten auf? Zum Glück gibt es hier keine allgemeingültige Regel. Wenn Sie selbst für die Übernachtungskosten aller oder einiger Gäste aufkommen möchten, ist das Ihre freie Entscheidung, aber längst kein Muss. Immerhin investieren Sie schon eine Menge Geld in die Feier.

Auf jeden Fall muss für Ihre Gäste klar sein, wer für die Übernachtungskosten aufkommt. Ein Hinweis auf die Zimmerpreise in der Einladung reicht da schon aus.

GUT GEPLANT

Ist eine Location zugleich auch der Caterer für Ihre Hochzeit (z. B. ein Hotel und/oder Restaurant), schauen Sie sich auf jeden Fall auch das Kapitel »Catering« (ab Seite 145) an.

FRAGEN AN DIE LOCATION
(VOR DEM BESICHTIGUNGSTERMIN)

Vor dem Besichtigungstermin geht es darum, die Angebote von Locations zu sichten und zu vergleichen. Dabei kann Ihnen die Klärung der folgenden Fragen helfen:

Verfügbarkeit und Größe
- Ist die Location zu unserem Wunschtermin frei?
  Falls ja: Für wie lange können wir den Termin reservieren?
  Falls nein: Gibt es andere freie Termine, auf die wir ausweichen können?
- Ist die Location ausreichend groß für unsere Anzahl von Gästen?

Kosten bei einer Saalmiete/Mietlocation
- Wie hoch ist die Saalmiete und was genau ist in der Saalmiete enthalten (Mietzeitraum, Inventar etc.)?
- Bis wann muss die Saalmiete gezahlt werden?

Kosten bei einer Hochzeitspauschale
- Wie hoch ist der Preis pro Person für die Hochzeitspauschale und welche Leistungen sind darin enthalten?
- Fallen noch zusätzliche Kosten, z. B. für Reinigung, Mietmöbel oder Personal an?

Trauung

⚭ Können wir uns direkt in der Location kirchlich/standesamtlich trauen lassen? Falls nicht vor Ort, wo in der Nähe kann man sich trauen lassen?

⚭ Können Sie uns die Kontaktdaten des zuständigen Standesbeamten geben?

Unterkunft

⚭ Stehen im Haus freie Zimmer für uns und unsere Gäste zur Verfügung und was kosten diese? Falls ja, können Sie uns ein Abrufkontingent anbieten? Falls nein, gibt es Übernachtungsmöglichkeiten in der Nähe, die Sie uns empfehlen können?

FRAGEN ZUM BESICHTIGUNGSTERMIN

Wunderbar, anhand der Ihnen vorliegenden Angebote konnten Sie Ihre Auswahl an Locations ein wenig eingrenzen. Jetzt stehen Besichtigungstermine mit den verbliebenen Kandidaten an. Nicht vergessen: Fotos und Notizen machen und je nach Bedarf so viele Fragen wie möglich stellen, z. B.:

Mietzeitraum

⚭ Ab wie viel Uhr ist am Tag der Hochzeit die Location für Vorbereitungsarbeiten geöffnet?

⚭ Können wir bereits am Vortag in die Location, um eventuelle Vorbereitungen zu treffen?

⚭ Bis wie viel Uhr steht uns die Location abends/nachts zur Verfügung?

⚭ Fallen Verlängerungskosten für die Raumnutzung nach Ablauf des vertraglich vereinbarten Mietzeitraums an? Falls ja, wie viel?

Exklusivität

⚭ Finden an dem Tag noch andere Hochzeiten auf dem Gelände statt?

⚭ Wie wird sichergestellt, dass sich die Hochzeitsgesellschaften nicht in die Quere kommen?

Festsaal/Ausstattung

⚭ Welche Bestuhlungsform empfehlen Sie für unsere Gästezahl?

⚭ Wie sehen die Stühle aus, die Sie auf unserer Hochzeit stellen werden?

⚭ Sind (falls gewünscht) auch Hussen für Stühle und Stehtische im Mietpreis enthalten?

⚭ Sind ausreichend viele Blumenvasen vorhanden, die wir für Blumensträuße auf dem Geschenketisch platzieren können?

⚭ Gibt es einen überdachten Raucherbereich?

Musik/Technik

⚭ Wo im Saal ist ein geeigneter Platz für den DJ bzw. für die Band?

⚭ Sind für DJ und Musiker ausreichend Steckdosen vorhanden?

⚭ Gibt es eine hauseigene Musikanlage, die der DJ nutzen kann oder nutzen muss? (Vorsicht mit hauseigenen Musikanlagen, »Lautstärkebeschränkung« auf Seite 128.)

⚭ Ist die hauseigene Musikanlage vom Ordnungsamt eingepegelt?

⚭ Sind Handmikrofone vorhanden?

⚭ Wie verhält es sich mit lauter Musik ab 22 Uhr? Hat es da in der Vergangenheit Beschwerden von Nachbarn gegeben?

⚭ Gibt es die Möglichkeit, im Saal einen Beamer und eine Leinwand zu installieren?

Dekoration

💍 Wie sieht die in der Hochzeitspauschale (falls angeboten) enthaltene Dekoration aus? Lassen Sie sich auf jeden Fall ein paar Beispielfotos zeigen.

💍 Ist es möglich, die in der Hochzeitspauschale enthaltene Dekoration bei Bedarf aufzustocken?

💍 Können Sie einen Floristen/Dekorateur in der Nähe empfehlen?

💍 Gibt es hauseigene Dekorationselemente, die wir nutzen können? Was würde das zusätzlich kosten (z. B. langarmige Kerzenhalter, Topfpflanzen, Feuerschalen o. Ä.)?

Schlechtwettervariante

💍 Wo findet die Feier/der Empfang/die Trauung bei schlechtem Wetter statt?

💍 Entstehen durch die Schlechtwettervariante zusätzliche Kosten?

💍 Falls Zelte eingesetzt werden:
- Wie viele Zelte kommen zum Einsatz?
- Wie sehen die Zelte aus? (Zelte auf Rasen- oder Sandflächen immer mit Zeltboden, sonst wird es schlammig.)
- Wie sind sie ausgestattet (Heizung, Boden, Möblierung, Deko, Beleuchtung etc.)?

Kinder

💍 Gibt es einen Kinderspielplatz auf dem Gelände?

💍 Gibt es einen Nebenraum, in dem die kleineren Kinder bei Bedarf schlafen können (wenn die Eltern Reisebettchen mitbringen)?

💍 Sind ausreichend Kinderhochstühle vorhanden?

An- und Abreise

- Sind auf dem Gelände ausreichend Parkplätze für unsere Gäste vorhanden? Falls nicht, wo können unsere Gäste parken?
- Gibt es einen Taxiservice in der Nähe, der die Gäste bei Bedarf nachts nach Hause bzw. ins Hotel bringen kann?

Feuerwerk

- Ist ein Feuerwerk hier auf dem Gelände erlaubt?
- Wo genau kann das gezündet werden?
- Können Sie uns einen professionellen Feuerwerker empfehlen?

Sie haben sich für eine Location entschieden, alle oben genannten Punkte geklärt und halten nun den Vertrag in den Händen. Werfen Sie in den AGB noch einmal einen letzten Blick auf die folgenden Punkte, bevor Sie den Vertrag unterzeichnen:

- Ab wie vielen Gästen wird der gewünschte Raum ohne Zusatzkosten zur Verfügung gestellt? Diese Zahl sollte zunächst im Vertrag festgehalten werden, siehe auch »Gästezahl« auf Seite 130.
- Bis wann und um wie viel ist die Reduzierung der vereinbarten Gästezahl möglich?
- Bis wann benötigt die Location die endgültige Gästezahl?
- Was geschieht, wenn die kleinstmögliche Gästezahl aufgrund vieler Absagen unterschritten wird? Zusatzkosten, anderer Raum?
- Sind GEMA-Gebühren oder die Anmeldung der Feier bei der GEMA im Vertrag enthalten? Falls ja, unbedingt herausstreichen.

Catering

Das Tier im Manne, eine eiskalte
Begrüßung, die Misere des 24-Uhr-Tees
und die Tücken der Getränkepauschale.

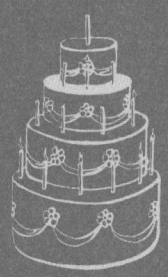

Speisen und Getränke sind seit jeher Ausdruck unserer Gastfreundschaft, Zeichen der Wertschätzung für unsere Gäste und bei keiner Hochzeit wegzudenken. Welche Köstlichkeiten und Getränke Sie Ihren Gästen kredenzen, hängt vom Rahmen Ihrer Hochzeit, Ihrem persönlichen Geschmack und wohl nicht zuletzt auch von Ihrem Budget ab. Denn in fast jedem Hochzeitsbudget nimmt das Catering den mit Abstand größten Posten ein.

Damit Ihr Geld gut investiert ist, finden Sie in diesem Kapitel nützliche Tipps zur Auswahl und Darbietung Ihrer Speisen sowie logistische und organisatorische Hinweise – von der nachmittäglichen Kaffeetafel bis hin zum Mitternachtssnack. Darüber hinaus erfahren Sie mehr über die Grenzen und Chancen eines Probeessens und wie Sie bei den Getränken viel Geld sparen können.

KAFFEE UND KUCHEN

Kaffeetafel hört sich an wie Omas Achtzigster, ist aber in der Gastronomie der gängige Ausdruck für das nachmittägliche Kaffeetrinken und Kuchenessen – egal zu welchem Anlass, also auch auf Ihrer Hochzeit.

Bei der Organisation Ihrer Kaffeetafel stellt sich zunächst die Frage, ob Ihre Hochzeitslocation bzw. Ihr Caterer selbst Kuchen und Torten anbietet. Hotels oder Restaurants bieten dann oft eine entsprechende Pauschale für etwa 10 bis 20 Euro pro Person an. In aller Regel sind darin enthalten:

- ⚭ Eine Auswahl von verschiedenen Kuchen und Torten, eventuell auch etwas herzhaftes Gebäck
- ⚭ Kaffee und Tee, eventuell Kaffeespezialitäten
- ⚭ Alkoholfreie Getränke
- ⚭ Eventuell eine kleine Tischdekoration

145

Alkoholische Getränke sind meist nicht in der Kaffeetafel-Pauschale enthalten. Das ist auch gut so, denn am Nachmittag wird erfahrungsgemäß noch nicht so viel Alkohol konsumiert, als dass eine Pauschale sich hier lohnen würde. Für den Nachmittag ist es sicher günstiger, wenn Sie alkoholische Getränke nach Verbrauch abrechnen.

Auch die Hochzeitstorte ist normalerweise nicht in der Kaffeetafel-Pauschale enthalten. Schließlich wird sie nach Ihren individuellen Wünschen gefertigt und ist im Vorfeld schwierig zu kalkulieren. Aber zur Hochzeitstorte kommen wir im nächsten Kapitel ab Seite 148.

Nicht immer bieten Location oder Caterer Kuchen und Torten für Ihre hochzeitliche Kaffeetafel mit an. Dann liegt es bei Ihnen, sowohl Ihre Hochzeitstorte als auch die weitere Kuchenauswahl bei einem Konditor in der Nähe zu bestellen.

> *Wichtig!* **Wählen Sie auf jeden Fall einen Konditor aus, der seine Kuchen und Torten zu Ihrer Hochzeitslocation anliefert, auch wenn hierdurch Extrakosten entstehen sollten. Der Stress und der Aufwand, den Sie oder ein Freund mit der Abholung und dem Transport der Kuchen oder auch der Hochzeitstorte hätten, lohnt sich einfach nicht.**

Da »von extern« bestellte Kuchen und Torten nicht einfach nur angeliefert, sondern auch auf einem Büfett angerichtet und serviert werden wollen, wird Ihnen die Location bzw. der Caterer hierfür ein sogenanntes Tellergeld in Rechnung stellen. Diese Pauschale beträgt in etwa 5 Euro pro Person und sollte die folgenden Artikel und Leistungen enthalten:

 Annahme und ggf. Zwischenlagerung der gelieferten Torten und Kuchen

- ∞ Bereitstellung der gelieferten Torten auf dem Kuchenbüfett
- ∞ Eindecken der Kaffeetafel (Kaffeetassen, Gläser etc.)
- ∞ Ausschank von Kaffee, Tee und weiteren Getränken

Erstaunlich, aber wahr: Kuchenplatten sind ein spannendes Thema – leider. Die Location geht davon aus, dass der Konditor seine Kuchen und Torten auf für ein Büfett geeigneten Platten anliefert. Der Konditor spart sich lieber den Aufwand, nach der Hochzeit seine Kuchenplatten wieder abholen zu müssen, und liefert seine Kuchen lieber auf wenig ansehnlichen Einwegplatten an. Ganz ähnlich verhält es sich mit dem Tortenmesser.
Klären Sie also unbedingt ab, woher die Kuchenplatten für das Kuchenbüfett kommen und wer das Tortenmesser mitbringt.

GUT GEPLANT

Für Ihre Hochzeit ist ein nachmittägliches Kaffeetrinken geplant? Dann ist es sinnvoll, die folgenden Punkte und Fragen zu klären:

Mit dem Betreiber der Location
- ∞ Bieten Sie Kuchen und Torten an?

Falls ja:
- ∞ Bieten Sie für die Kaffeetafel eine Pauschale pro Person an und was kostet diese?
- ∞ Welche Kuchen, Torten und Getränke sind in dieser Pauschale enthalten?
- ∞ Ist Tischdekoration in der Pauschale enthalten und wie sieht sie aus?

Falls nein:
- ∞ Können Sie uns einen Konditor in der Nähe empfehlen?

- ⚭ Was würden Sie uns an Tellergeld zum Ausrichten der Kaffeetafel berechnen?
- ⚭ Um wie viel Uhr kann bzw. soll die Anlieferung der Kuchen und Torten erfolgen?
- ⚭ Können Ihre Mitarbeiter die Lieferung annehmen und (bei Bedarf) zwischenlagern?
- ⚭ Haben Sie geeignete Kuchenplatten im Haus?

Mit dem Konditor (sofern die Location nicht selbst Kuchen und Torten anbietet):
- ⚭ Datum, Ort und Uhrzeit der Anlieferung
- ⚭ Gästezahl
- ⚭ Auswahl der Kuchen und Torten
- ⚭ Preis inklusive Anlieferung
- ⚭ Sind Kuchenplatten und Tortenmesser im Lieferumfang enthalten?
- ⚭ Holen Sie die Kuchenplatten, Tortenmesser und ggf. sonstiges Leihgut nach der Hochzeit bei der Location wieder ab?

Letzteres klappt nicht immer, manchmal muss man dem Konditor sein Leihgut nach der Hochzeit selbst wieder zurückbringen, sonst entstehen Extrakosten.

HOCHZEITSTORTE

Ideal ist es, wenn die Location, in der Sie feiern, Ihre Hochzeitstorte gleich mitliefert. Dann brauchen Sie nur Geschmacksrichtung und Design auszuwählen und den Zeitpunkt des Anschnitts zu bestimmen. Um alles Weitere kümmert sich Ihre Hochzeitslocation.

Bestellen Sie hingegen Ihre Hochzeitstorte bei einem Konditor und lassen sie zur Location anliefern, gibt es für Sie ein paar wichtige Punkte zwischen Location und Konditor zu klären:

LIEFERWEG

Für den Weg von der Konditorei zur Location ist der Konditor zuständig. Aber was ist mit dem Weg vom Konditorwagen bis hin zum Ort des Anschnitts? Irgendjemand muss die Torte bei Anlieferung in Empfang nehmen. Und wird sie zum Anschnitt getragen oder auf einem Wagen gerollt? Auch die Abmessungen der Torte, inklusive Rollwagen und Kuchenplatte, spielen eine Rolle. Ein Erdbeerherz für 90 Gäste inklusive Tortenplatte ist breiter als so manche Tür.

LAGERUNG/KÜHLUNG

Von der Anlieferung bis zum Tortenanschnitt können manchmal einige Stunden vergehen, z. B. wenn die Torte am Vormittag geliefert und erst am Abend angeschnitten wird. In der Zwischenzeit muss sie irgendwo lagern. Verfügt Ihre Location über entsprechende Lagerkapazitäten? Und je nachdem, ob Ihre Torte dort gekühlt oder bei Raumtemperatur lagert und wann Sie sie anschneiden möchten, kann Ihr Konditor das gute Stück entweder halbgefroren (zum Auftauen bei Raumtemperatur) oder verzehrfertig anliefern.

KONFEKTIONIERUNG

Wird Ihre Torte bereits fix und fertig zum Anschnitt angeliefert, ist das super. Aber manchmal muss auch noch einmal Hand an das gute Stück gelegt werden. Das Aufsetzen einer Tortenfigur ist dabei noch die einfachste Übung. Schwieriger wird es, wenn eine mehrstöckige Torte in Einzelteilen angeliefert und vor Ort erst noch zusammengesetzt oder auf einer Etagere angerichtet werden muss. Idealerweise übernimmt der Konditor die komplette Fertigstellung der Torte, zur Not auch vor Ort. Falls das nicht möglich ist, muss klar sein, was an der Torte noch zu machen ist und wer das übernehmen wird.

LEIHGUT

Kuchenplatte, eine Etagere oder die Transportverpackung ... gelegentlich wird eine Hochzeitstorte von so Kleinigkeiten begleitet, die der Konditor nach der Hochzeit gern wieder zurückhätte. Manche Konditoren verlangen auch eine Kaution für ihr Leihgut. Daher ist es wichtig zu klären, wie der Konditor nach der Hochzeit wieder zu seinem Leihgut kommt, sonst ist die Kaution weg.

TORTENPARCOURS

Es ist der Abend vor Anitas und Thorstens Hochzeit. Für morgen ist eine Schiffstrauung auf der Spree geplant. Gerade packe ich die letzten Utensilien für die Feier zusammen, da klingelt das Telefon. Die Reederei ist dran. »Es tut uns leid, das Schiff, das Sie für morgen gebucht haben, ist kaputt. Aber wir können Ihnen ein anderes Schiff zur Verfügung stellen. Ich schicke Ihnen gleich mal ein paar Fotos und den Grundriss zu.«
Ach nööö ... eigentlich wollte ich gerade nach Hause gehen. Aber immerhin, ein Anruf bei Anita und Thorsten zeigt mir, dass die beiden diese kurzfristige Änderung gelassen hinnehmen – ein Glück.
Auch das Bestuhlungskonzept ist schnell an den neuen Grundriss angepasst. So weit, so gut.
Einziges Problem: die Hochzeitstorte – ein Erdbeerherz von gut 130 cm Durchmesser. Das vorherige Schiff hatte ein Glasdach, das man beliebig weit auffahren und so das Herz problemlos auf das Schiff bringen konnte. Beim neuen Schiff gelangt man

nur durch eine schmale Tür in den Gastraum – zu schmal für das Erdbeerherz.

Aber im Dach des Gastraumes gibt es eine große Luke, die unterhalb des Steuerhauses liegt. Das heißt, man müsste die Torte vom Bootssteg aus eine enge Treppe zum Steuerhaus hochhieven, über einen schmalen Außengang balancieren, ein paar Stufen hinuntertragen und durch die Luke in den Gastraum bugsieren. Dort müssten dann zwei starke Männer die Torte von unten entgegennehmen. Hui, das wird spannend.

Der nächste Morgen.

Auf dem Schiff arrangiere ich gerade die Blumendekoration, als der Konditor und sein Fahrer mit der Torte eintreffen. Zwei Servicekräfte sind bereits vor Ort, kräftige Jungs, nicht ahnend, was sie gleich erwartet.

Also knipse ich mein freundlichstes Lächeln an, erkläre Konditor und Servicekräften den Tortenplan und schicke noch ein motivierendes »No risk, no fun – Sie packen das schon« hinterher. Der Konditor starrt mich entgeistert an. Die Servicekräfte lassen wie aus einem Munde verlauten: »Ich fasse die Torte nicht an.«

Na gut. Lächeln wieder aus, Taktikwechsel. »Hören Sie, wir haben doch keine Wahl. In 30 Minuten kommen die Gäste, bis dahin muss die Torte auf dem Schiff sein, egal wie. Keiner von uns kann etwas dafür, dass das andere Schiff kaputt ist. Soll das Brautpaar deshalb jetzt ohne Torte feiern?«

Der Konditor und sein Fahrer rollen mit den Augen und nicken, schließlich müssen sie heute noch weitere Torten ausliefern und haben keine Zeit, mit mir herumzudiskutieren. Die zwei Servicejungs schütteln skeptisch die Köpfe. Dann eben anders: »Okay. 20 Euro Tip für jeden von euch, wenn ihr helft, die Torte auf das Schiff zu bringen.«

15 angstschweißgetränkte Minuten später steht die Torte unversehrt im Gastraum. Weitere 15 Minuten später treffen Gäste und Brautpaar ein. Es wird ein wunderbarer Tag.

ANSCHNITT

Die Kaffeetafel am Nachmittag oder am Abend zum Dessert (z. B. parallel zum Dessertbüfett) sind perfekte Momente für den Anschnitt Ihrer Hochzeitstorte. Falls Sie mit dem Gedanken spielen, Ihre Torte um Mitternacht anzuschneiden, lassen Sie es lieber bleiben. Warum? Das erfahren Sie im Kapitel »Mitternachtssnack« auf Seite 163.

Damit zum Anschnitt alles glattläuft, sind nur noch ein paar Kleinigkeiten zu beachten. Das Gerangel um die beim Anschnitt obenauf liegende Hand überlasse ich gerne Ihnen.

SIE SCHNEIDEN AN, DER SERVICE VERTEILT

Damit Sie beide nicht eine halbe Stunde lang mit dem Schneiden und Verteilen von Tortenstücken an Ihre Gäste beschäftigt sind, sollten das die Servicekräfte für Sie übernehmen. Entsprechend sollte der Serviceleiter hierfür ein bis zwei Personen abstellen.

Feiern Sie ohne Servicepersonal, finden sich sicher ein paar Freunde, die Ihnen zur Hand gehen.

TORTE AM ABEND – ROLLWAGEN ODER TISCH?

Wer bringt die Torte wie in den Saal? Wie bereits beim »Lieferweg« angesprochen, sollte entweder für einen Rollwagen oder für zwei kräftige Jungs und einen Tisch auf der Tanzfläche gesorgt sein, damit die Torte unfallfrei und pünktlich zum Anschnitt im Saal steht.

FEUERFONTÄNEN

Falls Sie den großen Tortenauftritt mit Feuerfontänen und Tamtam wollen, stellen Sie besser zwei Personen mit Feuerzeugen zum Anzünden der Feuerfontänen ab. Manche Fontänen brauchen gut 10 Sekunden, bis sie brennen, und haben bloß eine Brenndauer von ca. 20 bis 30 Sekunden. Bei vier Fontänen sind die ersten Fontänen schon fast wieder erloschen, bevor die letzten brennen, wenn sie nicht parallel angezündet werden.

TELLERGELD

Wenn Sie Ihre Hochzeitstorte im Rahmen der bereits gebuchten Kaffeetafel-Pauschale anschneiden, ist das benötigte Kaffee-Equipment schon vor Ort. Am Abend sind Kuchengabeln, Kaffeetassen etc. jedoch kein Standard. Ihr Caterer wird Ihnen dafür voraussichtlich ein Tellergeld (siehe »Tellergeld« auf Seite 146) in Rechnung stellen. Das ist vollkommen okay, sollte nur im Gesamtbudget berücksichtigt werden.

Häufig wird die abendliche Hochzeitstorte parallel zu einem Dessertbüfett gereicht. Es ist aber auch völlig in Ordnung und spart zudem Geld, wenn Ihre Hochzeitstorte das einzige Dessert ist.

GUT GEPLANT

Sofern nicht der Betreiber Ihrer Location das komplette »Tortenmanagement« für Sie in die Hand nimmt, ist es sinnvoll, bei Bedarf die folgenden Fragen zu klären:

Mit dem Konditor

- Können Sie uns eine Hochzeitstorte anbieten und anliefern?
- Fallen für die Anlieferung der Hochzeitstorte zusätzliche Kosten an?
- Welche Designs und Geschmacksrichtungen können wir für unsere Hochzeitstorte wählen?
- Können Sie uns ein paar Geschmacksmuster zum Probieren anbieten?

- Wie lange und bei welcher Temperatur kann oder (bei halbgefrorener Anlieferung) muss die Torte vorm Anschnitt gelagert werden?
- Sind eine Kuchenplatte und ein Tortenmesser im Lieferumfang enthalten?
- Können Sie für die Hochzeitstorte Feuerfontänen und eine Tortenfigur mitliefern?
- Wie hoch und wie breit ist die Hochzeitstorte inklusive Tortenplatte? Dieser Punkt ist wichtig, siehe auch »Lieferweg« auf Seite 149.
- Muss vor Ort noch Hand an die Torte gelegt werden, z. B. Aufsetzen einer Tortenfigur oder Aufbau einer Etagere?

Mit dem Betreiber der Location

- Wann soll die Anlieferung der Kuchen und Torten erfolgen?
- Über welchen Eingang kann/soll die Torte angeliefert werden?
- Können Ihre Mitarbeiter die Lieferung annehmen und (bei Bedarf gekühlt) zwischenlagern?
- Welche Maße (Höhe und Breite) hat die kleinste Tür, durch die die Torte auf dem Weg vom Lieferwagen zum Anschnitt hindurchmuss?
- Haben Sie geeignete Kuchenplatten und ein Tortenmesser im Haus?
- Gibt es einen Rollwagen oder muss die Torte zum Anschnitt getragen werden?
- Wer bringt die Torte zum Anschnitt in den Saal?
- Kann der Service nach dem Anschnitt das Schneiden und Verteilen der weiteren Torte übernehmen?

FINGERFOOD

Ein Appetithäppchen zur Begrüßung ist super – gerade wenn der Tag lang war und die letzte Mahlzeit schon eine Weile her ist. Vier bis fünf Teile Fingerfood pro Person sind perfekt, um den ersten Heißhunger zu stillen, ohne dass sich Ihre Gäste schon vorab satt essen. Zumal der Begrüßungssekt auf völlig leeren Magen Ihre Feier nach hinten enorm verkürzen könnte.

Etwa 2 bis 7 Euro pro Teil sind üblich, pro Person können Sie also von ca. 10 bis 25 Euro ausgehen.

BÜFETT ODER MENÜ?

Genauso gut könnte ich Sie fragen, ob Sie Katzen oder Hunde lieber mögen. Der eine mag lieber ein Menü, für den anderen kommt zur Hochzeit ausschließlich ein Büfett auf den Tisch. Jeder kennt die Optionen, hat seine Meinung und ein Richtig oder Falsch gibt es nicht. Das ist doch sehr beruhigend.

Bevor ich Sie jetzt also mit Binsenweisheiten langweile wie »Im Vergleich zum festlichen Menü mutet ein Büfett eher locker an«, beschränke ich mich lieber auf ein paar jeweilige Besonderheiten, die sowohl Ihr Menü als auch Ihr Büfett optimieren werden.

BÜFETT: RICHTIG INSZENIEREN

Klar, das Auge isst mit – jeder weiß das. Und dennoch steht bei vielen Gastronomen die Zubereitung der Speisen derart im Fokus, dass das »Drumherum« vergleichsweise wenig Beachtung findet. Dabei geht es nur um ein paar Kleinigkeiten, die Ihr Büfett effektiv aufwerten:

155

- Ist die Büfettstrecke gut ausgeleuchtet, kommen Farben und Frische der Speisen besser zur Geltung als in einer dunklen Ecke des Raumes. Unterbewusst haben wir mehr Vertrauen in die Qualität von Speisen, wenn diese gut sichtbar vor uns liegen.
- Eine vollständige, gut lesbare Büfettbeschriftung (auch für die Desserts) inklusive Hinweisen für Allergiker sollte eigentlich selbstverständlich sein, wird aber gern vergessen.
- Halb oder fast leere Platten können nach einer Weile ausgehoben und neu arrangiert werden. Eine volle Vorspeisenplatte sieht auf dem Büfett einfach besser aus als drei fast leere Platten.
- Lassen Sie das Dessertbüfett erst einsetzen, wenn Ihre Gäste allmählich mit dem Hauptgang fertig sind. Gerade Cremes und andere Milchspeisen werden nicht besser, je länger sie auf dem Büfett stehen.
- Vorspeisen und Desserts einzeln vorportioniert auf kleinen Tellern, Häppchenlöffeln oder in Gläschen sehen auch zum Ende des Abends noch hübsch aus – im Gegensatz zu halb leeren Schüsseln, aus denen sich bereits jeder bedient hat.

Kaum ein Caterer wird tatsächlich jeden dieser Punkte außer Acht lassen, allerdings wird auch kaum ein Caterer wirklich jeden einzelnen dieser Punkte von allein beherzigen. Es lohnt sich auf jeden Fall, dieses Thema vorab einmal anzusprechen.

Idealerweise wird dann zur Feier auch Ihr Zeremonienmeister ein Auge auf die Präsentation Ihres Büfetts haben.

BÜFETT: WARTESCHLANGEN VERMEIDEN

Zu lange Wartezeiten am Büfett sind lästig und drücken auf die Stimmung. Aber nur aus Angst vor der bösen Warteschlange brauchen Sie nicht auf Ihr Büfett zu verzichten. Mit nur zwei einfachen

Kniffen können Sie Wartezeiten am Büfett verkürzen oder sogar ganz vermeiden:

Ausreichend Angriffsfläche

Je mehr Angriffsfläche eine Büfettstrecke bietet, umso kürzer ist die Wartezeit für Ihre Gäste. Ein von der Wand abgerücktes Rundlaufbüfett, mehrere Marktstände im Raum verteilt oder zwei identische Büfettstrecken an den gegenüberliegenden Wänden des Saals entzerren die Situation und verringern lästige Wartezeiten.

Büfettkarten auf den Tischen und Büfettbeschriftung

Natürlich werden Ihre Gäste zunächst die Beschriftungen am Büfett lesen, einmal auf und ab gehen, um sich einen Überblick zu verschaffen, und erst dann ihre Auswahl treffen und sich bedienen. Das kostet Zeit. Wenn Sie zusätzlich auf den Tischen Büfettkarten mit der Speisen- und Getränkeauswahl des Abends platzieren, werden Ihre Gäste noch am Tisch sitzend eine Vorauswahl treffen. Und dank der Büfettbeschriftung finden sie am Büfett schneller zu ihrem Gericht.

MENÜ: ZEITLICH KOORDINIEREN

Stellen Sie sich vor, Sie feiern mit 80 Gästen und lassen ein Vier-Gänge-Menü servieren. Um den Abend kurzweilig zu gestalten, möchten Sie die Pausen zwischen den Gängen für Reden oder Spiele nutzen. Damit Spiele oder Reden nicht unterbrochen werden, haben Sie den Service angewiesen, für den jeweils nächsten Gang auf Ihr Zeichen zu warten.

Der erste Gang ist verspeist, der Service hat die leeren Teller ausgehoben, der Brautvater erhebt sich und hält seine Rede. Sie denken:

»Wunderbar, alles läuft nach Plan.« Dann ein Hoch auf das Braut-paar und Sie (bzw. Ihr Zeremonienmeister) geben dem Service das Signal für den zweiten Gang.

Und hier kommt die Krux:

Ein Menü wird »à la minute« serviert. Das heißt, auf Ihr Signal hin wird die Küche zumindest einen Teil der Speisen erst noch zuberei-ten, damit alles frisch, heiß und auf den Punkt gegart serviert wird. Auch das Anrichten der Speisen auf den Tellern braucht seine Zeit. Bei 80 Gästen können von Ihrem Signal bis zum Servieren des zweiten Ganges gut noch einmal 20 Minuten vergehen.

Hinzu kämen dann etwa 30 Minuten Wartezeit auf den Hauptgang und noch einmal rund 20 Minuten für das Dessert. Die Kurzweilig-keit des Abends wäre dahin, Ihre Gäste wären vom vielen Warten genervt und die Stimmung im Keller.

So können Sie es richtig machen:

Grundsätzlich plant man für ein Vier-Gänge-Menü vom Servieren der Vorspeise bis zum Ausheben des Desserts inklusive ausreichen-der Pausen zwischen den Gängen gut drei Stunden ein, zum Bei-spiel von 19 bis 22 Uhr, max. 22:30 Uhr.

Damit zwischen den Gängen ausreichend Zeit für geplante Reden und Spiele bleibt, der jeweils nächste Gang dann aber zügig serviert wird, brauchen Sie nur die folgenden Absprachen zu treffen:

- Mit den Rednern Ihrer Hochzeit stimmen Sie ab, wer nach welchem Gang spricht und wie lange die jeweiligen Reden dauern werden. Auf eine Minute kommt es nicht an, aber ob eine Rede 3 oder 10 Minuten dauert, wäre schon wichtig zu wissen.

- Ihr Zeremonienmeister kann Ihnen sagen, ob Spiele zwischen den Gängen geplant sind und wie lange diese jeweils dau-ern – natürlich ohne die Überraschung zu verraten (siehe auch »Spiele und Überraschungen koordinieren« auf Seite 70).

⚭ Kurz vor Beginn des Abends übergeben Sie (oder Ihr Zeremonienmeister) dem Serviceleiter einen Zettel mit der groben Abfolge des Menüs und den dazwischenliegenden Pausen. Dieser könnte in etwa so aussehen:

1. Vorspeise
2. ca. 10 Min. Rede Brautvater
3. Zwischengang
4. ca. 5 Min. Rede des Trauzeugen
5. 2 Spiele, insgesamt ca. 15 Min.
6. Hauptgang
7. 2 Spiele, insgesamt ca. 15 Min.
8. Dessert

Perfekt! Diese Info reicht für den Serviceleiter aus, um selbst rechtzeitig der Küche das Signal für den jeweils nächsten Gang zu geben. Sie nutzen die Zeit zwischen den Gängen optimal aus und können sicher sein, dass der Service nicht in eine Rede hineinserviert (denn das wird er tun, sobald ein Gang servierbereit ist).

Wenn Sie Überraschungen so sehr lieben, dass Sie weder über Reden noch die bloße Existenz von Spielen Bescheid wissen möchten, delegieren Sie die zeitliche Koordinierung Ihres Menüs einfach vollständig an Ihren Zeremonienmeister.

MENÜ: SITZPLAN FÜR DEN CATERER

Sobald Sie auf Ihrer Hochzeit ein Menü in unterschiedlichen Varianten (z. B. Rind, Geflügel, vegetarisch) servieren lassen, muss Ihr Caterer bzw. der Serviceleiter natürlich wissen, an welchen Sitzplätzen er welches Menü servieren soll.

Zu diesem Zwecke wird man Sie um einen Sitzplan bitten, in welchem Sie die vom regulären Menü abweichenden Sitzplätze entsprechend markieren. Auch Allergien oder Unverträglichkeiten Ihrer Gäste können Sie dort eintragen, sofern Sie diese im Vorfeld wissen oder abgefragt haben.

Einmal war ich Gast auf einer Hochzeit, und wir hatten bereits Wochen im Vorfeld auf der Rückantwortkarte unser Wunschmenü ausgewählt – so weit, so gut. Offenbar hatte das Brautpaar zuvor keinen Sitzplan mit Menüvarianten vorbereitet, denn der Service musste an jedem Tisch nachfragen, wer seinerzeit welches Menü geordert hatte. Die meisten Gäste wussten einfach nicht mehr, was sie angekreuzt hatten, oder fanden, dass jetzt auf der Menükarte die Fleischvariante eigentlich doch ganz gut aussah. Wenn am Ende zu viele Gäste von ihrer ursprünglichen Bestellung abweichen, kann es passieren, dass nicht jeder Gast sein Wunschmenü bekommt, was zu Stress und Unzufriedenheit führt – sowohl beim Servicepersonal als auch bei Ihren Gästen.

Indem Sie Ihren Caterer mit diesem Sitzplan unterstützen, vermeiden Sie unprofessionell anmutende Nachfragen durch den Service und Ihre Gäste werden happy mit ihrer Menüauswahl sein. Und sollte es trotzdem vereinzelte Änderungswünsche geben, ist es für jeden Caterer ein Leichtes, diese zu erfüllen.

BELIEBTE MISCHFORMEN

Sie können sich nicht so recht zwischen Menü und Büfett entscheiden? Warum dann nicht einfach beides miteinander kombinieren? Ein ganzer Strauß voller Möglichkeiten steht Ihnen hierfür zur Verfügung:

GEMISCHTE VORSPEISENPLATTE + MENÜ

Anstelle der Vorspeise Ihres Menüs lassen Sie gemischte Vorspeisenplatten auf die Tische stellen. So haben Ihre Gäste mehrere Vorspeisen zur Auswahl, Sie lockern die Stimmung am Tisch auf und brauchen dabei nicht auf das festliche (gesetzte) Ambiente eines Menüs zu verzichten.

MENÜ + DESSERTBÜFETT

Ein Dessertbüfett, z. B. in der Nähe der Bar oder der Tanzfläche, verhindert, dass Ihre Gäste sich nach dem Menü »festsitzen«. Die Sitzordnung wird automatisch aufgehoben, und wenn der DJ mit Eröffnung des Dessertbüfetts noch die Musik aufdreht, füllt sich die Tanzfläche umso schneller. Auch für den abendlichen Anschnitt der Hochzeitstorte ist diese Variante perfekt (siehe auch »Anschnitt« auf Seite 152).

EINGESETZTE VORSPEISE + BÜFETT

Nur die Vorspeise wird am Tisch serviert, alle weiteren Speisen stehen am Büfett bereit. So schaffen Sie zunächst den feierlichen Rahmen für die Rede des Brautvaters (traditionell nach der Vorspeise), bevor es danach locker mit dem Büfett weitergeht.

FLYING BÜFETT

Diese Büfettvariante besteht – genau wie ein normales Büfett – aus verschiedenen Vor-, Haupt- und Nachspeisen. Diese werden Ihren Gästen nach und nach in handlichen Portiönchen serviert. Der Service geht mit Tabletts des jeweiligen Gangs herum, und die Gäste essen im Stehen, was an ihnen »vorbeifliegt« – eine Kombination aus Fingerfood und Büfett.

Obwohl ein Flying Büfett vom Umfang her tatsächlich aufs Sattwerden ausgelegt ist, entspricht es vom Ambiente her eher einem Fingerfood-Empfang. Das sollte Ihnen klar sein, wenn ein Locationbetreiber Ihnen aus Platzmangel sein Flying Büfett schmackhaft machen möchte.

Aber auch wenn Sie tatsächlich eine Stehparty planen, hält diese Büfettvariante ein paar beachtenswerte Tücken für Sie bereit: Angesichts des Fingerfood-Charakters der Speisen wird Ihre Gäste die Sorge umtreiben, eventuell nicht satt zu werden. »Normales« Fingerfood macht ja auch nicht satt, und niemand weiß, wie viele Gänge und Portionen für jeden Einzelnen geplant sind. Diese Unsicherheit drückt auf die Stimmung und lenkt von der Feier ab.

Sind sehr viele Gäste im Raum und kommt der Service von nur einer Seite (der Küchentür), werden die Tabletts stets leer sein, bevor sie jemals die Gäste im hinteren Teil des Raumes erreichen. Auch das schlägt auf die Stimmung.

Damit Ihr Flying Büfett ein Erfolg wird, sorgen Sie in Abstimmung mit dem Caterer und der Location dafür, dass ...

... der Service von mehreren Seiten Zugang zur Hochzeitsgesellschaft hat (z. B. Küche und Nebeneingang). So werden die Tabletts nicht von immer denselben Gästen im vorderen Bereich geleert, bevor im hinteren Bereich überhaupt etwas ankommt.

... mindestens eine Servicekraft pro 15 Gäste abgestellt wird. Schließlich geht es auch ums Abräumen benutzter Tellerchen, Servietten, Gabeln etc.

... ausreichend Stehtische, Beistelltische usw. vorhanden sind, auf denen Ihre Gäste Gläser und benutztes Geschirr abstellen können.

... Büfettkarten auf Steh- und Beistelltischen sowie auf der Bar stehen, damit Ihre Gäste wissen, wie viele und welche Gänge im Laufe des Abends noch an ihnen »vorbeifliegen«.

Im Zweifel können Sie alternativ zum Flying Büfett die Platten mit den einzelnen Portionen einfach auf Tischen, Stehtischen und der Bar platzieren und stetig auffüllen lassen.

HOMESTYLE

In den letzten Jahren ist das Homestyle-Konzept sehr trendy geworden. Übersetzen kann man diesen Trend in etwa mit »Essen wie bei Mutti«. Schüsseln und Platten mit Speisen werden auf die Tische gestellt und jeder bedient sich – eben wie zu Hause. Auf den ersten Blick ist dieses Konzept eine schöne Sache, es mutet irgendwie heimelig und familiär an. Das ist jedenfalls der Gedanke dahinter. Man hat eine gewisse Auswahl an Speisen, aber ohne Warteschlange am Büfett. So weit, so gut.

Auch wenn das auf den ersten Blick alles schick ist, so richtig super ist dieses Konzept nicht – aus folgenden Gründen:

- Das Essen kühlt in den Schüsseln schnell aus, auch das kennen wir von zu Hause. Heizplatten auf den Tischen gehören eher ins Thai- oder Chinarestaurant.
- Die Mengen beim Homestyle sind großzügiger kalkuliert als beim Menü, schließlich soll man sich auch einmal nachnehmen können. Dabei ist der Personalaufwand etwas höher als beim Büfett. Das macht sich im Preis bemerkbar.
- Die Breite der Speisenauswahl ist geringer als beim Büfett, denn es fehlt der Platz auf den Tischen.

Mit alldem könnte man als Verfechter des Homestyle-Prinzips eventuell leben, hielte dieses trügerische Homestyle-Idyll nicht noch eine fiese Stimmungstücke für Sie bereit:

Der Inhalt der Schüsseln ist jeweils für (wenn überhaupt) max. 10 Personen (so viele, wie an einem runden Tisch sitzen) vorgesehen, also recht übersichtlich. Somit ist es für jeden Gast am Tisch leicht nachvollziehbar, wer sich was auf den Teller legt und wie wenig für einen selbst noch übrig bleibt. Auf mehreren Hochzeiten durfte ich Zeuge werden, wie dieses Szenario, insbesondere bei den Herren mit gesundem Appetit, das Tier im Manne im negativsten Sinne hervorruft – und zwar in Form von massivem Futterneid. Aller Zivilisiertheit zum Trotz ist die Stimmung am Tisch geprägt von scharf beobachtenden Blicken, leisen Gesten der Unruhe und einem außerordentlichen Tempo bei der Nahrungsaufnahme. Diese unterschwellige und doch sehr offensichtliche Anspannung hält vom Servieren der ersten Platte bis zum letzten Bissen an.

Glauben Sie mir, dagegen ist die Warteschlange am Büfett ein Waldspaziergang. Und seien wir mal ehrlich: Es ist Ihr Hochzeitstag. Essen wie bei Mutti können Sie jeden Tag zu Hause.

MITTERNACHTSSNACK

Das Dinner liegt schon ein Weilchen zurück, die Party ist in vollem Gange, es wird gefeiert, getanzt, geschwitzt und getrunken. Irgendwann regt sich ein kleines Hungerfühl, der perfekte Zeitpunkt für den Mitternachtssnack. Der macht müde Geister munter, hebt die Laune und verlängert das Partyvergnügen.

Aber natürlich gibt es auch beim Mitternachtssnack ein paar Regeln, die berücksichtigt werden wollen – eigentlich nur zwei, um genau zu sein:

OBERSTE REGEL: Herzhaft muss er sein!
Ihre Gäste feiern, tanzen, schwitzen und trinken Alkohol. Das entzieht dem Körper nicht nur Flüssigkeit, sondern auch Mineralstoffe und Salze. Niemand, wirklich niemand hat in dieser Situation Lust auf etwas Süßes.

ZWEITE OBERSTE REGEL: Darf nicht von der Party ablenken.
Ein Mitternachtssnack, für dessen Verzehr sich Ihre Gäste hinsetzen müssen, ist ein sicherer Partykiller. Idealerweise werden handliche,

herzhafte Kleinigkeiten zur Selbstbedienung am Rande der Tanz-fläche platziert oder als Fingerfood gereicht.

Superbeliebt als Mitternachtssnack ist die Currywurst. Aber auch für Nichtcurrywurstfans gibt es eine Reihe bestens geeigneter Alternativen, wie z. B.:

- ein Topf Suppe oder Chili con Carne mit Brot,
- Platten mit belegten Sandwiches, Baguettes oder richtigen »Stullen«, wie Mama sie uns früher zur Schule mitgegeben hat,
- herzhafte Aufschnittplatten mit Brotauswahl, sodass sich jeder sein Baguette selbst belegen kann,
- wer es zweckmäßig und puristisch mag, kann auch einfach Chips, Erdnüsse, Salzstangen und Käsegebäck auf die Steh-tische stellen. Etwas opulenter wäre eine sogenannte »Salty Bar«.

Und Hochzeitstorte um Mitternacht?

24-UHR-TEE

Wieder eines dieser Brautpaare, welche sich mit keinem Argument der Welt von der Idee abbringen lassen, die Hochzeitstorte um Punkt Mitternacht anzuschneiden.

»Das ist doch ein so schöner Moment – ein bisschen wie Silvester – und dann wäre die Torte auch gleich der Mitternachts-snack – wie praktisch! Und durch den Zuckerkick bekommen alle einen schönen Energieschub.« Simone klatscht aufgeregt in die Hände und strahlt zufrieden ihren Matthias an.

Ich versuche, die beiden umzustimmen. »Glaubt mir ... vertraut mir ... macht das lieber zum Dessert, sonst killt das eure Party ...«

Keine Chance, zu den beiden durchzudringen, so beseelt sind

sie von ihrer silvesterartigen Torteninszenierung. Also stimme ich notgedrungen mit der Location den Tortenanschnitt für Punkt Mitternacht ab und das Unvermeidliche nimmt seinen Lauf: Hochzeit von Simone und Matthias, kurz vor Mitternacht.

Die Tanzfläche ist gut gefüllt, die Stimmung ausgelassen, nach einem langen Tag und gutem Essen ist die Party in vollem Gange. Punkt Mitternacht.

Der DJ unterbricht die Partymusik und spielt den Song, den die beiden sich zum Einzug ihrer Hochzeitstorte gewünscht haben, »New York, New York« von Frank Sinatra. Auf einem Rollwagen fährt der Service die Torte mit großem Tamtam auf die Tanzfläche. Simone und Matthias kommen hinzu, der DJ dreht die Musik leiser, der Service das Saallicht heller. Matthias sagt ein paar Worte, kurzes Gerangel um die führende Hand am Tortenmesser, dann schneiden die beiden die Hochzeitstorte an.

Halb eins.

Es läuft leise Hintergrundmusik, die gesamte Hochzeitsgesellschaft sitzt auf ihren Plätzen und isst Torte. Der Service geht herum und nimmt Kaffeebestellungen auf. Ich spüre die tödlichen Blicke des DJs in meinem Rücken.

Ein Uhr.

Der DJ hat die Musik wieder aufgedreht. Eine Handvoll Gäste steht mäßig motiviert am Rande der Tanzfläche herum, der Rest ist erst einmal sitzen geblieben. Der DJ gibt alles, aber nichts hilft mehr.

Halb zwei.

Die letzten Gäste verabschieden sich. Simone und Matthias steht die Enttäuschung über das jähe Ende ihrer Hochzeitsfeier ins Gesicht geschrieben.

Was war geschehen? Simone und Matthias haben gleich beide obersten Regeln des Mitternachtssnacks ignoriert. Genauso gut hätten sie ihren Gästen ein Schlafmittel verabreichen können. Denn anstatt vom Zuckerkick beflügelt zu sein, hatten Simones und Matthias' Gäste mit einem mitternächtlichen Tortenklumpen im Bauch zu kämpfen. Das raubt Energie und macht müde.

Sie sehen, die beiden obersten Mitternachtssnackregeln nehmen es Ihnen immens übel, wenn Sie sie nicht berücksichtigen, und werden Ihrer Party ein schnelles, leises Ende bereiten. Vielleicht haben Sie Ihre Location aber auch nur bis halb zwei Uhr morgens gebucht. Dann ist das sicher eine charmante Art und Weise, den Abend pünktlich zu beenden, denn Ihre Gäste werden müde und vor allem freiwillig nach Hause gehen.

GETRÄNKE

Nicht nur beim Essen, auch bei den Getränken sind zahlreiche Entscheidungen zu treffen. Da sind der Sektempfang, die Getränkepauschale oder vielleicht doch lieber Abrechnung nach Verbrauch? Und was genau hat es eigentlich mit dem Korkgeld auf sich? All das werden wir auf den nächsten Seiten klären.
Aber bitte, eines vorweg, was leider allzu häufig vergessen wird: Stellen Sie sicher, dass zum Essen stets Flaschen mit Wasser auf den Tischen stehen, die regelmäßig aufgefüllt werden. Gerade an einem langen, heißen Tag werden Ihre Gäste dankbar sein, wenn sie beim Service nicht um jedes Glas Wasser betteln müssen.

SEKTEMPFANG

Die Trauung ist vorbei, zusammen mit Ihren Gästen machen Sie sich auf den Weg zum Ort Ihrer Feier. Klassischerweise wird man Sie dort mit einem Begrüßungssekt empfangen. Das ist erst einmal nicht weiter kompliziert. Umso erstaunlicher ist es, dass sogar geschulte Servicekräfte allzu oft den immer selben Fehler begehen: Aus der wohlwollenden Sorge heraus, ein Gast könnte eine Sekunde zu lang auf seinen Begrüßungssekt warten, beginnt der Service bereits eine gute Viertelstunde vor Eintreffen Ihrer Hochzeitsgesellschaft damit, die Gläser zu befüllen. Wenn Sie sich dann noch um 15 Minuten verspäten (kann vorkommen), ist der Begrüßungssekt schal und warm – erst recht, wenn Ihr Sektempfang draußen in der Sonne stattfindet.

Bitten Sie daher den Service ausdrücklich, den Begrüßungsdrink erst unmittelbar vor Ihrem Eintreffen einzuschenken. Fünf oder zehn Minuten vor Ihrer Ankunft genügt ein kurzer Anruf (z. B. vom Zeremonienmeister) beim Serviceleiter. So wird die Begrüßung Ihrer Hochzeitsgesellschaft garantiert und im besten Sinne eiskalt ausfallen.

GETRÄNKEPAUSCHALE

Auf Hochzeiten wird gern und viel getrunken. Damit Sie nach Ihrer Feier nicht von einer irrsinnigen Getränkerechnung überrascht werden, gibt es die Getränkepauschale, oft auch als Teil der Hochzeitspauschale (siehe auch »Hochzeitspauschale« auf Seite 129).

Bei der Getränkepauschale zahlen Sie

- für eine bestimmte Auswahl an Getränken
- innerhalb eines bestimmten Zeitraums
- einen festen Pauschalbetrag pro Person.

Beispiel für eine typische Getränkepauschale:

*Im Zeitraum von 17 bis 22 Uhr
werden zum Preis von 20 € pro Person
folgende Getränke gereicht:
Begrüßungssekt, Rotwein, Weißwein,
Bier, Wasser, Softgetränke,
Tee und Kaffeespezialitäten.*

> *Hinweis!* »Begrüßungssekt« meint tatsächlich nur ein Glas Sekt pro Person zum Empfang.

Ob Sie mit der Getränkepauschale gegenüber der Abrechnung nach Verbrauch tatsächlich Geld einsparen, werden Sie am Ende nie genau wissen, denn man wird Ihnen keine Vergleichsrechnung präsentieren.

Erfahrungsgemäß aber macht es Sinn, eine Getränkepauschale in Erwägung zu ziehen, wenn Sie mit mindestens 40 Personen feiern, von denen 75–80 % voraussichtlich Alkohol konsumieren werden. Normalerweise enthält die Getränkepauschale den Hauswein des jeweiligen Gastronomen. Auf Wunsch wird man Ihnen aber auch eine Getränkepauschale mit Weinen Ihrer Wahl anbieten.

Vorsicht bei sogenannten »All-inclusive-Getränkepauschalen«, welche auch Cocktails oder Longdrinks beinhalten. Der Betrag für die Pauschale liegt dann meist 10 oder 15 Euro über der regulären Pauschale. Davon ausgehend, dass ein Cocktail etwa 5 Euro kostet, müsste ausnahmslos jeder Gast zusätzlich zu Bier, Wein und Wasser zwei bis drei Cocktails trinken. Und für jede Person, die keinen Cocktail trinkt, müsste ein anderer Gast die doppelte Menge bestellen, damit diese Pauschale sich lohnt. Bei den allermeisten Hochzeitsgesellschaften ist das eher unrealistisch.

Stattdessen können Sie einfach die reguläre Getränkepauschale buchen und Cocktails und Longdrinks nach Verbrauch abrechnen lassen.

> *Achtung!* Es kommt vor, dass der Service während der laufenden Getränkepauschale sparsam ausschenkt oder wenig präsent ist. Klar, je geringer Ihr Getränkeverbrauch, umso höher der Gewinn. In dem Fall treten Sie dem Serviceleiter einmal kräftig auf die Füße oder lassen Sie sich die Weinflaschen auf die Tische stellen.

Und was geschieht nach Ende der Pauschale?

Die meisten Getränkepauschalen enden um 22 oder 23 Uhr. Oft wird dann eine stundenweise Verlängerungspauschale angeboten, z. B. 5 Euro pro anwesende Person und Stunde. Jede Stunde zählt der Service die noch anwesenden Gäste durch und berechnet pro Kopf die Pauschale. Ob Ihre Gäste dann tatsächlich noch etwas trinken, spielt keine Rolle.

Solange Ihre Party noch in vollem Gange ist und Sie davon ausgehen, dass Ihre Gäste innerhalb der nächsten Stunde jeweils für 5 Euro Getränke verzehren könnten, macht die Verlängerungspauschale Sinn.

Ist aber nur noch der harte Kern Ihrer Gäste da und alkoholisch bereits so gut bedient, dass der weitere Getränkeverzehr überschaubar sein dürfte, ist die Abrechnung der weiteren Getränke nach Verbrauch die sinnvollere Variante. Um die Kosten dann nicht ausufern zu lassen, können Sie mit dem Service eine Summe vereinbaren, die Sie jetzt noch für Getränke investieren möchten, z. B. 150 Euro. Bitten Sie den Service, dass man Ihnen rechtzeitig das Signal für die Last Order gibt, und Sie können den Abend charmant ausklingen lassen.

WEINLIEFERUNG UND KORKGELD

Ihr Caterer hat Ihren Lieblingswein nicht im Sortiment? Dann lassen Sie ihn doch einfach anliefern. Drei Punkte sind dann mit dem Winzer/Händler, Ihrem Caterer und/oder der Location abzustimmen:

Anlieferung

Wie kommt der Wein vom Händler zur Hochzeit? Wer beauftragt den Spediteur und wohin sollen die Weine dann überhaupt geliefert werden? Falls die Weine nicht direkt in die Location geliefert und dort gelagert werden können, hat eventuell der Caterer noch ein Kühlhaus zur Zwischenlagerung.

Lager- und Kühlmöglichkeit vor Ort

Viele ältere Weine brauchen nach dem Transport mindestens zwei bis drei Tage Ruhe, damit sich die durch die Erschütterung verursachte Trübung wieder legt. Junge Weine sind in der Regel stabiler. Ob und wie viel Ruhe Ihr Lieblingswein nach dem Transport benötigt, wird Ihnen Ihr Händler/Winzer sicher sagen können.
Auch junge Weine sollten mindestens 24 Stunden vor Ihrer Hochzeit angeliefert werden, damit noch ausreichend Zeit bleibt, um den Weißwein auf Trinktemperatur herunterzukühlen. Entsprechend sind Lager- und Kühlkapazitäten mit der Location bzw. dem Caterer abzustimmen.
Zur Not müssen beim Partyausstatter einfach ein paar Kühlschränke angemietet werden, dafür muss vor Ort die Stromversorgung stimmen.

Korkgeld

Für Ihren angelieferten Lieblingswein wird Ihr Caterer Ihnen ein Korkgeld in Rechnung stellen. Das ist legitim und üblich, um den Aufwand des Caterers für die Einlagerung und den Ausschank zu kompensieren. Das Korkgeld je geöffneter Flasche beträgt in etwa 12 bis 20 Euro.

Was ist günstiger? Ihr angelieferter Lieblingswein zuzüglich Korkgeld oder der Wein des Caterers? Das lässt sich ganz einfach errechnen, wie diese Beispielrechnung zeigt:

	Ihr Lieblingswein	Wein des Caterers
Einkaufspreis pro Flasche	8,00 €	25,00 €
Korkgeld pro Flasche	18,00 €	entfällt
Betrag pro Flasche	26,00 €	25,00 €
Zzgl. Kosten für Transport/Anlieferung/ Einlagerung (pro Flasche)	1,50 €	entfällt
Summe	27,50 €	25,00 €

In diesem Beispiel würden Sie 2,50 Euro pro Flasche sparen, wenn Sie sich für den Wein des Caterers entscheiden. Das bedeutet nicht, dass der Wein des Caterers grundsätzlich die günstigere Variante ist. Rechnen Sie es einfach für sich aus.

PROBEESSEN

Ihre Hochzeit rückt näher, Sie haben sich aus den Speisenvorschlägen Ihres Caterers für ein Menü entschieden und wüssten nun gern, ob der Koch auch halten kann, was er verspricht. Na klar, ein Probeessen muss her. Das macht nicht nur Spaß, sondern gibt Ihnen auch die Möglichkeit, Wünsche zu äußern – und das nicht nur im Hinblick auf die Speisenauswahl.

Ob man Ihnen neben dem regulären Gastronomiebetrieb probeweise Ihr Wunschmenü kredenzt, liegt selbstverständlich im Ermessen des Küchenchefs – aber fragen kostet nichts.

Beim Probeessen dürfen Sie alles thematisieren, was Ihnen in Bezug auf die Speisenauswahl und -präsentation auffällt und wichtig ist, wie z. B.:

- die Speisenauswahl an sich,
- die Art und Weise, wie die Speisen auf dem Teller angerichtet sind,
- Temperatur, Textur und Garpunkt der Speisen,
- Weinauswahl und Temperatur der Weine,
- die Art und Weise, wie die Servietten gefaltet sind, sowie die Brotauswahl im Brotkorb – welche Brotsorten, mit oder ohne Salz/Butter/Olivenöl.

Wichtig ist auch, dass derselbe Küchenchef, der das Probeessen zubereitet hat, auch für das Essen auf Ihrer Hochzeit zuständig ist und wie z. B. im Krankheitsfall gewährleistet wird, dass das Menü am Tag Ihrer Hochzeit trotzdem genauso aussieht und schmeckt wie beim Probeessen vereinbart.

Am besten notieren Sie sich die Punkte, die Sie beim Probeessen besprochen haben, und fassen sie gleich nach dem Termin in einer E-Mail an den Küchenchef zusammen.

> *Nicht vergessen!* Machen Sie Fotos von jedem einzelnen Gang und hängen Sie diese Ihrer E-Mail an.

Und was kostet ein Probeessen?

Je nach Anbieter wird das Probeessen separat berechnet, auf die Gesamtrechnung der Hochzeit gesetzt oder (dann in der Regel nur für zwei Personen) vom Restaurant spendiert. Jede dieser Vorgehensweisen ist üblich und hängt mitunter vom zu erwartenden Umsatz Ihrer Hochzeit ab.

GUT GEPLANT

Im Zuge der Speisen- und Getränkeauswahl für Ihre Hochzeit ist es sinnvoll, die folgenden Fragen und Punkte je nach Bedarf zu entscheiden bzw. mit Ihrem für das Catering verantwortlichen Ansprechpartner zu klären:

- Möchten wir unseren Gästen Fingerfood zum Empfang reichen?
- Wünschen wir uns ein Büfett, ein Menü oder eine Mischform?
- Wünschen wir uns einen Mitternachtssnack?
- Was können Sie uns für unser Budget anbieten?
- Könnten Sie uns Speisenvorschläge vorlegen, aus denen wir wählen können?
- Gibt es einen Rabatt für Kinder? Wenn ja, ab/bis zu welchem Alter?

Für Fingerfood

- Was kostet Ihr Fingerfood pro Person?
- Wie viele Teile Fingerfood kalkulieren Sie pro Person?

Für ein Menü

- Ist ein Probeessen machbar? (Ein Probeessen ist lediglich bei einem Menü, weniger bei einem Büfett sinnvoll, siehe auch »Probeessen« auf Seite 173.)
- Was würde ein Probeessen kosten?
- Wäre es möglich, dass unsere Gäste zwischen mehreren Menüvarianten (z. B. Rind, Geflügel, vegetarisch) wählen können?
- Bis wann benötigen Sie den Sitzplan mit den unterschiedlichen Menüvarianten?
- Bis wann benötigen Sie von uns die Info, ob und was zwischen den Gängen an Reden oder Spielen stattfinden soll?
- Können Sie uns eine Menüalternative für die Kinder anbieten? Vielleicht à la carte oder Schnitzel mit Pommes? Was würde das kosten?

Für ein Büfett

- Wo im Raum wird das Büfett stehen? Ist die Angriffsfläche groß genug für unsere Gästezahl?
- Könnten Sie eine Büfettbeschriftung inklusive Hinweisen für Allergiker anbringen? Bitte ja!
- Wie gut ist das Büfett ausgeleuchtet?
- Bieten Sie auch Live-Cooking-Stationen am Büfett mit an?
- Könnten die Desserts zeitversetzt auf das Büfett aufgetragen werden? Sind Vorspeisen und Desserts weitestgehend vorportioniert, sodass das Büfett auch später noch appetitlich aussieht?

Für eine Mischform von Menü und Büfett

- Können Sie uns eine Mischform (z. B. Menü mit Dessertbüfett o. Ä.) anbieten?
- Welchen Kostenunterschied würde das mit sich bringen?

Mitternachtssnack

- ∞ Ist es möglich, einen Mitternachtssnack zu buchen?
- ∞ Was können Sie uns hierfür empfehlen?
- ∞ Wie viel würde das kosten?
- ∞ Wird der Mitternachtssnack für die volle Gästezahl berechnet, auch wenn um Mitternacht vielleicht nicht mehr alle da sind?

Für die Getränkeauswahl

- ∞ Wird eine Getränkepauschale pro Person angeboten?

Falls ja:
- Über welchen Zeitraum gilt diese Pauschale und welche Getränke sind inklusive? (Bitte keine Cocktails und Longdrinks.)
- Wie wird nach Ende der Getränkepauschale abgerechnet – nach Verbrauch oder wird die Pauschale verlängert
- Gibt es die Möglichkeit, ein Budget für den Getränkeverbrauch nach Ende der Pauschale festzusetzen?
- Können wir, abgesehen von der Getränkepauschale, innerhalb eines bestimmten Zeitraums eine kleine Auswahl von Cocktails an der Bar anbieten?

Falls nein:
- Welche Getränke haben Sie im Angebot?
- Wie viel Budget sollten wir pro Person in etwa für die Getränke einkalkulieren?

MITBRINGEN SELBST GEMACHTER SPEISEN

Eine Hochzeit mit professionellem Catering und Service ist großartig, aber der Kaiserschmarren von Tante Trude darf auf keinen Fall fehlen. Wenn wir den noch mit aufs Büfett stellen, wird der Caterer schon nichts dagegen haben. – Doch, wird er.

Wenn Sie sich für Ihre Gartenparty nur Essen und vielleicht noch Teller und Besteck anliefern lassen, können Sie aufs Büfett stellen, was Sie möchten. In dem Moment aber, wo ein Gastronom mit seinen Servicekräften auf Ihrer Hochzeit Speisen serviert, wird er mit Tante Trudes Kaiserschmarren ein Riesenproblem haben. Denn wer weiß, wie alt die Eier waren, die Tante Trude in den Kaiserschmarren gemischt hat? Vielleicht hat sie auch den Probierlöffel abgeleckt und wieder in den Teig gesteckt, wie sie es eben immer macht. Und was, wenn auf dem Weg zur Hochzeit die Klimaanlage ihres Wagens ausgefallen ist? Bei muckeligen 25 Grad feiern dann die Keime aus Trudes Mund eine wilde Party im Kaiserschmarren. Und vielleicht hat Tante Trude in ihrer Aufregung auch einfach Salz mit Zucker verwechselt.

All das kann der Caterer dem Kaiserschmarren nicht ansehen, wenn er ihn zwischen seine eigenen Speisen aufs Büfett stellt. Er selbst unterliegt bei der Zubereitung und Anlieferung seiner Speisen den strengen gesetzlichen Vorschriften zur Lebensmittelhygiene – Tante Trude nicht. Damit durch den Kaiserschmarren verursachte Krankheiten oder Beschwerden von Gästen nicht auf den Caterer zurückfallen, wird er Trudes noch so leckeren selbst gemachten Kaiserschmarren niemals neben seinen Speisen dulden. Und glauben Sie mir, der meint das ernst. Der Caterer einer meiner Gartenhochzeiten drohte damit, sofort alles einzupacken und seine Leute abzuziehen, als er auf dem Büfett eine Mousse au Chocolat entdeckte, die irgendjemand unbemerkt dorthin gestellt hatte. Außerdem hätte man die Mousse au Chocolat auch beim Caterer bestellen können. Wenn aber die Leute eigenes Essen mitbringen und deshalb weniger bei ihm bestellen, geht ihm Umsatz verloren. Das Gleiche gilt auch für selbst mitgebrachte Getränke.

Wenn Sie also mit dem Gedanken spielen, Ihren Caterer mit eigenen Speisen und/oder Getränken zu beglücken, rate ich Ihnen dringend, das vorher offen anzusprechen. Man kann über alles reden und sicher eine Einigung finden, mit der Sie beide happy sind. Auf gar keinen Fall aber sollten Sie den Caterer auf Ihrer Hochzeit damit überrumpeln. Sonst laufen Sie Gefahr, dass der alles hinschmeißt, die Party verlässt und Ihnen trotzdem die Rechnung schickt.

KUCHEN ÜBERALL

»Das können wir nicht machen. Das dürfen wir gar nicht machen.« Zusammen mit der Bankettleiterin stehe ich am Lieferanteneingang des Schlosshotels, ratlos schüttelt sie den Kopf. Schon seit einigen Minuten stehen wir da, und unser Blick schweift stetig hin und her, als würden wir ein spannendes Tennismatch verfolgen. Tatsächlich beobachten wir eine Gruppe von sechs Frauen, wie sie immer wieder den kurzen Weg zwischen einem Kleinbus und dem Lieferanteneingang des Schlosses zurücklegen. Hin und her, hin und her.

Es handelt sich um die Mutter, Schwestern und Cousinen der Braut. Auf dem Weg in das Schloss hinein tragen sie große Platten und Backbleche mit Kuchen und Torten, dann kommen sie mit leeren Händen wieder heraus, um sofort die nächste Kuchenplatte aus dem Kleinbus zu holen und ins Schloss zu tragen. Mittlerweile dürften mindestens fünfzehn Kuchen im Gebäude verschwunden sein und die Kette reißt nicht ab. Ein wenig erinnert mich das Szenario an eine Ameisenstraße.

Die Bankettleiterin ist sauer, denn so war das nicht abgestimmt. »Hatten Sie nicht gesagt, das Brautpaar würde die Kuchen für das Kuchenbüfett von einem Konditor anliefern lassen?«

In der Tat hatte mir die Braut erklärt: »Die Hochzeitstorte bestellen wir über dich, die Kuchen für das Kuchenbüfett lassen wir anliefern.«

Keine Sekunde lang hatte ich angenommen, dass der Lieferant nicht etwa der Konditor des Vertrauens ist (die Familie stammt immerhin aus der Gegend), sondern die Brautmutter höchstpersönlich, die offensichtlich amtierende Weltmeisterin im Backmarathon ist.

Wieder schüttelt die Bankettleiterin den Kopf: »Das können und dürfen wir nicht machen. Außerdem haben wir gar nicht so viel Platz in der Kühlung. Wie viele Kuchen sind das jetzt? Dreißig? Und bei der Hitze können wir auf keinen Fall so viele Kuchen auf das Kuchenbüfett stellen, die werden alle schlecht. Davon mal abgesehen, wir dürfen den Kuchen gar nicht annehmen, schließlich können wir nicht für die Qualität der Ware einstehen.«

In dem Moment gesellt sich unsere heutige Braut, Annett, zu uns. »Ist das nicht toll? Meine Mama hat eine Woche lang gebacken und dabei die Herde aller Nachbarn mit in Beschlag genommen. 32 Kuchen! Großartig, was?«

Bevor die Bankettleiterin jetzt ihren Ärger an Annett auslässt, grätsche ich schnell dazwischen: »Ja, Wahnsinn. Mal schauen, ob 72 Leute von 32 Kuchen satt werden, sonst müssen wir noch was beim Konditor im Ort nachbestellen.«

Annett lacht, ich lache zurück, die Bankettleiterin ringt sich ein gequältes Lächeln ab.

»Oh, die Stylistin ist da, ich muss los. Bis später!«, flötet Annett und hüpft glücklich in Richtung Haupteingang.

Ich wende mich an die Bankettleiterin. »Sie haben ja vollkommen recht. Mir war auch nicht klar, dass das so kommen würde. Glauben Sie mir, ich bin genauso überrascht wie Sie. Es schien alles so dermaßen eindeutig, dass ich gar nicht auf die Idee kam, genauer nachzufragen. Nicht einmal Sie wären im Traum darauf gekommen, dass sich da jemand zu Hause hinstellt und 32 Kuchen backt, oder?«

Leicht genervtes, aber einsichtiges Augenrollen der Bankettleiterin. Mir ist klar, dass sie einfach darauf bestehen könnte, dass die Kuchen nicht angeboten werden, und ich lasse nicht locker: »Wie auch immer, die Kuchen sind jetzt hier und wir müssen irgendwie damit umgehen. Oder möchten Sie der Brautmutter erklären, dass sie eine Woche lang umsonst in der Küche gestanden hat?«

»Auf keinen Fall werden wir die Verantwortung für die Qualität dieser Kuchen übernehmen, zumal wir sie nicht alle kühlen können. Ich muss das mit meinen Vorgesetzten klären. Mal schauen, was sich da machen lässt.«

Auf eines kann man sich in der Veranstaltungsbranche verlassen: Geht nicht gibt's nicht. Und so ist die Lösung schnell gefunden: Zehn Kuchen kommen auf das Kuchenbüfett, von den verbleibenden Kuchen kommen die mit Sahne- oder Fruchtanteil in die Kühlung, der Rest eben nicht. Neben dem Kuchenbüfett steht eine Tafel mit der Aufschrift: »Wir danken der Familie der Braut für die reiche Auswahl an selbst gebackenen Kuchen.«

Somit ist das Schloss aus der Verantwortung heraus. Morgen ist ein gemeinsames Frühstück aller Hochzeitsgäste geplant. Es wird Kuchen geben – viel Kuchen.

Interne Notiz: Künftig auch die abwegigsten Dinge, wie z.B. eine Brautmutter, die eine Woche lang Kuchen backt, im Vorfeld beim Brautpaar abfragen. Brautmütter sind wahnsinnig.

Liebe Brautpaare, das ist jetzt kein Patentrezept für das Mitbringen selbst gemachter Speisen und nicht zur Nachahmung geeignet! Der Betreiber des Schlosses hätte ebenso gut darauf bestehen können, dass die mitgebrachten Kuchen nicht angeboten werden.

EXTERNER CATERER

Wenn Sie in einer Location feiern, die das Catering gleich mit anbietet, z. B. ein Restaurant oder Hotel, brauchen Sie bloß Ihre Speisen und Getränke auszuwählen und Ihrem Ansprechpartner mitzuteilen, um wie viel Uhr es losgehen soll.

Feiern Sie in einer Location ohne eigene Gastronomie, engagieren Sie für Ihre Hochzeit womöglich einen externen Caterer. Dann sind neben dem Zeitplan sowie der Speisen- und Getränkeauswahl noch eine Reihe von logistischen Fragen zu klären. Die finden Sie am Ende dieses Kapitels unter »Gut geplant«.

Das sind auch jede Menge Punkte, aber keine Angst, ein professioneller Caterer wird sich die Location vorab selbst einmal anschauen und offene Fragen direkt mit dem Betreiber klären – idealerweise bevor er Ihnen sein Angebot unterbreitet.

Kleiner Tipp: Falls Sie neben Speisen und Getränken auch Servicekräfte, Tische, Stühle, Tischwäsche, Beleuchtung oder sonstiges Veranstaltungsequipment benötigen, können die meisten professionellen Caterer Ihnen all das aus einer Hand liefern. Das erspart Ihnen jede Menge Koordinierungsaufwand mit unterschiedlichen Verleihern.

GUT GEPLANT

Wenn Sie in einer Mietlocation ohne eigene Gastronomie feiern, werden Sie eventuell einen externen Caterer für die Bewirtung Ihrer Gäste beauftragen. Sofern dieser nicht ohnehin schon fest mit der Location zusammenarbeitet, sind Sie für die Koordinierung zwischen Caterer und Location zuständig. In dem Fall ist es sinnvoll, je nach Bedarf mit dem Caterer bzw. der Location die folgenden Punkte und Fragen zu klären:

Abzustimmen mit dem externen Caterer

- Sind Sie am Tag unserer Hochzeit verfügbar?
- Wann genau können Sie frühestens anliefern?
- Ist das Trinkgeld im Preis enthalten? (Meistens nicht.)
- Gibt es einen Mindestumsatz?
- Bis wann können wir kostenfrei stornieren?
- Muss eine Anzahlung geleistet werden? Wie viel und wann?
- Sind Sie vertraut mit der Location?
- Sind Besteck, Geschirr und sonstiges Gastro-Equipment in Ihrem Angebot enthalten oder entstehen da zusätzliche Kosten?
- Wird ein Nebenraum für Equipment und/oder als Service-strecke benötigt?
- Wann kann nach der Hochzeit das Equipment wieder abgeholt werden?
- Können Sie auch Servicekräfte, Möbel oder anderes Equipment mit anbieten?
- Kümmern Sie sich auch um die Entsorgung von Essensresten?
- Welche (einheitliche) Garderobe werden die Servicekräfte auf der Hochzeit tragen?
- Wie viel Zeit werden Sie für den Aufbau benötigen?
- Was benötigen Sie an Strom- und Wasseranschlüssen?
- Könnten Sie sich die Location und die Gegebenheiten vor Ort einmal persönlich anschauen – bevor Sie ein Angebot unterbreiten? (Bitte ja!)
- Wann können Sie das gelieferte Equipment wieder abholen? Manchmal ist eine Abholung erst Montag nach der Feier möglich.

Abzustimmen mit der Location

- Ab wie viel Uhr kann der Caterer anliefern und aufbauen?
- Kann der Caterer mit einem Lkw auf das Gelände fahren?

- ⚭ Kann das Equipment ebenerdig angeliefert werden oder ist ein Aufzug vorhanden?
- ⚭ Wird der Aufzug während der Auf-/Abbauzeiten eventuell durch andere Zulieferer genutzt bzw. blockiert?
- ⚭ Ist eine nutzbare Küche vorhanden? Falls ja, wie groß und mit welcher Ausstattung?
- ⚭ Steht ein Nebenraum für angeliefertes Equipment und/oder als Servicestrecke zur Verfügung?
- ⚭ Sind Saal, Küche und Nebenräume ausreichend beleuchtet? Falls nicht, kann der Caterer sicher noch Beleuchtung mitbringen.
- ⚭ Sind Stromanschlüsse vorhanden? Wenn ja, wie viele?
- ⚭ Sind ausreichend hauseigene Möbel (Tische, Stühle, Stehtische etc.) vorhanden? Auch hier wird bei Bedarf der Caterer sicher gern aushelfen.
- ⚭ Gibt es vor Ort die Möglichkeit, Getränke zu lagern und zu kühlen?
- ⚭ Bis wann (Datum + konkrete Uhrzeit) muss die Location nach der Hochzeit wieder geräumt sein?
- ⚭ Sind die zusätzlichen Zeiten für Anlieferung, Aufbau und Abbau im Mietpreis enthalten?

Das hört sich jetzt erst einmal viel an, aber – wie gesagt – ein professioneller Caterer wird sich die Location auf jeden Fall persönlich einmal anschauen und die meisten dieser Fragen direkt mit dem Betreiber klären.

Der große Auftritt

Chichi und Tamtam, Bräutigam auf
Shoppingtour, Mann am Steuer,
und »Nothing Else Matters«.

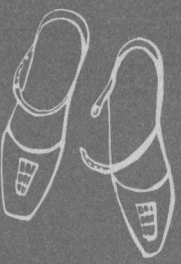

Eines ist Ihnen am Tag Ihrer Hochzeit gewiss: Die ungeteilte Aufmerksamkeit aller Anwesenden. Einen ganzen Tag lang stehen nur Sie beide im Mittelpunkt des Geschehens, einfach alles dreht sich um Sie. Bei so viel Tamtam kann man schon mal nervös werden, aber Sie können es nicht ändern – also genießen Sie es!

Damit der große Auftritt auch gelingt und die Nerven geschont bleiben, ist es sinnvoll, die Inszenierung ein Stück weit zu planen, angefangen beim Hochzeitsoutfit, inklusive Brautstyling. Auch das Gefährt, mit dem Sie am Tag Ihrer Hochzeit von A nach B gelangen, ist Teil Ihres großen Auftritts. Sicher werden Sie zur Begrüßung auch ein paar Worte sagen, und der Tag wird enden mit Ihrem Hochzeitstanz, der die lange Partynacht einleitet.

BRAUTKLEID

Brautkleid! ... Endlich! ... Die Erfüllung unserer Mädchenträume, das Symbol einer jeden Traumhochzeit (na gut, der Traummann gehört auch dazu). Sicher haben Sie schon längst angefangen, in Brautmagazinen zu blättern, das Internet zu durchstöbern und sich die Nase an den Schaufenstern der Brautmodegeschäfte platt gedrückt. Auch Hochzeitsmessen – so trubelig und anstrengend die auch sind – geben Inspiration und vielleicht lassen sich auch ein paar günstige Schnäppchen schießen.

Schnappen Sie sich Ihre beste Freundin, ziehen Sie gemeinsam durch die Brautmodegeschäfte, streifen Sie durch Berge und Alleen von weißem Tüll, Satin und Spitze und probieren Sie die schönsten Modelle an. Ein Gläschen Sekt dazu – perfekt! Ich könnte das jeden Tag machen.

Gerade wenn Sie noch unsicher sind, welcher Stil und welche Schnittform zu Ihnen passen, können Sie im Brautmodegeschäft die volle Bandbreite an sich ausprobieren. Und vielleicht – oder wahrscheinlich sogar – werden Sie überrascht sein, sich in ein Kleid zu verlieben, das so ganz anders ist als das, was Sie sich vorgestellt hatten.

Und wenn ich Ihnen noch einen Tipp geben darf: Sicher macht es Spaß, mit einer ganzen Entourage von Freundinnen durch die Läden zu ziehen. Wenn aber jede eine andere Meinung hat, bringt das nur Verunsicherung mit sich. Eine oder zwei Freundinnen, deren ehrliche Meinung Sie schätzen, sind zehnmal hilfreicher als die ganze Clique.

Haben Sie Ihr Brautkleid gefunden, wird es nach Maß für Sie angefertigt, entsprechend lang kann die Lieferzeit ausfallen, bis zu sieben Monate für manche Modelle. Je früher Sie sich also auf die Suche begeben, umso besser.

Spätestens zwei bis drei Wochen vor Ihrer Hochzeit sollte das fertige Brautkleid angeliefert werden, so bleibt noch ausreichend Zeit für die finale Anprobe und eventuelle Änderungen.

> *Wichtig!* Vereinbaren Sie zur Anprobe unbedingt feste Termine mit den Brautmodegeschäften. Manche Läden öffnen gar nicht erst ohne Termin und man wird sich auf jeden Fall mehr Zeit für Ihre Beratung nehmen.

Eine preisgünstige Alternative zum Brautmodegeschäft sind die, oftmals in Asien ansässigen, Onlineanbieter. Zwar entgeht Ihnen hierbei das Shoppingerlebnis, dafür sparen Sie jede Menge Zeit und Geld – leider zulasten der CO_2-Bilanz. Im Onlineshop wählen Sie Ihr Kleid aus, geben die gewünschte Farbe und Ihre Körpermaße an und klicken auf »Kaufen«. Auf Anfrage wird man Ihnen vorher auch gern verschiedene Stoffmuster zusenden. Nach etwa 6 bis 12 Wochen kommt Ihr maßgeschneidertes Brautkleid per Post zu Ihnen. Die Qualität von Material und Verarbeitung variiert je nach Anbieter von hervorragend bis unerfreulich. Es kann nicht schaden, beim jeweiligen Anbieter testweise zunächst ein günstigeres Cocktailkleid zu bestellen, um sich ein Bild von der Qualität zu machen.

Für ein nach Ihren individuellen Wünschen gefertigtes Brautkleid sind Sie bei Brautmodedesignern und -ateliers an der richtigen Adresse. Hier müssen Sie ein wenig mehr Zeit investieren, denn es sind mehrere Termine und Absprachen notwendig, um Stoffe auszuwählen und das Kleid zu entwerfen, bevor es von Hand für Sie gefertigt wird. Das Ergebnis ist ein Kleid, das zu 100 % Ihren Vorstellungen entspricht. Dabei muss es noch nicht einmal teurer sein als so manches Designermodell aus einem Brautmodegeschäft.

> *Wichtig!* Sobald ein Kleid nach Maß für Sie angefertigt wird, gibt es bei Nichtgefallen kein Rückgaberecht – weder im Brautmodegeschäft noch im Onlineshop noch beim Designer.

SCHUHE UND ACCESSOIRES

Nur mit einem Brautkleid ist es natürlich nicht getan. Zur Komplettierung Ihres Hochzeitsoutfits bedarf es noch etwas mehr:

- **SCHLEIER** – bitte farblich exakt auf das Brautkleid abgestimmt, Weiß ist nicht gleich Weiß.
- **HANDBEUTEL/-TASCHE** – kann man z. B. wunderbar aus den bei der Kürzung des Brautkleides verbliebenden Stoffresten fertigen (lassen).
- **SCHMUCK**
- **SCHUHE** – einlaufen, einlaufen, einlaufen! Und wenn sie dann noch immer nicht bequem sind, andere Schuhe nehmen.
- **STOLA/BOLERO**

187

- ⚭ **DESSOUS** – ganz klar, Hochzeitsnacht.
- ⚭ **ETWAS ALTES:** ein Erbstück, z. B. Schmuck oder Schleier – Symbol für das bisherige Leben der Braut vor der Ehe.
- ⚭ **ETWAS NEUES:** Brautkleid, Ehering, Schuhe ... an Neuem mangelt es keiner Braut – Symbol für das künftige Eheleben.
- ⚭ **ETWAS GELIEHENES:** ein Armband, eine Stola, eine Handtasche ... Hauptsache, es stammt von einer glücklich verheirateten Freundin – Symbol für die Freundschaft.
- ⚭ **ETWAS BLAUES:** Schmuck, Strumpfband, Unterwäsche, Nagellack ... – Symbol für die Treue.

SPARTIPPS

So können Sie bares Geld bei Brautkleid und Accessoires sparen:

- ⚭ Manche Brautmodegeschäfte bieten Ausstellungsstücke oder Modelle aus der Vorjahreskollektion zu günstigen Preisen an.
- ⚭ Viele Designer und Brautmodegeschäfte locken auf Hochzeitsmessen mit günstigen Messeangeboten.

> *Falls Sie den Recyclinggedanken lieben und leben, sind Secondhandanbieter von Brautkleidern eine tolle Option. Mit etwas Glück finden sich hier auch einzigartige Vintage-Modelle und Sie sparen bis zu 50 % vom Neupreis. Im Internet können Sie unter www.planmy.wedding/brautmode/ gezielt nach Secondhandanbietern suchen.*

- ⚭ Müssen es die weiß satinierten Brautschuhe sein? Eventuell haben Sie noch ein schickes Paar High Heels im Schrank, die auch gut zu Ihrem Brautkleid passen könnten. Und wenn es doch die weißen Satinschuhe sein sollen, können Sie diese nach der Hochzeit nach Belieben einfärben lassen und weiterhin tragen.

- Schleier, Handbeutel und Schmuck sind wunderbare Accessoires für die Kategorie »alt« oder »geliehen«. Die Kleiderschränke von Freundinnen und Verwandten können wahre Schätze enthalten.

GUT GEPLANT

Schon beim ersten Anprobetermin können Sie alle wichtigen Punkte bezüglich Ihres Brautkleides mit der Sie beratenden Person abstimmen:

- Wie viel kostet das Brautkleid? Was können Sie mir in meinem Budget anbieten?
- Welche Änderungen kann man an diesem Kleid vornehmen?
- Sind die Änderungen im Preis enthalten? Falls nein, was würden die gewünschten Änderungen kosten?
- Kann ich den Stoff von dem gekürzten Kleid mitnehmen? (Z. B. um einen Handbeutel daraus herzustellen, den Stiel des Brautstraußes zu umwickeln oder den Anzug des Bräutigams optimal auf das Kleid abzustimmen.)
- Kann das Kleid rechtzeitig zur Hochzeit angeliefert werden? Idealerweise zwei bis drei Wochen vor der Hochzeit, damit bei Bedarf noch Zeit für letzte Änderungen bleibt.
- Wann kann die letzte Anprobe vor der Hochzeit stattfinden?
- Bieten Sie auch zum Kleid passende Accessoires an (Schleier, Handbeutel, Schmuck)?
- Kann ich bei Ihnen auch Brautschuhe bestellen? Falls ja, was kosten sie und wie lang ist die Lieferzeit?
- Wann und wie ist der Kaufpreis für das Brautkleid zu bezahlen?

STYLING

Keine Hochzeit ohne das perfekte Brautstyling! Vielleicht gehören Sie zu den glücklichen Bräuten, für die eine fähige Freundin das Styling übernimmt. Falls nicht, muss professionelle Unterstützung her. Ob Sie zu Ihrem Lieblingsfriseur um die Ecke gehen oder sich einen mobilen Stylisten kommen lassen, hängt ganz von Ihnen, Ihrem Tagesablauf und Ihrem Budget ab.

MOBILER STYLIST

Ein mobiler Stylist oder Make-up-Artist bietet den Vorteil, dass er zu Ihnen kommt – sowohl zum Probetermin als auch zum Styling für die Hochzeit. Die Reisekosten werden Ihnen natürlich berechnet, dafür sparen Sie sich den Weg zum Friseurladen und haben am Tag Ihrer Hochzeit weniger Zeitdruck.

Für ein Styling vom ausgebildeten Make-up-Artist dürfen Sie ab ca. 200 Euro aufwärts kalkulieren. In diesem Preis sollten der Probetermin und das Styling zur Hochzeit enthalten sein. Reisekosten und Accessoires wie Haarteile oder besondere Spangen werden separat abgerechnet.

Kurzum, wenn Ihr Hochzeitstag zeitlich eng getaktet ist, sparen Sie mit einem mobilen Stylisten wertvolle Zeit und Nerven – eine Investition, die sich definitiv lohnt.

FRISEURSALON

Beim Friseur kostet eine Brautfrisur inklusive Make-up ab etwa 70 Euro aufwärts. Allerdings ist in diesem Preis der Probetermin meist nicht enthalten. Das Styling am Tag Ihrer Hochzeit findet dann meist im Friseursalon statt – planen Sie also ausreichend Zeit für den Weg zum und vom Friseur ein.

Kosten sparen können Sie beim Friseur eventuell, indem Sie – sofern Ihr Styling nicht allzu hochzeitlich ausfallen soll – das Wort »Hochzeit« weglassen und stattdessen um ein Styling für eine Familienfeier bitten.

> *Vom Stylisten über die Kosmetikerin bis hin zum Personal Trainer finden Sie im Internet unter www.planmy.wedding/styling_beauty/ zahlreiche Anbieter, die auf Ihrer Hochzeit mit für Ihr umwerfendes Aussehen sorgen werden.*

NO-GOS

Bei der Auswahl Ihres Friseurs oder Stylisten gibt es genau zwei Aussagen, die Ihre Alarmglocken zum Klingen bringen und Sie zum Rückzug bewegen sollten:

1. »Bitte waschen Sie sich vorher nicht die Haare.«

Hallo? Niemand kann von Ihnen verlangen, dass Sie mit fettigen Haaren auf Ihre Hochzeit gehen. Und auch wenn Sie ganz dünne, superglatte Haare haben, ein Profi – und damit meine ich keinen Starfriseur – wird damit fertig. Es gibt effektive Produkte, die auch glattes, weiches Haar griffig machen, ohne dass es fettig sein muss.

2. »Beim Probetermin schminken wir immer nur eine Seite, so kann man besser den Vorher-Nachher-Effekt sehen.«

Das ist totaler Quatsch, denn den Effekt können Sie auch sehen, wenn Sie vorher und nachher jeweils ein Foto von sich machen. Der wahre Grund für das einseitige Schminken liegt wohl eher in der Zeit- und Materialersparnis für den Stylisten. Damit Sie Ihr Probe-Make-up am Abend schön ausführen können, bestehen Sie auf beidseitigem Schminken (ohne Zusatzkosten) oder suchen Sie sich einen anderen Anbieter.

PROBETERMIN

Etwa zwei bis drei Wochen vor Ihrer Hochzeit ist es Zeit für ein Probestyling. Die meisten Anbieter rechnen etwa 60 bis maximal 90 Minuten für diesen Termin.
Damit Sie mit der Zeit auf jeden Fall hinkommen, schadet es nicht, sich im Vorfeld ein paar konkrete Gedanken zum gewünschten Styling zu machen. Im Internet gibt es Tausende Fotos von Brautfrisuren – einfach eine kleine Vorauswahl aufs Handy speichern und mit zum Termin nehmen.

> *Wichtig!* Bringen Sie zum Probetermin auf jeden Fall die Hochzeitsaccessoires für Ihre Frisur mit, sofern Sie sie schon haben, z. B. Schleier, Diadem, Schmuckspangen oder Haarteil.

Haben Sie sich beim Probetermin für ein Styling entschieden, machen Sie unbedingt ein paar Fotos von Frisur und Make-up. So wissen Sie und Ihr Stylist auch zur Hochzeit noch, für welches Styling Sie sich entschieden haben. Und damit Sie am Tag Ihrer Hochzeit bei Bedarf Ihr Make-up auffrischen können, kaufen Sie auch gleich Lippenstift, Make-up und Puder Ihres Brautstylings mit dazu.

WEITERE VORBEREITUNGEN

Das beste Styling nützt nichts, wenn die Haare ausgelaugt und stumpf aussehen. Da hilft es, wenn Sie sich ein bis zwei Wochen vor Ihrer Hochzeit noch einmal die Spitzen schneiden lassen und von dort an kontinuierlich eine Intensiv-Haarkur anwenden.

Auch eine professionelle Nagelmodellage lässt sich wunderbar drei oder vier Tage vor der Hochzeit erledigen, bevor es hektisch wird.

GUT GEPLANT

Im Zuge Ihres Brautstylings lohnt es sich, wenn Sie die folgenden Punkte und Fragen beachten bzw. mit Ihrem Stylisten/Friseur klären:

Fragen vor dem Probetermin

- Sind Sie am Tag der Hochzeit noch verfügbar?
- Was soll gemacht werden (Frisur, Make-up, Nägel, Wimpern etc.)?
- Was kostet ein Brautstyling? Wann ist die Zahlung fällig?
- Ist ein Probetermin im Preis enthalten? Falls nicht, was kostet das Probestyling?
- Können Sie mich auch zu Hause oder in unserer Hochzeitslocation stylen? Falls ja, würden dadurch Zusatzkosten entstehen?
- Wo und wann findet das Probestyling statt?
- Wird beim Probetermin das Make-up beidseitig aufgetragen? Bitte ja!

Fragen beim Probetermin

- Wie viel Zeit wird das Styling zur Hochzeit in Anspruch nehmen?

- ⚭ Um wie viel Uhr muss also mit dem Styling begonnen werden?
- ⚭ Fotos machen!
- ⚭ Lippenstift und Make-up zum Auffrischen kaufen

Zur Hochzeit
- ⚭ Accessoires für die Frisur nicht vergessen (Schleier, Diadem, Spangen, Blumen etc.)
- ⚭ Fotos vom Probetermin zur Hand haben

BRÄUTIGAM

Nicht nur als Braut hat man die Qual der Wahl. Auch die Herren der Schöpfung sehen sich bei der Auswahl ihres Hochzeitsoutfits mit zahlreichen Möglichkeiten konfrontiert. Insbesondere die sehr klassischen Looks bedürfen zur Formvollendung einiger Details:

- ⚭ Der Frack ist üblicherweise schwarz mit weißer Weste und weißer Fliege. Der Herr kombiniert dazu schwarze seidene Kniestrümpfe und schwarze Lackschuhe ohne Schnürung. Die Hose darf nicht mit Gürtel getragen werden.
- ⚭ Der Smoking ist die etwas weniger festliche, aber immer noch förmliche Variante des Fracks. Er ist schwarz und wird mit Fliege und Weste (oder dem sogenannten »Kummerbund«) getragen.
- ⚭ Der Reversschmuck wird am linken Knopfloch befestigt.

Wenn möglich, nehmen Sie eine Stoffprobe vom Brautkleid mit zum Herrenausstatter, damit Sie farblich perfekt zu Ihrer Braut passen.

Lieber Bräutigam, für welchen Look Sie sich auch immer entscheiden mögen, die folgende Geschichte könnte Sie interessieren. Denn eigentlich gibt es für Sie nur genau zwei Dinge bei der Wahl Ihres Hochzeitsanzuges zu beachten:

- Beziehen Sie Ihre zukünftige Frau in die Wahl Ihres Hochzeitsoutfits mit ein, sofern sie das möchte oder für richtig hält.
- Niemand, auch nicht der Bräutigam, stiehlt der Braut am Tag der Hochzeit die Show.

Verstehen Sie diese Hinweise weniger als Tipp, vielmehr als eine Art Sturmwarnung.

KONTROLLIERT SHOPPEN

»Meinen Hochzeitsanzug darfst du vorher aber auch nicht sehen. Der ist eine Überraschung.«
Ungläubige Stille. Laura und Jonas sitzen in ihrem Wohnzimmer, bis eben war Laura noch in ihr Buch vertieft.
»Äh ... sorry, Schatz. Was hast du gesagt?«
»Ich gehe meinen Anzug selbst aussuchen. Das ist doch viel schöner, wenn bei der Trauung nicht nur ich dein Brautkleid zum ersten Mal sehe, sondern auch du meinen Hochzeitsanzug.«
Wie dicker Sirup tropfen Jonas' Worte langsam durch Lauras Gehör in ihren Verstand. Scheißidee. So was hat sie ja noch nie gehört.
Vor ihrem inneren Auge erscheint der Jonas von vor sechs Jahren, als sie sich kennengelernt haben. Sein Kleidungs... – -stil wäre übertrieben – ... fundus bestand größtenteils aus ausgeleierten Pullis, albern bedruckten T-Shirts und merkwürdig sitzenden Jeans. Weder Jonas noch seine Kumpels haben jemals

von sich aus darauf geachtet, was sie anziehen und wie sie darin aussehen. Erst seitdem und nur weil sie mit ihm einkaufen geht, ist Jonas heute ein gut gekleideter Typ.

»Aber Schatz, du hasst es, shoppen zu gehen.«

»Ja. Aber für meinen Hochzeitsanzug mache ich eine Ausnahme. Ich möchte auch so einen tollen Wow-Auftritt haben.«

Oh Gott. Laura kennt Jonas gut und weiß, dass, sobald sie ihm widerspricht, er erst recht allein losziehen wird. Irgendwie muss sie das jetzt in die richtige Richtung lenken ... aber in welche?

»Nimm doch deine Mutter mit, die kann dich ...«

»Is' klar. Ich gehe doch nicht mit meiner Mutter einkaufen.«

Allmählich steigt Panik in Laura auf. Komm, denk nach, denk nach ... das kann der doch nicht machen. Nichts anmerken lassen, ganz ruhig bleiben ...

»Hm ... weißt du denn schon, wo du schauen möchtest?«

»Nö, noch nicht. Aber hier in der Umgebung gibt es ja so ein paar Läden.«

»Denkst du da eher an Kaufhäuser oder so richtige Herrenausstatter?«

»Keine Ahnung ... zur Hochzeit darf es ja schon extravagant und schick sein. Dann wohl eher Herrenausstatter. Oder was meinst du?«

»Ja, ich denke auch, auf jeden Fall Herrenausstatter. Und wann willst du einkaufen gehen? So viel Zeit ist ja nicht mehr.« In Lauras Gedanken keimt ein erster Plan auf und lässt die Panik weichen. Jonas zückt sein Handy und durchscrollt seinen Terminkalender. »Nächstes Wochenende habe ich Zeit. Also ... nicht dieses, sondern das danach.«

Laura atmet auf. Perfekt – genug Zeit, um zu handeln.

In den darauffolgenden Tagen spielt sich bei allen Herrenausstattern im Umkreis von 10 km (weiter würde Jonas zum Shoppen niemals fahren) in etwa die folgende Szene ab:

Eine brünette Frau betritt den Laden und steuert schnurstracks auf den Verkäufer zu.

»Ich suche einen Hochzeitsanzug für meinen zukünftigen Mann. Könnten Sie mir zeigen, was Sie da so haben?«

»Aber gern. Wo ist denn Ihr Mann?«

»Der kommt später.«

Sie lässt sich ausgiebig beraten und entscheidet sich schließlich für drei verschiedene Kombinationen von Hochzeitsanzügen. Aus ihrer Handtasche zückt sie ein Foto sowie einen Fünfzig-euroscheinschein und streckt beides dem Verkäufer entgegen.

»Wenn dieser Mann auf dem Foto, sein Name ist Jonas, am Wochenende zu Ihnen kommt, verkaufen Sie ihm eine dieser drei Kombinationen.«

Erstaunt zieht der Verkäufer die Augenbrauen hoch. »Äh … und wenn er sich für etwas anderes entscheidet?«

»Nein, nein … Sie verstehen nicht. Sie verkaufen ihm eine dieser drei Kombinationen. Basta. Haben Sie noch andere Kollegen, die am Wochenende eventuell hier sind?«

Verwirrtes, aber zustimmendes Nicken.

»Wären Sie dann so freundlich, mein Anliegen auch Ihren Kollegen mitzuteilen und das Foto an der Kasse zu hinterlegen?«

»Das kann ich machen, nur …«

»Wunderbar. Der hier ist für die Kaffeekasse. Herzlichen Dank und einen schönen Tag noch.«

Wie Laura mir später berichtete, war nicht nur sie, sondern auch Jonas sehr angetan von sich und seinem Anzug, der auch noch – als hätte er es vorausgesehen – perfekt zu ihrem Brautkleid passte.

BRAUTAUTO & CO.

Für den großen Auftritt darf ein standesgemäßer fahrbarer Unter-
satz für das Brautpaar natürlich nicht fehlen. Die Palette ist breit:
schnittiger Sportwagen, elegante Limousine, ein Hippie-Bulli, die
Las-Vegas-Hummer-Stretch, Oldtimer, Fahrradrikscha oder Pferde-
kutsche – es gibt nichts, was es nicht gibt.

Schon ab 300 Euro für drei Stunden können Sie einen Oldtimer
oder eine Stretchlimousine anmieten, inklusive Fahrer – immer inklusive Fahrer. Für eine Luxussportkarosse (etwa Lamborghini oder
Ferrari) dürfen Sie schon mehrere Hundert Euro pro Stunde rechnen, zuzüglich Kaution, die in die Tausende geht. Dafür dürfen Sie
dann auch selbst fahren.

Wenn Sie sich einfach eine schicke Limousine als Brautauto wünschen, ist die wohl preisgünstigste Variante (abgesehen von der
Leihgabe aus dem Freundes- oder Familienkreis), einen Wagen bei
einer normalen Autovermietung zu leihen. Sagen Sie dann besser
nicht, dass Sie das Auto für Ihre Hochzeit anmieten, das könnte
sonst preissteigernd wirken.

> *Unter www.planmy.wedding/brautauto_co/ finden
> Sie für Ihre Hochzeit zahlreiche Anbieter von
> Oldtimern, Limousinen, Rikschas, Kutschen u. v. m.*

WER FÄHRT?

Wenn Sie Ihr Hochzeitsauto inklusive Chauffeur anmieten, beantwortet sich diese Frage von selbst. Ansonsten übernimmt diesen
Job meist ein Freund oder Familienmitglied. Bevor Sie entscheiden,
wer aus Ihrem Freundes- oder Familienkreis das Brautauto fahren

soll, möchte ich Ihnen gern die folgenden Denkanstöße mit auf den Weg geben:

- ⚭ Am Tag seiner Hochzeit ist der Bräutigam meistens doch nervös, auch wenn er es nicht so recht zugeben möchte. Überlegen Sie zweimal, ob Sie, lieber Bräutigam, an diesem Tag und in diesem Zustand wirklich fahren möchten.
- ⚭ Falls nicht garantiert ein Parkplatz für das Brautauto zur Verfügung steht, sollte niemand fahren, der bei der Trauungszeremonie gebraucht wird (Bräutigam, Trauzeuge etc.). Eine Trauung in Berlin fing mit 20 Minuten Verspätung an, weil die Trauzeugin mit dem Brautauto auf Parkplatzsuche war. Ohnehin sollte dafür gesorgt sein, dass zumindest für die Protagonisten der Trauungszeremonie Parkmöglichkeiten vorhanden sind.

MANN AM STEUER

»Meine Güte, was tut der da?!«

Gemeinsam mit Doro, einer Trauzeugin, sitze ich im Auto und wir bahnen uns den Weg durch die engen Straßen der Altstadt. Etwas fassungslos beobachten wir den schwarzen Audi vor uns. Man könnte meinen, in dem Wagen sitzt ein Fahrschüler, der soeben seine erste Fahrstunde absolviert – ohne Fahrlehrer. Häufig und völlig unvermittelt wechselt er die Spur, beim Rechtsabbiegen hat er gerade den Bürgersteig gestreift und in diesem Moment rettet sich eine Frau mit einem beeindruckenden Satz vom Zebrastreifen auf den Gehweg.

Wir sind auf dem Weg zur kirchlichen Trauung von Martin und Sarah. Und am Steuer des Wagens vor uns sitzt nicht etwa ein Fahrschüler, sondern der Bräutigam selbst. Auf dem Beifahrersitz sitzt Stefan, sein Trauzeuge.

Doro schüttelt den Kopf. »Wenn das so weitergeht, wird Martin auf dem Weg zur Kirche noch jede Menge Schaden anrichten – wenn er überhaupt dort ankommt.«

Wo sie recht hat, hat sie recht. »Komm Doro, ruf Stefan an, der soll fahren. Das macht ja alles keinen Sinn.«

Doro wählt die Nummer. Durch die Heckscheibe sehen wir, wie Stefan nach seinem Handy sucht und schließlich rangeht.

»Hallo Doro«, flötet er gut gelaunt ins Telefon.

»Sofort anhalten!«

Ich kann sehen, wie der messerscharfe Ton von Doros Befehl die Luft im Auto vor uns zerschneidet. Nicht schlecht. Es hat wohl auch sein Gutes, die Mutter von zwei unerträglich frechen Jungs zu sein.

Fast augenblicklich fährt Martin rechts ran. Ich halte direkt dahinter, wir steigen aus und gehen vor zum Audi. Martin lässt die Scheibe herunter.

»Was ist los?«, fragt Stefan vom Beifahrersitz aus.

Erstaunt schauen wir Martin an. Der sieht so anders aus als noch vor einer Viertelstunde, als wir losgefahren sind. Klar, der Anzug, der Reversschmuck, die Frisur – alles ist wie vorher. Aber sein Gesicht ist ganz anders. Die Stirn ist bedeckt von kleinen Schweißperlen und der sonst gesunde Teint ist merkwürdig blass, fast grau. Das wiederum lässt die Augen ungewohnt dunkel erscheinen. Er sagt kein Wort, schaut uns nur an.

Martin, der souveräne, weltgewandte Unternehmensberater, immer witzig und schlagfertig, heiratet gleich und ist vor lauter Aufregung einer Ohnmacht nahe.

Doro blafft an Martin vorbei direkt Stefan an. »Sag mal, merkst du nicht, was Martin hier für einen Scheiß zusammenfährt? Das ist echt nicht auszuhalten! So, ihr beiden tauscht jetzt mal die Plätze und Stefan fährt.«

> Gesagt, getan. Die weitere Fahrt verläuft im Verhältnis angenehm langweilig. Ohne weitere Zwischenfälle kommen wir alle pünktlich und wohlbehalten an der Kirche an.

Liebe Bräutigame, natürlich seid ihr zu cool, um zu zeigen, wie nervös ihr vor eurer Hochzeit seid. Schließlich müsst ihr den Fels in der Brandung für eure hypernervöse Braut geben. Meine Güte, immer diese Klischees. Ihr braucht ja nicht einmal zuzugeben, dass ihr nervös seid. Aber bitte, tut es am Tag eurer Hochzeit einfach eurer klugen Braut gleich und überlasst das Autofahren den anderen. Dann wird alles gut.

BRIEFING FÜR DEN CHAUFFEUR

Etwa eine Woche vor der Hochzeit sollte der Fahrer des Brautwagens sein Briefing erhalten. Wer auch immer am Steuer Ihres Brautwagens sitzt, benötigt dann einen genauen Zeitplan inklusive der vollständigen Adressen sämtlicher Stationen, die angefahren werden sollen. Mögliche Stationen könnten sein:

1. Ort, von wo aus der Brautwagen losfährt (z. B. Anmietstation)
2. Ort, wo der Brautwagen geschmückt wird (z. B. beim Floristen)
3. Ort, wo die Braut abgeholt wird (z. B. Wohnung)
4. Ort der Trauung (z. B. Kirche, Standesamt)
5. Ort der anschließenden Feier (Location)

Auch Hinweise zu Parkmöglichkeiten, möglichen Verzögerungen durch Baustellen oder anderen für das Brautauto relevanten Planungen gehören in das Briefing für den Chauffeur.
Wichtig: Probieren Sie beim Notieren der Adressen unbedingt aus, ob diese von Navigationsgeräten auch gefunden werden. Falls nicht, fügen Sie dem Briefing noch eine kleine Wegbeschreibung hinzu.

Der Zeitplan für Ihren Chauffeur könnte dann in etwa so aussehen – und er wird begeistert sein von so viel Strukturiertheit:

Uhr-zeit	An-/ Abfahrt	Ort	Anmerkungen
14:00 h	Abfahrt	Autovermietung Industriestraße 1 12345 Musterstadt	Mercedes Benz, schwarz, Reservierungsnummer 1234
14:30 h	Ankunft	Wohnung Brautpaar Herzchengasse 3 12345 Musterstadt	Parken in der Einfahrt, Floristin schmückt den Wagen, Braut und Brautvater steigen zu.
15:00 h	Abfahrt	Wohnung Brautpaar	
15:30 h	Ankunft	Kirche Pfaffenweg 1 12345 Musterstadt	Parkplatz direkt hinter der Kirche ist reserviert und mit einem Schild gekennzeichnet.
17:00 h	Abfahrt	Kirche	
17:15 h	Ankunft	Location Schlossstraße 1 12345 Musterstadt	Bitte auf den Hof fahren, Brautpaar steigt aus, Zeit für Fotos, anschließend parken direkt hinterm Schloss, Wagen kann über Nacht stehen bleiben.

GUT GEPLANT

Nachdem Sie sich für ein Brautauto entschieden haben, sind die folgenden Punkte zu klären:

Fragen an den Verleiher

- Was kostet die Anmietung des Wagens für welchen Zeitraum?
- Wann muss der Wagen spätestens wieder zurückgegeben werden (ohne Zusatzkosten)?
- Wie ist das Auto versichert? Wie hoch ist die Selbstbeteiligung im Schadensfall?
- Sind Spritkosten/freie Kilometer im Preis enthalten?
- Wie und wann erfolgt die Bezahlung?
- Stretchlimousine: Wie viele Personen können mitfahren?
- Kutsche: Gibt es eine Schlechtwetteralternative? Welche?
- Wer darf den Wagen fahren?
- Ist ein Chauffeur im Preis enthalten?

Falls ein Chauffeur fährt

- Wie wird der Chauffeur zur Hochzeit gekleidet sein?

Brautwagen schmücken

- Wo und wann wird der Brautwagen geschmückt?
- Holt der Fahrer des Brautwagens den Autoschmuck beim Floristen ab?
- Wer bringt den Schmuck auf das Auto auf?

○○ Um wie viel Uhr muss der Brautwagen fertig geschmückt bei der Braut sein?

»Innenausstattung«
○○ Eine große Flasche Wasser (Trinken ist wichtig, besonders im Sommer!)
○○ Ein Regenschirm (Wetterbericht checken!)
○○ Eine Flasche Sekt, zwei Gläser (nice to have, nur falls erlaubt – gerade bei Oldtimern ist das nicht so gern gesehen)

Falls Sie eine Kutsche für Ihre Winterhochzeit gebucht haben, sollte eine Decke in der Kutsche bereitliegen. Manche Anbieter stellen sogar eine kleine Heizung im Fußraum auf.

Briefing an den Chauffeur
○○ Wie lauten die Adressen der verschiedenen Stationen/Orte, die der Brautwagen anfährt?
○○ Sind die Fahrzeiten angesichts der Entfernungen und Art des Gefährts realistisch geplant?
○○ Ist an den jeweiligen Orten für eine Parkmöglichkeit des Brautwagens gesorgt?

WARME WORTE

Keine Angst, das Schwingen großer Hochzeitsreden dürfen Sie am Tag Ihrer Hochzeit den anderen überlassen (siehe auch »Hochzeitsreden« auf Seite 251). Aber ein paar Worte der Begrüßung und des Willkommens vom Brautpaar dürfen es schon sein und sind Teil Ihres großen Auftritts – sei es am Nachmittag zum Anschnitt der Hochzeitstorte, am frühen Abend zum Aperitif oder zur Büfetteröffnung.

Falls Sie sich nicht sicher sind, was Sie sagen könnten, es aber doch mehr als ein »Schön, dass ihr da seid. Haut rein!« sein soll, hier ein paar Anregungen:

- Danke fürs Kommen,
- besonderer Dank an die Gäste mit besonders langer oder (z. B. aufgrund des hohen Alters) beschwerlicher Anreise,
- ein paar Worte dazu, wie Sie den bisherigen Tag empfunden haben,
- Ausblick auf den weiteren Verlauf des Tages oder Abends,
- eventuell ein paar praktische Hinweise, z. B. Zeremonienmeister (mit dem viele wohl bereits gemailt oder telefoniert haben) persönlich vorstellen, Hinweise zu Kinderunterhaltung, Musikwünschen o. Ä., eventuell ein paar erläuternde Worte zu den Bezeichnungen, die Sie für die einzelnen Tische gewählt haben (siehe auch »Tischkarten und Tischplan« auf Seite 51),
- eine astreine Liebeserklärung an die frischgebackene Braut,
- Danke an die Brauteltern für die wunderschöne Braut,
- Danke an alle, die so fleißig bei den Hochzeitsvorbereitungen mitgeholfen haben,
- uns allen einen unvergesslichen Tag/Abend und ...
- ... hoch die Tassen!

Vielleicht fallen Ihnen auch ein paar schöne oder lustige Anekdoten zu Ihrem Kennenlernen, dem ersten Date oder Ihrem Heiratsantrag ein, die Sie in Ihre Ansprache einfließen lassen möchten.

NERVÖS?

Nicht jeder ist es gewohnt, vor vielen Menschen frei zu sprechen. Ob eine Rede unter die Haut geht, hängt aber nicht davon ab, ob sie lang, kurz oder perfekt vorgetragen ist. Notieren Sie sich ruhig ein paar Stichpunkte, nur um den roten Faden nicht zu verlieren. Und auch wenn Sie sich vor Nervosität verhaspeln, Ihre Rede wird dadurch nur an Charme und Authentizität gewinnen – viel besser als jeder auswendig gelernte oder perfekt vom Blatt heruntergelesene Text.

NO-GOS

Bitte, bitte keine Vorstellungsrunde, in der jeder einzelne Gast namentlich genannt wird – nicht, wenn Sie mit mehr als 15 Gästen feiern. Es kann sich ohnehin niemand die vielen Namen merken und die Leute werden auch so miteinander ins Gespräch kommen.

HOCHZEITSTANZ

Puh, fast geschafft ... der letzte offizielle Programmpunkt des Abends, bevor die Party losgeht – Ihr Hochzeitstanz. Der DJ bittet alle Gäste, sich rund um die Tanzfläche zu versammeln, Sie treten in die Mitte, und ein letztes Mal an diesem Tag sind alle Augen auf Sie gerichtet, wenn Sie mit Ihrem Hochzeitstanz die Tanzfläche eröffnen.

Was auch immer Sie aufs Parkett bringen, niemand erwartet Perfektion (es sei denn, sie sind zufällig professionelle Berufstänzer). Ihr Hochzeitstanz sollte aber auch nicht ausgerechnet Ihr erster gemeinsamer Tanz sein. Ein paar Tanzstunden beim Privatlehrer oder in der Tanzschule sind manchmal keine schlechte Idee. Viele Tanzschulen bieten auch Crashkurse für angehende Brautpaare an.

Ob Sie einen klassischen Walzer, einen feurigen Tango oder eine individuelle Choreografie mit Hebefiguren zum Besten geben, bleibt ganz Ihnen überlassen. Einen wirklich außergewöhnlichen und zugleich sensationell schönen Hochzeitswalzer hat eines meiner Brautpaare zu »Nothing Else Matters« von Metallica aufs Parkett gezaubert.

Aber bitte, lassen Sie es nicht in eine 30-minütige Tanzperformance ausarten, das wird sonst anstrengend – nicht nur für Sie beide. Drei bis maximal fünf Minuten für den Hochzeitstanz sind super und vollkommen ausreichend.

Wichtig! Planen Sie Ihren Hochzeitstanz nicht viel später als 22:30 Uhr ein, sodass Sie und Ihre Gäste noch ausreichend Zeit und Energie haben, um ausgiebig zu tanzen und zu feiern. Danach sollten keine weiteren Spiele, kein Anschnitt der Hochzeitstorte, keine Reden mehr stattfinden. Jede weitere Unterbrechung wird die Tanzfläche aufs Neue leer fegen, ein Killer für Ihre Party.

ABKLATSCHEN

Und wen holt man nach dem Hochzeitstanz als Erstes auf die Tanzfläche? Am schnellsten füllt sich die Tanzfläche, wenn Sie Ihren Gästen ein klares Zeichen geben, dass die Tanzfläche nun für alle eröffnet ist.

Wenn Sie die traditionelle Variante bevorzugen, wird der Bräutigam nach dem Hochzeitstanz die Brautmutter zum Tanz auffordern, die Braut tanzt mit dem Vater des Bräutigams. Danach wird abgeklatscht, damit auch andere Gäste in den Genuss kommen, mit Braut oder Bräutigam zu tanzen.

TANZMUFFEL?

Es ist Ihre Hochzeit und Sie brauchen nichts zu tun, was Sie nicht wirklich wollen. Bevor Sie sich mit einem erzwungenen Hochzeitstanz selbst unter Stress setzen, bitten Sie einfach den DJ, die Tanzfläche mit einem Partyhit für eröffnet zu erklären. Die Tanzfläche wird gestürmt und Sie sind aus der Standardtanznummer raus. Alles richtig gemacht.

KOMPROMISS

Sie beginnen ganz normal Ihren Hochzeitstanz und holen schon nach ein paar Takten mit einer einladenden Geste den Rest Ihrer Hochzeitsgesellschaft auf die Tanzfläche – dann mischt der DJ noch einen Partykracher in den Hochzeitswalzer und die Party kann beginnen. Idealerweise geben Sie vorher ein paar tanzwütigen Freunden Bescheid, die dann zuverlässig die Tanzfläche stürmen.

KOMPROMISSLOS

Und wenn gar nicht, überhaupt kein bisschen getanzt werden soll? Dann lassen Sie Tanzfläche und DJ einfach komplett weg – ein klares Zeichen. Für Hintergrundmusik sollte dann trotzdem gesorgt sein, das hebt die Stimmung und fördert die Kommunikation.

GUT GEPLANT

Fragen und Punkte, die in Bezug auf den Hochzeitstanz geklärt werden wollen:

Fragen für das Brautpaar

- Sollten wir uns einen Tanzlehrer nehmen?
- Kommt für uns eher ein Tanzkurs in der Gruppe oder Privatstunden infrage?
- Wünschen wir uns eine individuelle Choreografie, vielleicht mit Hebefigur? Dann eher Privatlehrer.
- Welche Musik wünschen wir uns für unseren Hochzeitstanz?
- Wie viel Zeit bleibt uns zum Üben? Ist das realistisch?

Fragen an den Tanzlehrer

- Was kostet eine Tanzstunde bei Ihnen?
- Wie viele Tanzstunden werden wir wohl brauchen?
- Wo finden die Tanzstunden statt?
- Können die Tanzstunden auch bei uns zu Hause stattfinden? Würde das extra kosten?
- Können wir mit Ihnen eine individuelle Choreografie für unseren Hochzeitstanz erarbeiten?
- Halten Sie es für realistisch, dass wir unsere Choreografie bis zur Hochzeit einstudiert haben?
- Wann ist die Bezahlung fällig?

Weitere Akteure

Von Flowerpower und Punkrockern,
einem verliebten Fotografen und
dem weltbesten Kinderschreck.

Die unmittelbar essenziellen Aspekte Ihrer Hochzeit wie Homeoffice, Trauung, Location etc. haben wir schon geschafft. Nun brauchen wir nur noch eine Handvoll Anbieter ins Boot zu holen, die mit Bedacht gewählt werden wollen ... jene Anbieter, die Ihre Hochzeit mit ihrer jeweils ganz individuellen Handschrift versehen und bereichern werden. Es geht um Blumen, Dekoration, Musik, Feuerwerk und nicht zuletzt um den richtigen Fotografen, der Erinnerungen für die Ewigkeit schafft.

FLORIST/DEKORATION

Keine Hochzeit ohne Blumen. Sie transportieren das Thema Ihrer Hochzeit, sind ein Fest für die Augen und machen jede Location zum Märchenschloss.

Idealerweise suchen Sie sich einen Floristen in der Nähe Ihrer Hochzeitslocation. Das spart Transportkosten und mindert den Transportstress für die Blumen. Kein Witz, Blumen können während der Fahrt Stress bekommen und lassen dann erst einmal die Köpfe hängen. Je kürzer also der Weg für Ihre Blumen, umso besser.

Noch wichtiger als der Transportweg ist, dass Ihr Florist die Blumendekoration zu Ihrer Hochzeitslocation anliefert. Manche Floristen verfügen nicht über ausreichend Personal, sodass Sie selbst oder ein Bekannter die Blumen beim Floristen abholen müssten. Wenn es »nur« der Brautstrauß oder zwei Gestecke sind, okay. Aber die komplette Hochzeitsdekoration am Tag der Hochzeit selbst abholen und vor Ort arrangieren würde ich mir an Ihrer Stelle gut überlegen.

Sie haben Ihren Floristen gefunden? Falls Sie noch einen Floristen, einen Dekorateur oder Anbieter von Dekoartikeln suchen, werden Sie im Internet unter www.planmy.wedding/blumen_deko/ sicher fündig.

FLOWERSHOPPEN

Je nachdem, wie umfangreich Sie planen, könnte Ihre Einkaufsliste beim Floristen wie folgt aussehen:

Standesamtliche/freie Trauung

- Blumenschmuck für den Trautisch
- Blumenschmuck für die Traustühle
- Blumenarrangement für den Hochzeitsbogen (falls vorhanden)

Kirchliche Trauung

- Kirchenbankgestecke

Hochzeitsfeier

- Tischdekoration für die Tische
- Kleine Tischdekoration für Steh- und Beistelltische

Brautpaar und Gäste

- Brautstrauß, eventuell zusätzlich ein kleinerer Wurfstrauß
- Eventuell Haarschmuck
- Reversschmuck für die Herren (Bräutigam, Brautvater, Trauzeugen)

- Eventuell Blumenarmbänder oder kleine Sträuße für Trauzeuginnen und Brautjungfern
- Für die Blumenkinder: Streublüten, Weidenkörbchen und Haarkränze oder Blumenarmbänder
- Blumenschmuck für Brautauto/Kutsche

Damit vom Look her alles schön stimmig ist, kommt die gesamte Blumenwelt Ihrer Hochzeit idealerweise aus einer Hand. Beziehen Sie die Tischdekoration im Saal über die Location, z. B. im Rahmen einer Hochzeitspauschale, wird Ihnen der Bankettleiter auf Anfrage sicher gern die Kontaktdaten des ortsansässigen Floristen nennen, damit Sie dort auch alle weiteren Blumen (Brautstrauß, Kirchenschmuck etc.) bestellen können. Und wenn Sie Ihren Gästen etwas Gutes tun möchten, lassen Sie kleine Sträuße binden und diese auf den Tischen als Tischdekoration platzieren. Besonders die Damen werden sich über dieses zusätzliche Gastgeschenk sehr freuen.

SPARTIPPS

So können Sie bei der Blumendekoration bares Geld sparen:

- Saisonale, einheimische Blumen sind günstiger als exotische Importe.
- Dekoration Kirche: Findet am selben Tag noch eine weitere Trauung statt, können Sie mit dem anderen Brautpaar vereinbaren, sich die Kosten für die Blumen in der Kirche zu teilen. Den Kontakt kann eventuell der Pfarrer herstellen.
- Kirchenbankgestecke können nach der Trauung in die Location mitgenommen und zur Dekoration der Stehtische verwendet werden.

- ⚭ Gerade bei großen Kirchen brauchen nicht alle Kirchenbänke geschmückt zu werden, oft schmückt man auch nur die vorderen Reihen.
- ⚭ Schmuck Brautauto: Die englische Dekovariante mit weißen oder bunten Schleifen und Bändern ist sehr schick und dabei günstiger als ein Blumenbouquet auf der Kühlerhaube.

> *Weitere wertvolle Spartipps für Ihre Hochzeit finden Sie im Wedding-Blog unter www.planmy.wedding/ spartipps-fuer-die-hochzeit/.*

GUT GEPLANT

Für die Blumenwelt Ihrer Hochzeit sind mit dem Floristen die folgenden Punkte zu klären:

Fragen für das Brautpaar/Info an den Floristen
- ⚭ Was für Blumen und Farben wünschen wir uns für unsere Hochzeit?
- ⚭ Wie viele Tischgestecke benötigen wir in der Location? (Anzahl der Tische, auch Steh- und Beistelltische)
- ⚭ Wie viele Kirchenbänke sollen mit Kirchenbankgestecken versehen werden?
- ⚭ Wie viele Reversanstecker benötigen wir? (Bräutigam, Brautvater, Trauzeugen)

Weitere Akteure
- ⚭ Wie viele Brautjungfern/Trauzeuginnen sollen einen Strauß oder ein Blumenarmband bekommen?

- Wie viele Blumenkinder werden wir haben und was benötigen sie vom Floristen (z. B. Haarkranz, Streublüten, Weidenkörbchen etc.)?
- Soll es neben dem Brautstrauß noch einen Wurfstrauß geben?
- Wer holt wann den Brautstrauß ab und übergibt ihn der Braut?
- Wo, wann und durch wen wird das Brautauto/die Kutsche geschmückt?

Fragen an den Floristen
- Welche Blumen haben zur Zeit unserer Hochzeit Saison?
- Haben Sie die Möglichkeit, die Blumen anzuliefern und vor Ort zu arrangieren?

Falls nein:
- Wer holt die Blumen wann beim Floristen ab? Ist ein ausreichend großes Auto vorhanden?

- Wer arrangiert die Blumendekoration in Standesamt/Kirche/Location?
- Bieten Sie auch weitere Dekoartikel wie Glitzersteine, Tischläufer oder mehrarmige Kerzenleuchter an?
- Wie viel Zeit muss für das Arrangement der Dekoration eingeplant werden?
- Um wie viel Uhr muss spätestens mit der Dekoration begonnen werden? Unbedingt auch mit Standesamt/Kirche/Location abstimmen.
- Bringen Sie Leihgut (Vasen, Gläser, Ständer, Topfpflanzen etc.) mit?
- Können Sie das Leihgut nach der Hochzeit in der Location abholen? Würden dadurch Extrakosten entstehen?
- Was wird die gesamte Dekoration kosten und wann ist der Betrag zu zahlen?

MUSIK

»Band oder DJ?« Diese Frage haben mir schon viele Brautpaare gestellt. Dabei müsste sie eigentlich lauten: »DJ oder DJ und Band?«
Je nach Breite des Repertoires dauert ein Bandauftritt in etwa zweieinhalb bis drei Stunden, inklusive Pausen. Schließlich klingt der
letzte Song aus – und dann? Wenn die Party dann noch weitergehen soll, muss ein DJ übernehmen.

Während des Abendessens sorgt ein »Klangteppich«, sprich Hintergrundmusik, dafür, dass bei Essgeräuschen und Besteckgeklapper
keine Kantinenatmosphäre aufkommt. Falls der DJ oder die Band
zu diesem Zeitpunkt noch nicht vor Ort sind, kann die Hintergrundmusik natürlich auch vom PC oder MP3-Player kommen.

LIVEBAND/-MUSIKER

Der branchenübliche Preis für eine Hochzeitsband oder einzelne
Musiker liegt bei etwa 200 bis 350 Euro pro Musiker/Stunde – meist
inklusive eventuell erforderlicher Technik, zuzüglich Reise- und
Übernachtungskosten. Je nach Bekanntheitsgrad sind diesem Preis
nach oben hin natürlich keine Grenzen gesetzt.

Abgesehen vom Preis werden Sie Ihre Musiker oder die Liveband
sicher anhand des Repertoires und ihres Könnens auswählen. Die
meisten Bands und Musiker stellen im Internet oder auf Anfrage
Hörproben und Filmmitschnitte von Auftritten zur Verfügung. Das
verschafft Ihnen einen ganz guten Eindruck von der Leistung, die Sie
für Ihr Geld erwarten dürfen.

PUNKROCK

Isabell und Alex haben sich für ihre Hochzeit diese, genau diese eine Liveband gewünscht. Zusammen mit dem Bandleader, einem schweren, tätowierten Kerl mit Bart und langen Haaren, stehe ich zur Lagebesprechung in der Location, wo in zwei Wochen die Hochzeitsparty steigen soll.

»Wir brauchen etwa sechs Stunden für Aufbau und Soundcheck. Ach ja, und Starkstrom.«

Ich glaube nicht, was ich da höre. »Wie bitte? Andere Bands brauchen eine Stunde für den Aufbau und eine oder zwei Steckdosen.«

Unter dem Bart macht sich ein siegessicheres Lächeln breit: »Kleiner geht es nicht. Wir sind nicht andere.«

Ach so. Na gut.

Gleich nach dem Treffen rufe ich Alex an. »Sag mal, nur um ganz sicherzugehen, ist euch klar, was die Jungs hier für ein Equipment auffahren wollen? Bühne und Technik werden quasi die gesamte Tanzfläche einnehmen und euren Gästen werden die Ohren wegfliegen.«

Alex bleibt gelassen. »Das ist die beste Punkrockband der Welt und ja, das muss alles so sein. Und wenn kein Platz auf der Tanzfläche ist, dann müssen die Leute eben auf den Tischen tanzen.«

Okay, das ist ein Wort.

Hochzeit von Isabell und Alex.

Morgens um 8 Uhr kommt die Band zum Aufbau, um 15 Uhr muss alles fertig sein. Anhand des Equipments könnte man meinen, der Auftritt findet in der Waldbühne oder im Olympiastadion statt – und nicht in einem ganz normalen Hotelrestaurant.

Um 15 Uhr trifft die Hochzeitsgesellschaft ein. Sektempfang, kurze Ansprache, Anschnitt der Hochzeitstorte, Kaffee und Kuchen. Um 18 Uhr öffnen wir die Türen zum Restaurant. Im vorderen Bereich sind die Tische gestellt, rechts die Büfettstrecke. Geht man geradeaus durch, gelangt man zur Tanzfläche, oder zu dem, was davon übrig ist: ein höchstens zwei Meter breiter Streifen zwischen den Tischen und der riesigen Wand an Sound- und Lichtequipment, die sich auf 24 Quadratmetern bis unter die Decke auftürmt. Bei dem Anblick habe ich jetzt schon ein Piepen im Ohr. Oh Mann, das wird einfach nur megalaut werden.

Um 19 Uhr sind die letzten der wenigen Ansprachen gehalten, die Gäste haben sich gerade zum zweiten Mal am Büfett bedient und Isabell und Alex werden ungeduldig. Sie wollen jetzt endlich ihre Lieblingsband hören.

19:05 Uhr: Zehn Musiker betreten die Bühne und legen los.

Ab diesem Moment versteht niemand mehr sein eigenes Wort ... Und das macht gar nichts, die Band rockt einfach nur den Saal. Wer auf dem schmalen Tanzflächenstreifen keinen Platz mehr findet, tanzt zwischen den Tischen – Pogo.

Und es sind nicht nur Isabell, Alex und die besten Kumpels, die ganz vorne mit dabei sind. Einfach alle sind am Tanzen, auch Onkel, Tanten und Großeltern – eine geschlossene Mehrgenerationentruppe von Punkrockern in Anzügen und Cocktailkleidern. Der Wahnsinn.

Es wird ein großartiger Abend. Die Band hört nicht auf zu spielen, die Erwachsenen hören nicht auf zu tanzen. Nur die Kinder gehen direkt nach dem Essen ins Bett, denn zum Spielen ist es zu laut – perfekt.

Das Piepen in meinen Ohren hielt noch etwa drei Tage an.
So etwas klappt sicher nicht bei jeder Hochzeitsgesellschaft, aber die beiden kannten ihre Leute gut genug, um zu wissen, dass sie mit dieser Band alles richtig machen.

DER DJ

Von Musikern kann man sich anhand ihres Repertoires und Hörproben recht einfach ein Bild machen. Bei einem DJ ist das nicht so leicht. Der braucht vor allem ein feines Gespür für die Stimmung im Saal. Nur so kann er die Leute bei Laune halten und für Partystimmung sorgen. Anhand von Flyern, Websites oder auch im Gespräch lässt sich das schwer feststellen.

Das Beste, was Ihnen passieren kann, ist eine persönliche Empfehlung aus dem Freundes- oder Bekanntenkreis. Vielleicht waren Sie selbst unlängst auf einer guten Tanzparty und haben noch die Visitenkarte des DJs im Portemonnaie. Ansonsten könnten Ihnen die folgenden Hinweise bei der Suche nach Ihrem DJ helfen:

Internetpräsenz

Manche DJs visualisieren die unbändige Partystimmung, die sie auf Hochzeiten versprühen, auf einer knallig bunten Website mit poppigen Effekten. Ganz klar, über Geschmack lässt sich streiten. Wenn aber die Website eines DJs Ihrer persönlichen Vorstellung von einer Bad-Taste-Party entspricht, wird wohl genau das Ihre Hochzeit heimsuchen. Also besser nicht anrufen.

Erfahrung auf Hochzeiten und Firmenfeiern

Auf Hochzeiten und Firmenfeiern kommen unterschiedlichste Leute mehrerer Generationen zusammen. Eine derart verschiedenartige Gruppe zum Tanzen zu bringen, erfordert jede Menge Gespür und Erfahrung – und zwar in sämtlichen Genres (Rock, Pop, Schlager, Oldies, Charts, Funk etc.). DJs, die ausschließlich in Clubs oder auf Geburtstagen von Freunden auflegen, sind vom Genre her weniger flexibel und eignen sich nicht wirklich für Hochzeiten.

Selbstdarsteller

Ein DJ soll Musik machen, maximal den einen oder anderen Programmpunkt kurz und knapp ankündigen und sich darüber hinaus im Hintergrund halten. Weder soll er Geschichten erzählen noch jeden einzelnen Song neu anmoderieren und schon gar keine Witze über die Leute auf der Tanzfläche machen. Glitzerjacketts, auffällige Hüte und clownesque Brillen sind ernst zu nehmende Warnhinweise.

Flexibilität

Ein neuer Song beginnt, die Gäste verlassen die Tanzfläche. Allzu oft wird dieser Song bis zum bitteren Ende durchgespielt – und dann noch einer, der die Tanzfläche weiterhin leer stehen lässt, ebenfalls bis zum Ende. Manche DJs haben diese »Ich weiß, was gute Musik ist, und wenn ihr das nicht wisst, euer Problem«-Attitüde. Das ist schade, wenn die Party daran zugrunde geht.
Stattdessen sollte sich der DJ eingestehen, dass seine Auswahl in dem Moment nicht optimal war – kann passieren, er ist ja kein Hellseher. Dann muss aber – noch bevor die Tanzfläche leer ist – sofort ein neuer Song her, am besten ein Partykracher von ihrer Hitliste (siehe »Hitliste und No-Gos« auf Seite 222). Sprechen Sie den DJ im Vorgespräch auf dieses Szenario an und geben Sie ihm zur Hochzeit eine Playlist an die Hand, auf die er in einem solchen Fall zurückgreifen kann – denn Sie wissen am besten, welche Musik Ihre

Leute gern hören. Denn auch was der DJ privat gern für Musik hört, tut auf Ihrer Hochzeit nichts zur Sache. Er ist einzig und allein dafür da, um IHRE Musik zu spielen.

Keine Werbung auf der Hochzeit

Ihre Hochzeit ist eine private Familienfeier, kein Werbeforum für den DJ. Visitenkarten nur auf Anfrage herausgeben ist okay. Aber ein DJ, der bei jeder Gelegenheit seinen Namen ins Mikro kräht, Banner mit Werbung aufhängt, Flyer auf den Tischen und in der Toilette auslegt oder Werbeaufsteller neben der Tanzfläche platziert, ist auf einer Hochzeit fehl am Platz – es sei denn, Sie wünschen es so.

Party für alle

Klar ist es angebracht, zu Beginn des Abends auch den Musikgeschmack der älteren Generation zu bedienen. Sobald Oma Frida und Großvater Willi zu Bett gegangen sind, geht die Party dann richtig los. Keine Frage, jeder DJ sieht das so. Allzu oft aber schließen DJs aus dieser Erkenntnis, dass, solange sich auch nur eine Person über 60 im Raum aufhält, ausschließlich Oldies gespielt werden. Und das kann sehr lange dauern. Hier hilft eine klare Ansage, dass ab spätestens 23:30 Uhr die Musik gespielt wird, die Ihre Generation auf die Tanzfläche ruft. Und Sie werden überrascht sein, wie auch die älteren Semester mitschwofen werden.

Kein Alkohol

Der DJ ist kein Gast Ihrer Hochzeit, sondern hat einen wichtigen und gut bezahlten Job zu erledigen, der seine volle Aufmerksamkeit erfordert. Sie dürfen durchaus erwarten, dass Ihr DJ auch um drei Uhr morgens noch nüchtern ist. Schon im Erstgespräch sollten Sie diesen Punkt anbringen, so bleibt noch ausreichend Zeit, sich im Zweifel jemand anderen für die Musik zu suchen.

Licht- und Tontechnik im Preis inbegriffen

Erklärt Ihnen ein DJ, dass Sie noch dieses und jenes Equipment anmieten und zur Location schaffen sollen, brechen Sie das Gespräch ab und suchen Sie sich einen anderen. Unzählige DJs bieten das komplette Rundum-sorglos-Paket zum fairen Preis an. PC, Mischpult, Lautsprecher, ein bis zwei Handmikros und Tanzflächenbeleuchtung sind absoluter Standard und sollten im Preis enthalten sein.

Kosten

Was den Preis angeht, so dürfen Sie für einen ordentlichen DJ für sechs Stunden ab 600 Euro aufwärts kalkulieren, inklusive Technik, zuzüglich Reise- und (falls erforderlich) Übernachtungskosten.
Am allerwichtigsten aber ist die Chemie. Erst wenn Ihr Bauch Ihnen ohne jeden Kompromiss mitteilt: »Den hätte ich gern auf meiner Hochzeit!«, haben Sie Ihren DJ gefunden.

HITLISTE UND NO-GOS

Teilen Sie Ihrem DJ mit, zu welchen Songs Sie und Ihre Gäste so richtig abtanzen, und schicken Sie ihm etwa zwei Wochen vor der Hochzeit eine Liste mit Ihren Lieblingspartyhits. So hat er noch ein wenig Zeit, um seine Playlists für Sie zusammenzustellen. Mindestens ebenso wichtig für den DJ ist eine Liste der Songs, die AUF KEINEN FALL gespielt werden sollen. Auch für klare, richtungsweisende Ansagen wie »Schlager verboten« oder »Keine 80er« ist ein DJ dankbar.

DJ-AGENTUREN

Vorsicht mit DJ-Agenturen. Zweimal habe ich mit DJ-Agenturen gearbeitet. Beide Male war der jeweilige Chef total fähig und sehr sympathisch. Aber die DJs, die sie vermittelt haben, lagen in Sachen Erfahrung und Ausstrahlung meilenweit hinter meinen Erwartungen zurück. Es ist, wie es ist, und das hat mein Lieblings-DJ mir bestätigt: Gute, erfahrene DJs haben es einfach nicht nötig, Provisionen an Agenturen abzudrücken.

Wenn Sie sich dennoch für die Arbeit mit einer DJ-Agentur entscheiden, bestehen Sie darauf, nicht nur den Chef, sondern auch den DJ, der auf Ihrer Hochzeit auflegen wird, vorab persönlich kennenzulernen, um dann zu entscheiden, ob Sie mit ihm arbeiten möchten. Sollte das nicht möglich sein, nehmen Sie besser Abstand.

GUT GEPLANT

Nachdem Sie Ihren DJ, Ihre Musiker oder Ihre Liveband gefunden haben, sind mit ihnen jeweils noch die folgenden Punkte zu besprechen:

Fragen an die Musiker/den DJ

- ⚭ Wie viel kostet der Einsatz und wie lange dauert er?
- ⚭ Livemusik: Wie viele Songs spielen Sie? Wie viele und wie lange Pausen sind geplant?
- ⚭ Was kostet eine Verlängerungsstunde?
- ⚭ Wie sind die Zahlungsmodalitäten (auf Rechnung, Barzahlung vor Ort, Vorkasse etc.)?
- ⚭ Ist die gesamte für den Auftritt erforderliche Technik im Angebot enthalten? Bitte ja!
- ⚭ Sind auch Handmikrofone dabei, die für Reden etc. genutzt werden können? Mindestens eins, gern zwei sollten es schon sein.

- ⚭ Ist Tanzflächenbeleuchtung im Preis enthalten? Falls nein, was würde das kosten?
- ⚭ Werden Sie nach dem Auftritt direkt nach Hause fahren oder ist eine Übernachtung erforderlich?
- ⚭ Wie viel Zeit benötigen Sie für Aufbau und Soundcheck?
- ⚭ Brauchen Sie einen separaten Raum für Equipment oder als Garderobe? Achtung wegen zusätzlicher Kosten bei der Location.
- ⚭ Wie viele Steckdosen werden benötigt? Bringt die Band/der DJ genügend Verlängerungskabel mit?
- ⚭ Wie ist das mit der Verpflegung? Alkoholfreie Getränke und eine Kleinigkeit zu essen – nicht zwingend das Hochzeitsmenü – sind angebracht.

Fragen an die Location

- ⚭ Ist der Saal ebenerdig? Falls nicht, gibt es einen Aufzug, über welchen die Band/der DJ ihr Equipment anliefern können?
- ⚭ Sind ausreichend Steckdosen im Saal vorhanden? Gibt es zur Not auch Verlängerungskabel vor Ort?
- ⚭ Ab wie viel Uhr ist der Saal geöffnet für Aufbau und Soundcheck?
- ⚭ Gibt es einen abschließbaren Nebenraum, den der DJ/die Band für Equipment bzw. als Garderobe nutzen kann? Was würde der bei Bedarf kosten?

Infos an den DJ

- ⚭ Musikauswahl: Hitliste und No-Gos
- ⚭ Programmablauf (Spiele, Reden etc.)
- ⚭ Song für den Einzug und das Anschneiden der Hochzeitstorte (sofern diese am Abend angeschnitten werden soll)
- ⚭ Song für den Hochzeitstanz

FOTO UND VIDEO

Einer der wichtigsten Anbieter – wenn nicht sogar DER wichtigste – ist Ihr Hochzeitsfotograf. Von ihm hängt es ab, ob Sie auch noch in 20 Jahren beim Anblick Ihrer Hochzeitsfotos dahinschmelzen oder sich leider eingestehen müssen, am falschen Ende gespart zu haben.

Für einen professionellen Hochzeitsfotografen dürfen Sie für einen ganzen Tag ab etwa 1 500 Euro aufwärts kalkulieren, zuzüglich Kosten für Reise, Übernachtung und Verpflegung. In dem Preis sollten mindestens die folgenden Leistungen enthalten sein:

- Ein persönliches Erstgespräch
- Mindestens 80 bearbeitete Fotos in hoher Auflösung (die genaue Anzahl bzw. Mindestmenge ist Verhandlungssache und sollte unbedingt im Vertrag festgehalten werden), bereitgestellt in einer Onlinegalerie oder auf einem Datenträger
- Übertragung der Bildnutzungsrechte sowie des Rechts zur Weiterleitung und Bearbeitung aller entstandenen Bilder exklusiv auf das Brautpaar
- Zusatzoptionen wie eine Selbstauslöser-Fotobox oder das Erstellen eines Fotobuchs sind meist nicht im Preis enthalten.

Bietet Ihnen ein Fotograf statt Bilddateien nur kostenpflichtige Papierabzüge an, schicken Sie ihn bitte sofort wieder zurück in die Vergangenheit, wo er hergekommen ist.

Den richtigen Hochzeitsfotografen zu finden, erfordert manchmal etwas Recherche. Jeder hat seinen eigenen Stil und seine individuelle Herangehensweise. Der eine geht nah an Brautpaar und Gäste heran, andere Fotografen bleiben im Hintergrund und arbeiten mehr mit Teleobjektiven. Der eine mag es plakativ, sehr klassisch oder humorig, der andere setzt auf Feinsinn und Vintage.

Lassen Sie sich bisherige Arbeiten des Fotografen zeigen. Erst wenn sein Stil Sie zu 100 % überzeugt, haben Sie Ihren Fotografen gefunden. Und dann lohnt sich auch die Investition zu 100 %.

Und doch begehen viel zu viele Brautpaare denselben, fast immer fatalen Fehler: Sie engagieren statt des Profis einen Freund, der »... uns das zur Hochzeit geschenkt hat und der auch ganz toll fotografieren kann«.

THEMA VERFEHLT

Als selbstständiger Kameramann hat Christoph schon oft mit seinem besten Freund Sören, der ebenfalls im Medienbereich tätig ist, zusammengearbeitet. Umso größer ist Sörens Begeisterung, als Christoph ihm anbietet, auf seiner und Janines Hochzeit zu fotografieren: »Der hat so einen tollen Blick für Menschen, Perspektiven und Details. Und seine Urlaubsfotos sind auch immer der Hammer. Einen besseren Hochzeitsfotografen könnten wir uns gar nicht wünschen.«

Dass Christoph auf dieser Hochzeit nicht nur Fotograf, sondern auch Sörens Trauzeuge sein soll, fällt offenbar nicht weiter auf, zumindest stört es nicht – noch nicht.

Trauung von meinen lieben Freunden Janine und Sören in Köln. Heute darf ich Gast, und nur Gast, sein.

Gerade haben wir den Vorplatz überquert und betreten das historische Rathaus. Auf dem Weg zum Trauzimmer taucht plötzlich einer der Fotografen auf, die ständig vor dem Standesamt herumstehen und auf schnelle Last-Minute-Aufträge hoffen. Schnurstracks hält er auf Sören und Janine zu und drückt den Auslöser. Mit abwehrender Geste und einem ungehaltenen »Kein Bedarf« versucht Sören, den Mann loszuwerden. Christoph beschwichtigt. Er hätte den Mann im letzten Moment organisiert, schließlich müsse er doch als Trauzeuge bei der Trauung dabei sein. Die müsse dann halt jemand anderes fotografieren.

Nach der Trauung gibt es eine längere Pause, erst am frühen Abend kommen alle wieder zur Feier zusammen. Jetzt ist auch Yvonne, Christophs neue Freundin, mit dabei. Der Abend nimmt seinen Lauf, die Feier ist wunderschön und Christoph ist fleißig am Fotografieren.

Zwei Wochen später sind Janine und Sören aus den Flitterwochen zurückgekehrt. Bei einem Glas Sekt sitze ich mit Janine zusammen und brenne darauf, die Hochzeitsfotos zu sehen. Schon Janines Einleitung macht mich stutzig: »Na ja, die sind schon ganz schön …«

Und ja, die Fotos von der Trauung sind gar nicht mal so schlecht, da hatte ich Schlimmeres erwartet. Und die Fotos von Christoph sind auch wirklich richtig gut geworden:

Yvonne von der Seite, Yvonne von ganz nah, Brautpaar im Hintergrund, Yvonne beim Essen, Yvonne lacht, Yvonne streichelt einen Hund, (einziges) Porträt vom Brautpaar, Yvonne wirft Christoph ein Küsschen zu, Yvonne stößt mit dem Brautpaar an, Selfie Yvonne und Christoph, dann noch einmal zusammen mit dem Brautpaar … Ausführung top, Thema verfehlt – komplett verfehlt.

Tja, so kann es gehen. Immerhin sind auch Christoph und Yvonne mittlerweile glücklich verheiratet. Aber Janine und Sören wissen heute die Vorzüge eines professionellen Hochzeitsfotografen zu schätzen – für ihre Hochzeitsfotos leider zu spät.

Und da sind Janine und Sören nicht allein. Auf einer anderen Hochzeit hörte ich den Fotografen und Freund des Bräutigams zu später Stunde sagen, er hätte den Anschnitt der Hochzeitstorte verpasst, weil er sich mit einem Freund unterhalten habe. So etwas kann passieren, wenn der Fotograf nun einmal auch Gast ist. Und wenn die

Fotos dann nicht den Vorstellungen entsprechen, kann das sogar die Freundschaft belasten, wie bei einer anderen Braut. Ihre beste Freundin, eine »Kunstfotografin«, hat allerhand Detailfotos von leeren Gläsern auf Tischen, Blumendekoration mit Essensresten und halben Gesichtern von Menschen gemacht. Gruppenfoto, normale Porträtaufnahmen oder auch nur ein Foto, auf dem das Brautkleid einmal komplett zu sehen ist – Fehlanzeige. Enttäuschung groß, Freundschaft beendet.

Bevor Sie also das sicher gut gemeinte Angebot Ihres bestimmt hervorragend fotografierenden Freundes annehmen, bedenken Sie: Ein Hochzeitsfotograf, der gleichzeitig Gast ist, wird auf Ihrer Hochzeit nicht dieselbe Aufmerksamkeit für Situationen und Details aufbringen wie ein Fotograf, der eigens dafür bezahlt wird.

Hochzeitsfotografie ist eine eigene Disziplin. Jemand kann noch so gute Fotos in den Bereichen Fashion, People, Architektur oder Natur machen. Das heißt nicht, dass er ein guter Hochzeitsfotograf ist. Ein erfahrener Hochzeitsfotograf macht sich vertraut mit dem Tagesablauf Ihrer Hochzeit und kennt die Ansprüche seiner Kunden. Schon im Vorfeld wird er Ihnen die Fragen stellen und Informationen einfordern, die er für die perfekte Fotodokumentation Ihrer Hochzeit benötigt.

Und falls Sie der Meinung sind: »Nee, diese typischen Hochzeitsfotos sind doch spießig und kitschig, da stehen wir gar nicht drauf«, dann glauben Sie mir, es gibt tolle Fotografen, die auch unkitschig können – wobei ein bisschen Kitsch und Romantik auf einer Hochzeit nicht ganz fehl am Platz sind.

BRIEFING FÜR DEN FOTOGRAFEN

Zur optimalen Vorbereitung auf seinen Einsatz benötigt Ihr Fotograf einen Zeitplan mit den Motiven, die Sie gern fotografiert haben möchten, zusammen mit den jeweiligen Ortsangaben.

Uhrzeit	Motiv	Ortsangaben, Anmerkungen
13:00 h	Styling der Braut	Wohnung Brautpaar, Herzchengasse 3
15:00 h		Fahrt zur Kirche
15:30 h	Kirchliche Trauung	Kirche, Pfaffenweg 1 Nach der Trauung gehen die Gäste vor uns heraus, um ein Spalier zu bilden. (Siehe auch »Auszug des Brautpaares« auf Seite 87)
anschl.	Gratulation und Gruppenfotos	Kirchenportal
17:00 h		Weiterfahrt zum Schloss
17:15 h	Sektempfang, Tortenanschnitt, Luftballons steigen lassen	Schlossterrasse
17:45 h	Fotoshooting Brautpaar	Schlosspark – ca. 60 Minuten! Alte Eiche, Zugbrücke, vor der Orangerie
19:00 h	Dinner	Rede Brautvater nach dem ersten Gang
22:30 h	Feuerwerk	Terrasse
22:45 h	Hochzeitstanz	Tanzfläche

Eine Vorlage, die Sie für das Briefing Ihres Fotografen nutzen können, finden Sie zum Download im Internet unter www.planmy.wedding/das-buch/.

Oft werden nach dem großen Gruppenfoto mit allen Gästen noch kleinere Gruppenfotos mit einzelnen Freunden und Familienmitgliedern gemacht.

Dann ist es hilfreich (und zeitsparend), wenn Sie sich im Vorfeld ein paar Gedanken über mögliche Konstellationen machen, z. B.:

- ⚭ Brautpaar mit der Familie der Braut
- ⚭ Brautpaar mit der Familie des Bräutigams
- ⚭ Brautpaar mit den Familienmitgliedern beider Familien
- ⚭ Braut mit Trauzeuginnen und Brautjungfern
- ⚭ Bräutigam mit Trauzeugen

Wenn Sie dann noch die betreffenden Leute darum bitten, sich nach dem großen Gruppenfoto für die kleinen Gruppenfotos bereitzuhalten, könnte es perfekter kaum sein. Denn dann braucht Ihr Fotograf nur noch die jeweils nächste Gruppe vor die Linse zu rufen und alles läuft wie am Schnürchen.

Und wenn es regnet? Überlegen Sie gemeinsam mit Ihrem Fotografen bereits im Vorfeld, wo und wann die Gruppenfotos sowie Ihr Paarshooting bei schlechtem Wetter stattfinden könnten.

FOTOSHOOTING ZEITEFFIZIENT GESTALTEN

Sie beide sind mit Ihrem Fotografen zum Paarshooting unterwegs, während Ihre Gäste in der Location auf Sie warten. Dann sollte das Shooting nicht viel länger als 60 Minuten dauern.

Denn eines ist sicher: Wenn Sie nach zwei oder drei Stunden Abwesenheit zu Ihren Gästen zurückkehren, werden Sie bestenfalls eine maximal gelangweilte Hochzeitsgesellschaft vorfinden. Schlimmstenfalls haben sich Ihre Leute die Langeweile mit dem Konsum alkoholischer Getränke vertrieben – ein Vorsprung, den Sie beim besten Willen nicht mehr aufholen können oder möchten.

In jedem Fall ist es schwierig bis unmöglich, das Stimmungsruder dann noch herumzureißen.

Je früher Sie also wieder bei Ihren Gästen sind, umso besser. Und so können Sie beim Paarshooting mit dem Hochzeitsfotografen wertvolle Zeit sparen:

- Weisen Sie den Fotografen ausdrücklich darauf hin, wie viel Zeit Sie maximal für die Hochzeitsfotos einplanen.
- Legen Sie zusammen mit dem Fotografen schon vorher die Orte fest, wo Ihre Hochzeitsfotos entstehen sollen.
- Besprechen Sie im Vorfeld anhand von Beispielfotos mögliche Motive und Posen, die Sie gut finden – und auch, was Sie nicht gut finden.
- Sparen Sie Fahrzeit, indem Sie die Fotos in der Nähe Ihrer Hochzeitslocation machen.

Sollte Ihnen ein ausgedehntes Fotoshooting am Herz liegen, haben Sie immer noch die Möglichkeit, bewusst freie Zeit für Ihre Gäste einzuplanen (siehe auch »Mut zur Lücke« auf Seite 18).

AFTER-WEDDING-SHOOTING

Sollten Ihnen am Tag Ihrer Hochzeit das Wetter oder Ihr Zeitplan tatsächlich einen unvermeidlichen Strich durch Ihr Paarshooting machen, dann wäre ein After-Wedding-Shooting vielleicht eine gute Alternative. Sie holen Ihr Paarshooting mit dem Fotografen einfach an einem anderen Tag nach – bei bestem Wetter und ganz ohne Zeitdruck. Einziger Wermutstropfen sind die Zusatzkosten, die Sie für Fotograf, Styling und Brautstrauß einkalkulieren müssten. Dafür haben Sie die Möglichkeit, sich noch einmal ganz und gar als Braut und Bräutigam zu fühlen.

HOCHZEITSVIDEO

Manche Hochzeitsfotografen bieten als zusätzlichen Service ein Hochzeitsvideo mit an. Wichtig dabei ist, dass (mindestens) zwei Kameraleute anwesend sind, damit im Video zwischen den Perspektiven gewechselt werden kann. Sonst wirkt der Film am Ende wie ein schnödes Homevideo.

Und wenn zwei Videografen vor Ort sind, kann man dann nicht komplett auf den Fotografen verzichten und die späteren Hochzeitsfotos einfach aus dem Video extrahieren? Nein, leider nicht, denn im Film sind Format, Qualität und Auflösung nicht für die Reproduktion von Fotos geeignet. Ich selbst habe von dieser Technik keine Ahnung, aber das ist die immer gleiche Antwort eines jeden Fotografen bzw. Videografen auf diese oft gestellte Frage.

GUT GEPLANT

Fragen an den Fotografen

- Was kostet Ihr Einsatz für einen halben/ganzen Tag oder nur für die Trauungszeremonie?
- Wie viel kostet eine Verlängerungsstunde?
- Fallen Reise-/Anfahrtskosten an? Wenn ja, mit wie viel müssen wir da rechnen?
- Können Sie uns Fotos von Hochzeiten zeigen, die Sie bereits begleitet haben?

- Bieten Sie auch eine Selbstauslöser-Fotobox für unsere Gäste an? Was kostet das?
- Wie viele Fotos können wir nach der Hochzeit zur Bearbeitung auswählen?
- Was würden weitere Fotos kosten?
- Stellen Sie uns die bearbeiteten Fotos online oder auf einem Datenträger zur Verfügung?
- Werden Sie uns die exklusiven Bildrechte an unseren Hochzeitsfotos schriftlich übertragen? Bitte ja!
- Wo und wann könnte das Hochzeitsfotoshooting bei schlechtem Wetter stattfinden?

Infos für den Fotografen
- Einsatzzeit und Einsatzort
- Zeitplan mit Motiven
- Konstellationen für kleine Gruppenfotos

Ebenfalls zu klären
- Wie viel Zeit haben wir unmittelbar nach der Trauung für Gruppenfotos, bevor die nächste Hochzeitsgesellschaft eintrifft?
- Kommt für uns ein After-Wedding-Shooting infrage und was würde das kosten?

FEUERWERK

Falls Sie gerade als günstige Alternative für Ihr Hochzeitsfeuerwerk an die Raketen und Vulkane in Ihrem Keller denken, die noch vom letzten Silvester übrig geblieben sind, dürfen Sie diesen Gedanken gleich wieder verwerfen. Denn laut dem geltenden Sprengstoffgesetz dürfen all die schönen Silvesterraketen, Feuerräder und

Vulkane ausschließlich in der Zeit vom 31. Dezember bis 1. Januar gezündet werden. Sofern Sie also nicht ausgerechnet an Silvester heiraten, kommen Sie um einen professionellen Feuerwerker und eine behördliche Ausnahmegenehmigung nicht herum.

Als Allererstes aber sollten Sie in Ihrer Hochzeitslocation nachfragen, ob ein Feuerwerk auf dem Gelände erlaubt ist. Eventuell kann man Ihnen auch gleich einen professionellen Feuerwerker empfehlen, der mit den Gegebenheiten vor Ort vertraut ist.

Für ein Hochzeitsfeuerwerk können Sie je nach Brenndauer, Musikhinterlegung, Anzahl der Schüsse und Steighöhe etwa 600 bis 5 000 Euro kalkulieren.

> *Auf der Suche nach einem geeigneten Feuerwerker können Sie im Internet unter www.planmy.wedding/musik_entertainment/ die Entertainment-Anbieter nach »Feuerwerk & Co.« filtern.*

Die behördliche Ausnahmegenehmigung stellt in der Regel das Ordnungsamt der für Ihre Hochzeitslocation zuständigen Gemeinde aus, Kostenpunkt etwa 20 bis 60 Euro. Liegt Ihre Location an einem Flughafen, einem Bahnhof oder einer Bundeswasserstraße, sollten Sie die Genehmigung mindestens vier Wochen vor der Hochzeit beantragen, ansonsten reichen zwei Wochen aus. Eventuell kann Ihr Feuerwerker Ihnen beim Einholen der Genehmigung auch behilflich sein – fragen kostet nichts.

Liegt Ihre Hochzeitslocation allerdings in der Nähe von Kinder- und Altersheimen, Krankenhäusern, Kirchen, Reet- und Fachwerkhäusern, werden Sie mit Ihrer Genehmigung leider kein Glück haben, denn dann ist das Zünden eines Feuerwerks per Gesetz verboten.

Achtung: Das Abbrennen eines Feuerwerks ohne Genehmigung kann eine Strafanzeige und ein erhebliches Bußgeld nach sich ziehen. Eventuelle Schäden, die Ihr Feuerwerk verursacht, werden nicht von Ihrer privaten Haftpflichtversicherung gedeckt.

Immerhin, Wunderkerzen und Tischfeuerwerk bzw. Feuerfontänen für Ihre Hochzeitstorte gehen immer und überall.

Und sollte ein Feuerwerk in Ihrer Location nicht möglich sein, könnten Sie auch über eine Feuershow nachdenken (bitte unbedingt vorher mit der Location abstimmen).

Wichtig! Asiatische Himmelslaternen, auch Wunschlaternen oder Skyballons genannt, sind fast überall in Deutschland verboten, obwohl sie im Handel erhältlich sind.
Die Brennpaste erlischt oftmals erst, nachdem die Laterne wieder gelandet ist. Spätestens nach dem schrecklichen, durch eine Himmelslaterne ausgelösten Brand im Affenhaus des Krefelder Zoos in der Neujahrsnacht 2020 sollte man von dieser Idee Abstand nehmen. Angesichts der zahlreichen durch Himmelslaternen verursachten Brandschäden haben sich die Bundesländer nach und nach für ein Verbot ausgesprochen. Dort, wo sie (noch) erlaubt sind, benötigen Sie eine Genehmigung, die in der Regel nicht ausgestellt wird.
Falls Sie auf Ihrer Hochzeit mit brennenden Himmelslaternen erwischt werden oder ein Locationbetreiber Sie anzeigt, wird ein Bußgeld von bis zu 5 000 Euro fällig.

HOCH UND LAUT

Brautpaar und Gäste stehen auf der Terrasse, die Blicke erwartungsvoll in den Nachthimmel gerichtet – ein kurzer Moment der Ruhe. Musik ertönt, Raketen steigen auf und überziehen den Himmel mit leuchtend bunten Blumen und funkelndem

Goldregen. Kinder staunen, Paare stehen eng umschlungen, in aller Augen spiegelt sich das bunte Funkeln des vom Feuerwerk erhellten Nachthimmels. Die Luft ist erfüllt von Musik, dem Duft von Schwarzpulver und den bewundernden Ohs und Ahs der Hochzeitsgesellschaft.

So oder so ähnlich stellen wir uns ein gelungenes Hochzeitsfeuerwerk vor.

Auch Mario möchte seine Braut zur Hochzeit mit einem grandiosen Feuerwerk überraschen. Er und Lisa feiern auf einem entlegenen Schloss in Mecklenburg-Vorpommern. Nach langem Suchen und Herumtelefonieren haben wir einen Feuerwerker gefunden, der die weite Fahrt zum Schloss zu einem akzeptablen Preis auf sich nimmt. Der Feuerwerker, ein hagerer, etwas blasser Typ mit leicht fliehendem Kinn, hat nur eine einzige Frage: »Hoch und laut oder etwas niedriger, mit mehr Ohs und Ahs?«

Mario überlegt nicht lange: »Hoch und laut, bitte.«

Ein Preis wird ausgehandelt, damit ist alles gesagt und geritzt – die Hochzeit kann kommen und mit ihr das Feuerwerk.

Hochzeit von Lisa und Mario, kurz vor halb elf am Abend.

In der lauen Sommernacht haben sich Brautpaar und Gäste auf der Schlossterrasse versammelt. Lisas Hand liegt auf dem Buzzer, mit dem sie gleich das Feuerwerk starten wird. Mario steht hinter ihr und hat die Arme um sie gelegt.

Alle Blicke sind gen Himmel gerichtet, als Lisa den Buzzer drückt. Ein schrilles Pfeifen ertönt und kleine Lichtbälle steigen in den Nachthimmel auf. Plötzlich ändern sie die Flugrichtung und rasen in schnellem Zickzackkurs laut zischend wie Kugelblitze über unseren Köpfen hin und her. Es folgt eine lange, immer schneller werdende Salve von kanonenfeuerartigen Leuchtkugeln, gespickt mit lauten, knallenden Blitzen.

Ein bisschen wie Krieg, denke ich. Der Wind dreht und ein Ascheregen rieselt auf uns herunter. Und dennoch, wir alle bleiben stehen, starren mit brennenden Augen in den Nachthimmel und fühlen mit jedem Knall das Adrenalin in unseren Adern pochen. Auch ich bin total fasziniert, besonders von diesen kreischenden Zickzackkugelblitzen, die immer mal wieder auftauchen. So geht es minutenlang weiter, begleitet von … ja was eigentlich? Die Musik wird weitestgehend vom Kreischen, Pfeifen und Knallen des Feuerwerks übertönt. Ist das Techno?

Die Kinder haben sich schon längst völlig verängstigt ins Schloss geflüchtet, besorgte Mütter laufen hinterher. Der Rest der Hochzeitsgesellschaft bleibt, nachdem das Feuerwerk in einem letzten lauten Knall sein Finale gefunden hat, staunend auf der Terrasse stehen, vollgepumpt mit Adrenalin – keiner sagt ein Wort. Am Ende sind sich aber doch alle einig: Hoch und laut – ein absolut ungewöhnliches, auf seine Weise wirklich sensationelles Feuerwerk! Man muss es nur wollen.

GUT GEPLANT

Damit beim Hochzeitsfeuerwerk sowohl organisatorisch als auch rechtlich alles glatt läuft, lohnt es sich, die folgenden Punkte mit Location, Behörde und Feuerwerker zu klären.

Fragen an die Location

- Darf ein Feuerwerk auf dem Gelände gezündet werden?
- Gibt es einen Feuerwerker, mit dem Sie schon erfolgreich zusammengearbeitet haben?
- Ab wann und wo genau kann das Feuerwerk aufgebaut werden?
- Kann der Feuerwerker mit seinem Lieferwagen dort vorfahren?

Fragen an die Behörde

- Welche Auflagen haben wir beim Abbrennen des Feuerwerks zu berücksichtigen (z. B. maximale Steighöhe, Mindestabstand zu Häusern oder Baumbeständen etc.)?
- Bis wie viel Uhr muss das Feuerwerk spätestens abgebrannt sein?

Fragen an den Feuerwerker

- Was für ein Feuerwerk können Sie uns bei unserem Budget anbieten?
- Könnten Sie sich die Location vorher einmal anschauen? Bitte ja!
- Wäre es möglich, dass Sie die behördliche Genehmigung für uns einholen? Wäre dieser Service im Preis enthalten?
- Wie viel Zeit benötigen Sie für den Aufbau?

Hochzeit mit und ohne Kind

»Kinder gehören zu einer Hochzeit dazu«,
sagen die einen. »Oh, bitte keine Kinder
auf unserer Hochzeit«, sagen die anderen.

Wenn auf Ihrer Hochzeit Kinder dabei sind, lohnt sich die Überlegung, wie man die Kleinen über die Zeit bei Laune hält. Schließlich sollen auch sie diesen Tag als etwas Besonderes erleben und – mal Hand aufs Herz – mies gelaunte oder gelangweilte Kinder sind nun einmal die nervigsten Tischnachbarn der Welt.

Und wenn Sie auf Ihrer Hochzeit kein einziges oder nur ausgewählte Kinder sehen wollen? Auch das will organisiert sein.

KINDERUNTERHALTUNG

Im Internet, z. B. unter *www.planmy.wedding/musik_entertainment/*, werden Sie zahlreiche Agenturen, Partyclowns und Künstler finden, die Spiele und Unterhaltungsprogramme für Kinder anbieten. Da wird gebastelt, geschminkt und verkleidet, es werden Schatzsuchen veranstaltet oder Zaubertricks vorgeführt und Theaterstücke einstudiert.

Natürlich hat die professionelle Kinderbespaßung ihren Preis. Eine Vorführung vom Partyclown oder Zauberer schlägt mit etwa 250 bis 400 Euro zu Buche, für einen ganzen Tag Kinderunterhaltung mit Malen, Basteln und Spielen dürfen Sie etwa 700 bis 1 000 Euro kalkulieren.

Viel günstiger und weniger aufgeregt ist der Kindertisch. Ein paar Bastelsachen, Malvorlagen, Stifte, Glitter zum Aufkleben und für die Älteren ein paar Gesellschaftsspiele auf den Tisch gelegt, die Stühle mit Luftballons geschmückt, hübsche mit Süßigkeiten gefüllte und den Namen der Kinder versehene Gläser als Gastgeschenke – fertig ist der perfekte Kindertisch für nur etwa 50 Euro.

So haben Eltern Luft für Gespräche mit Freunden und dabei ihre Kinder im Blick, während die beschäftigt sind. Ein Babysitter, der am Kindertisch ein Auge auf die Kleinen hat und mit ihnen zusammen malt und spielt, ist ein nettes i-Tüpfelchen, aber kein Muss.

RAUBTIERFÜTTERUNG

Kinder im Alter von etwa 3 bis 12 Jahren haben ganz andere kulinarische Vorlieben und Ansprüche als wir Erwachsenen.

Ein Büfett ist da sehr schön unkompliziert, hier findet sich garantiert auch etwas für die Kleinen. Aber Ihr sensationell gutes Hochzeitsmenü mit Jakobsmuscheln und Rinderfilet wird kaum ein Kind hinterm Ofen vorlocken – bei aller Liebe, das wäre Perlen vor die Säue. Sprechen Sie mit Ihrem Caterer, er kann Ihnen sicher ein paar Vorschläge machen, z. B.:

KINDERBÜFETT AM KINDERTISCH

Einfach vor Beginn des Dinners ein paar Platten mit Schnitzelchen, Pommes und Pizza auf den Kindertisch. Je nach Anzahl und Alter der Kinder sollte mindestens eine Betreuungsperson mit am Tisch sitzen.

Und bitte: Keine Nudeln mit Soße am Kindertisch – das gibt womöglich eine Riesensauerei.

KINDER À LA CARTE

Falls Sie in einem Restaurant feiern, ist es sicher möglich, dass die Kinder sich ein Gericht von der regulären Kinderkarte aussuchen. Teilen Sie dem Restaurantleiter vorab die ungefähre Anzahl an Kindern mit, dann sollte das kein Problem sein.

KINDERMENÜ

Ein externer Caterer wird Ihnen vielleicht eine kindgerecht abgewandelte Variante Ihres Hochzeitsmenüs anbieten. Um entsprechend zu planen, benötigt er vorab die genaue Anzahl an Kindern.

Falls Sie sich nicht sicher sind, ob ein Kind mit vier Jahren Pizza essen sollte oder ob ein 12-Jähriger doch gern das Hochzeitsmenü probieren möchte, fragen Sie einfach bei den Eltern nach. Die werden sich freuen, dass Sie sich diese Gedanken machen und Ihnen die Entscheidung gern abnehmen.

SCHLAFMÖGLICHKEITEN

Feiern Sie in einem Gasthof oder einem Hotel, liegt es natürlich nahe, die Familien mit Kindern im Haus unterzubringen. Die Eltern bringen das Babyfon mit und der Abend kann kommen.

Stehen keine Schlafzimmer zur Verfügung, wäre es ideal, wenn Ihre Location über einen ruhig gelegenen Nebenraum in der Nähe vom Festsaal verfügt. Die Eltern bringen Reisebettchen mit, eventuell kann die Location ein paar Matratzen zur Verfügung stellen. So schlafen die vom aufregenden Tag ermüdeten Kinder seelenruhig, während nebenan gefeiert wird.

KINDERFREI FEIERN

Sosehr wir unsere Kinder schätzen und lieben, manchmal ist es einfach schön, sie nicht dabeizuhaben. Das ist okay, und wenn das Ihr Wunsch ist, sollten Ihre Gäste ihn respektieren. Am besten machen Sie schon in der Einladung klar, ob und wann Kinder auf Ihrer Hochzeit erwünscht oder unerwünscht sind.

Ein freundlicher Hinweis könnte in etwa lauten:

»Es ist uns wichtig, am Abend unserer Hochzeit ausgelassen mit euch zu feiern und Zeit mit euch zu verbringen. Daher unsere Bitte, nur für diesen Abend die Betreuung eurer Kinder in vertrauensvolle Hände zu geben.«

Eventuell erlauben Sie Ihren eigenen Kindern, einen kleinen Freundeskreis einzuladen, möchten aber nicht die gesamte Kinderschar aller geladenen Gäste auf Ihrer Hochzeit haben. Für die geladenen Kinder könnten Ihre Kinder selbst ein paar schöne Einladungen basteln. Alternativ tut es auch einfach ein Anruf bei den Eltern.

In dem Fall können Sie etwa folgenden Satz in Ihre Einladung mit aufnehmen:

»Für die Kinder, die nicht gesondert zu unserer Hochzeit eingeladen sind, bitten wir euch, für diesen Tag eine Betreuung zu organisieren.«

Den kompletten Tag ganz ohne Kinder zu feiern, wird für manche Gäste mit Kindern schwierig zu organisieren sein. Eventuell sind Freunde und Familie, die sonst auf die Kinder aufpassen würden, ebenfalls zu Ihrer Hochzeit eingeladen und ein Babysitter für so viele Stunden geht ins Geld.

Sie können Ihren Freunden mit Kindern entgegenkommen und den Tagesablauf ein wenig entzerren. Wenn Sie z. B. Ihre Trauung am Morgen und die große Feier am Abend planen, können Eltern zwischenzeitlich ihre Kinder nach Hause bringen und der Babysitter wird nur für die Abendstunden benötigt.

Auch wenn es eventuell nicht alle Eltern einrichten können, so werden die meisten sich doch sehr freuen, selbst mal wieder ohne Kinder mit Ihnen zu feiern – ein bisschen wie in alten Zeiten.

Bräuche und (Un)sitten

Wenn Freunde zu Feinden werden,
warum Hochzeitstauben nicht romantisch
sind und wie Gänsehaut geht.

Heiraten ist ein uralter Brauch aus einer Zeit, da böse Dämonen und gute Geister für die Menschen allgegenwärtig waren. Kein Wunder, dass viele hochzeitliche Rituale aus dieser Zeit damit zu tun haben, böse Dämonen fernzuhalten und gute Geister zu beschwören.

Und dann gibt es da noch die Trends und Traditionen der Neuzeit: ein bunter Strauß mehr oder weniger peinlicher Hochzeitsspiele, zu denen jedem seine eigene Meinung gegönnt sei und auf die ich im Einzelnen gar nicht eingehen möchte. Und dann sind da noch die wahrlich schönen Überraschungen lieber Gäste, die eine Hochzeit tatsächlich bereichern.

Folgen Sie mir auf die Reise durch eine kleine Auswahl von Sitten und Unsitten, die am Tag Ihrer Hochzeit Ihren Weg kreuzen oder kreuzen könnten, und erfahren Sie mehr über deren Herkunft, organisatorische Finessen, No-Gos und Gänsehaut.

GASTGESCHENKE

Angeblich hat man schon in der Antike seine Hochzeitsgäste mit einer kleinen Aufmerksamkeit bedacht. Ursprünglich waren das je Gast fünf Mandeln, die für Wohlstand, Glück, Gesundheit, Fruchtbarkeit und ein langes Leben stehen sollten. Der bittersüße Geschmack der Mandeln sollte Sinnbild sein für die schwierigen Zeiten einerseits und die Glücksmomente im Leben anderseits.

Heutzutage fokussieren wir uns lieber auf die Glücksmomente, indem wir unseren Gästen einfach die mit Zucker überzogenen Hochzeitsmandeln schenken. Darüber hinaus hat sich eine breite Palette anderweitiger Gastgeschenke etabliert, die hübsch verpackt mit dem jeweiligen Namen des Gastes versehen auch gern die Tischkarten ersetzen, z. B.:

- Kuchen im Glas
- Selbst gemachte Pralinen
- Fotogeschenke
- Blumensamen oder Setzlinge zum Einpflanzen
- Klangherzen
- Survival-Set (Ohrenstöpsel, Blasenpflaster, Kopfschmerztablette, Erfrischungstuch)
- Fächer für die Damen (perfekt für heiße Sommertage)
- Zigarren für die Herren

Gute vier Wochen vor Ihrer Hochzeit ist es an der Zeit, sich um die Gastgeschenke zu kümmern. Einpacken, Schleifchen binden, Beschriften ... das alles lässt sich wunderbar bei einem Mädelsbrunch zu Hause bei Sekt und Häppchen erledigen.
Viel Spaß dabei!

BAUMSTAMMSÄGEN

Eine Säge, zwei Griffe, ein Baumstamm und das Brautpaar. Braut und Bräutigam stehen sich gegenüber und arbeiten sich mit der meist etwas stumpfen Säge so lange an einem Baumstamm ab, bis dieser in zwei Teile auseinanderfällt. Symbolisch steht dieser Brauch sowohl für die gemeinsame Arbeit an der Beziehung als auch für die gleichberechtigte Stellung von Braut und Bräutigam innerhalb der Ehe.
Wie bei allen Spielen und Aktionen gilt auch für das Baumstammsägen: maximal fünf Minuten. Schließlich soll das Ganze nicht zur schweißtreibenden Tortur werden und die Frisur der Braut soll noch ein paar Stunden halten. Eine nicht allzu stumpfe Säge wäre daher angebracht und ein Baumstamm mit maximal 20 cm Durchmesser ist vollkommen ausreichend.

RINGE

Schon in der Antike war der Ring das Symbol für die Verbindung zwischen zwei Menschen, ebenso bei den alten Römern und Ägyptern. Die Bedeutung des Eherings aber hat sich mit der Zeit gewandelt. Lange Zeit trugen ausschließlich die Frauen einen Ring, der eher dazu diente, den Besitzanspruch des Mannes an der Frau zu demonstrieren. Erst als der Ehering im 9. Jahrhundert Eingang in das kirchliche Ritual der christlichen Eheschließung fand, wandelte sich seine Bedeutung. Seitdem steht er für das Versprechen zweier Menschen vor Gott, für Treue und Verbundenheit und wird von beiden Ehepartnern getragen.

Erst im 15. Jahrhundert kam der Verlobungsring hinzu – allerdings vor einem völlig anderen Hintergrund. Zu der Zeit grassierte die Pest in Europa und die Angst vor Ansteckung war groß. Damals wusste man noch nicht, dass der Pesterreger durch Ratten, vielmehr durch die auf den Ratten lebenden Flöhe, auf den Menschen übertragen wurde.

Aber man hatte bemerkt, dass das »gemeine Volk« viel stärker von der Pest betroffen war als der Adel. Das lag natürlich daran, dass es in den Burgen und Schlössern der Oberschicht weniger Ratten gab als anderswo. Stattdessen zogen die Menschen einen anderen Schluss: Der Adel trägt mit Edelsteinen besetzten Schmuck, besonders sichtbar Fingerringe, und bleibt von der Pest verschont.

Und so avancierte der kostbarste aller Edelsteine, der Diamant, gefasst in einen Fingerring, zum angeblich wirksamsten Talisman gegen die Pest. Wer es sich leisten konnte, schenkte seiner Liebsten, gleich nachdem die Gefühle entbrannt waren, einen Diamantring, damit sie von der Pest verschont blieb. Et voilà – geboren war der Verlobungsring.

Die Pest ist verschwunden, aber das wohlige Gefühl einer Frau, wenn Mann ihr einen Diamantring an den Finger steckt, ist geblieben – und das wird sich nie ändern.

Kommen wir aber noch einmal zurück zu Ihren Eheringen. Ein Besuch bei einem auf Trauringe spezialisierten Juwelier lohnt sich wirklich, ganz unabhängig davon, wo Sie Ihre Ringe letztendlich kaufen werden. Dort wird man Sie durch eine irre Bandbreite von Materialien und Formen führen. Ihnen werden Details vor Augen geführt, über die Sie sich noch nie im Leben Gedanken gemacht haben. Nie hätte ich gedacht, wie wichtig die Wölbung der Ringinnenseite für den Tragekomfort ist und wie unterschiedlich jeder das für sich empfindet.

Also dann, viel Spaß beim Ringeshoppen!

Wichtig! Falls Sie Ihre Ringe im Onlinehandel kaufen, lassen Sie sie noch nicht gravieren. Die Gravur macht Ihre Ringe zur Einzelanfertigung und Ihr Umtauschrecht bei Nichtgefallen erlischt. Lassen Sie die Gravur stattdessen erst nach Lieferung bei einem Juwelier vornehmen.

HOCHZEITSREDEN

Traditionell eröffnet der Vater der Braut den Reigen der Hochzeits-
reden zu Beginn des Abends, direkt nach der Vorspeise. Dann ist
der erste Hunger gestillt, alle sitzen und die Gläser sind gefüllt.
Symbolisch steht die Rede des Brautvaters für die Übergabe seiner
Tochter an den Bräutigam – ähnlich wie zuvor schon in der Kirche.
Der Tradition weiter folgend, spricht im Anschluss der Vater des
Bräutigams, dann die Trauzeugen. Theoretisch könnten sich noch
weitere Freunde und Verwandte anschließen, aber man möchte die
Aufnahmefähigkeit der Gäste ja nicht überstrapazieren.
Am Ende einer jeden Rede folgt ein Toast auf das Brautpaar.
Von der Planung her sind für Sie, liebes Brautpaar, die folgenden
Punkte relevant:

Drei, maximal vier Redner

Drei Reden sind wunderbar, so ist noch ausreichend Zeit für Gespräche, Spiele und anderweitiges Programm. Ein Trauzeuge kann
auch stellvertretend für alle Trauzeugen sprechen.

Maximal fünf Minuten pro Rede

Kurz und auf den Punkt ist immer besser als ausschweifende Erinnerungen an alte Zeiten, das gilt auch – oder ganz besonders – für
die Rede des Brautvaters. Geben Sie Ihren Rednern ein Zeitlimit von
maximal fünf Minuten vor, danach schwindet die Aufmerksamkeit
Ihrer Gäste ohnehin

BRÄUCHE UND (UN)SITTEN

Ihr Zeremonienmeister sollte Bescheid wissen, wer wann eine Rede hält. So kann er entsprechend das Mikrofon weiterreichen und die Reden bei der Koordinierung sonstiger Beiträge und Spiele berücksichtigen (siehe auch »Spiele und Überraschungen koordinieren« auf Seite 70).

REIS, BLÜTEN UND SEIFENBLASEN

Das Werfen von Reis sollte ursprünglich für eine kinderreiche Ehe sorgen. Aus moralischen Gründen und mit Blick auf den Hunger in der Welt wird heute vielerorts darauf verzichtet. An vielen Kirchen und Standesämtern ist das Werfen von Reis sogar verboten. Eine wunderbare Alternative sind Seifenblasen, Konfetti (gern biologisch abbaubar) oder Blütenblätter. Und wenn Sie wirklich alles richtig machen möchten, bitten Sie im Vorfeld einen Freund, die Streureste flugs aufzufegen und zu entsorgen. In jedem Fall sollten Sie mit dem Standesbeamten bzw. dem trauenden Pfarrer abstimmen, ob und wo genau das Streuen von Blüten oder Pusten von Seifenblasen erlaubt ist. Gerade in alten Kirchen und historischen Gebäuden mit empfindlichen Böden sind Blüten und Seifenblasen oft nicht gestattet.

HOCHZEITSTAUBEN

Seit jeher ist die weiße Taube ein Symbol für Liebe, Frieden und Freiheit. Kein Wunder, Tauben sind intelligente Tiere mit ausgeprägtem Sozialverhalten. Sie verbringen ihr ganzes Leben liebevoll turtelnd mit nur einem Partner und kümmern sich hingebungsvoll um ihren Nachwuchs. So ist es für Brautpaare zur Tradition geworden, nach der Trauung ein Taubenpaar in den Himmel zu entlassen.

Allerdings trifft das Bild des aufsteigenden, verliebten Taubenpärchens nicht ganz zu.

Ausnahmslos jeder Züchter (und mag er seine Tiere noch so artgerecht halten) schickt stets die Reisetaube los und behält ihren Lebenspartner und ihre Brut bei sich. So kann er sicher sein, dass die Reisetaube alles tun wird, um zum Taubenschlag zurückzukehren. Das bedeutet allerdings nicht, dass sie das tatsächlich schafft.

Denn weiße Hochzeitstauben haben im Zuge ihrer Züchtung an Orientierungssinn eingebüßt. Man könnte sagen, sie sind zwar hübsch, aber leider auch ein bisschen dumm. Schon für eine trainierte Brieftaube ist es schwer, an einem gänzlich unbekannten Ort ausgesetzt zu werden und den Weg zurück zum Taubenschlag zu finden. Für eine weiße Hochzeitstaube stellt diese Situation eine lebensbedrohliche Herausforderung dar. Nicht selten scheitern sie, verenden oder schließen sich in ihrer Not wild lebenden Tauben an. Sicher haben auch Sie in der Stadt schon einmal eine weiße Taube unter vielen grauen gesehen.

Auf Ihrer Hochzeit haben Sie es also keinesfalls mit einem verliebten Taubenpärchen zu tun, sondern mit zwei verstörten Reisetauben, die sich in einer verzweifelten Lage befinden, ebenso wie deren Lebenspartner und die zurückgelassene Brut.

Dann vielleicht doch lieber ... Schmetterlinge?

SCHMETTERLINGE

Liebe Brautpaare, wenn ihr zu eurer Hochzeit gern etwas fliegen lassen wollt, lasst euch vom Schmetterlingsverkäufer ganz genau erklären, wie das mit der fulminanten Schmetterlingswolke funktioniert.

SCHMETTERLINGSFLUG

Es ist ein wunderschöner Sommertag, Sarah und Leon haben sich gerade das Jawort gegeben, die ganze Hochzeitsgesellschaft ist vor der Kirche versammelt. Die Gruppenfotos sind gemacht und nun wartet der nächste Höhepunkt auf die beiden.

Das Motto der Hochzeit lautet »Schmetterlinge im Bauch« und deshalb wollen Sarah und Leon nach der Trauung nicht Tauben, sondern Schmetterlinge fliegen lassen. Bis dato hatte ich mit Schmetterlingen noch keine Erfahrung gemacht und mich erst nach ausgiebiger Beratung für einen Anbieter entschieden.

Heute Vormittag wurde eine hübsche weiße Pappschachtel mit 100 Schmetterlingen angeliefert. Sie war auf eine bestimmte Temperatur heruntergekühlt worden, damit die Tiere den Transport besser überstehen. Um die Schmetterlinge wieder auf Betriebstemperatur zu bringen, soll die Schachtel nach Anlieferung gute zwei Stunden lang ruhen, bevor der Deckel geöffnet wird. Gekühlte Schmetterlinge fliegen nicht so gut.

Sicherheitshalber hatte ich die Schmetterlinge schon vor zweieinhalb Stunden anliefern lassen. Bei angenehmen 25 Grad Außentemperatur sollten sie nun perfekt temperiert sein für einen fulminanten Schmetterlingsflug.

Vielleicht inspiriert durch einen Disney-Film aus meiner Kindheit, habe ich ein sehr konkretes Bild im Kopf: Sobald Sarah und Leon den Deckel lüften, würde der Schmetterlingsschwarm wie eine große weiße Wolke aufsteigen, übermütig eine majestätische Runde über den Köpfen der Hochzeitsgesellschaft drehen – vielleicht waren es in dem Film damals auch Vögel – und dann langsam in der blauen Ferne des Himmels verschwinden. Jetzt stehen Sarah und Leon mit dem Deckel in der Hand vor der Box, schauen hinein und machen sehr betroffene Gesichter. Bislang hat sich noch kein einziger Schmetterling blicken lassen. Was ist da nur los? Ich gehe hin, werfe einen Blick in die Box und kann ihre Betroffenheit nur teilen.

Auf dem Boden der Schachtel sitzen 100 Schmetterlinge, umgeben von lauter kleinen schwarzen Krümeln, von denen ich annehme, dass es Schmetterlingskot ist. Offenbar sind sie so verstört, dass sie nicht mehr wissen, wo oben und unten ist. Mindestens fünf von ihnen sind tot oder ohnmächtig.

Sarah legt den Deckel beiseite, streckt die Hand aus und hebt vorsichtig einen der Schmetterlinge aus der Box. Mit flehendem Blick hält sie ihn in die Höhe, als wollte sie sagen: »Flieg. Bitte flieg.« Aber er bleibt sitzen. Sarah ist drauf und dran, in Tränen auszubrechen. Vermutlich hatte sie als Kind den gleichen Disney-Film gesehen wie ich und daher ein ganz ähnlich vergnügliches Bild vom Schmetterlingsflug im Kopf gehabt.

Die Realität sieht zugegebenermaßen vergleichsweise bitter aus. Eigentlich bin ich wirklich gut darin, Bräuten in verzweifelten Situationen Mut zu machen, indem ich alles Schlechte als gutes Zeichen deute. So bringt Regen am Tag der Hochzeit viele Kinder, ein Fleck auf dem Brautkleid bringt Glück, und es könnte nichts Besseres geben als einen ausgewachsenen Streit mit dem künftigen Ehemann am Abend vor der Hochzeit, denn das ist, wie jeder weiß, das sprichwörtlich reinigende Gewitter vor einem Leben voller Sonnenschein.

Aber angesichts dieses Schmetterlingselends fällt selbst mir nichts mehr ein. Also helfen Leon und ich dabei, die Schmetterlinge nach und nach aus der Schachtel zu holen. Nach ein paar Sekunden heben die meisten etwas unbeholfen ab und lassen sich erst einmal in den umliegenden Büschen nieder. Ein paar müssen wir auf die Büsche setzen. Sicher tanken sie nur kurz Energie, um gleich so richtig durchzustarten.

Was als romantischer Schmetterlingsflug gedacht war, wurde zu einer kleinen Schmetterlingsrettungsaktion.

LUFTBALLONS

Luftballons – minutenlang schaut man ihnen hinterher, wie sie in den Himmel entschwinden, und die Gedanken fliegen mit. Handgeschriebene Karten mit guten Wünschen für das Brautpaar werden mit auf die Reise geschickt, und manchmal schickt ein Finder eine Karte zurück – nach Wochen oder Monaten, von irgendwoher, und bringt ein Stück von diesem wundervollen Tag wieder zurück. Bei aller Liebe aber darf man sich bei der Entscheidung für oder gegen Luftballons schon einmal bewusst machen, dass sie am Ende als Plastikmüll irgendwo in der Natur landen und dort eine Gefahr für Tiere und Umwelt darstellen. Wie man mit diesem Thema umgeht, sei jedem selbst überlassen. Mittlerweile gibt es immerhin auch biologisch abbaubare Ballons aus Naturkautschuk.

Für Luftballonsfans kann ich drei Tipps für ein perfektes Luftballon-
erlebnis mit auf den Weg geben:

- Der Karton für die Karten sollte nicht schwerer als 135 g/m² sein. Normale Postkarten sind mit einer Grammatur von 300 bis 320 g/m² zu schwer für einen Luftballon. In dem Fall benötigt man zwei Ballons für eine Karte.
- Besorgen Sie lieber zu viel als zu wenig Gas. Garantiert geht beim Befüllen der Ballons jede Menge Helium für lustige Spiele mit Micky-Maus-Stimmen drauf.
- Für die Ballons gibt es wunderbare Schnellverschlüsse mit Bändern zu kaufen. Das erspart Ihnen die Knoterei und es gibt sie sogar plastikfrei aus Spezialpappe mit Baumwollzwirn.

Viel Spaß beim Luftballons-steigen-Lassen!

BRAUTENTFÜHRUNG

In fünf Minuten soll das Büfett eröffnet werden und die Braut ... ist verschwunden – und mit ihr genau die Jungs, die sich immer für besonders witzig halten. Bis der Bräutigam, zuvor sorgfältig mit Schnäpsen abgefüllt, registriert hat, was überhaupt los ist, vergeht gut eine Viertelstunde. Die Suche beginnt. Er klappert die umlie-genden Kneipen ab, die Gäste bleiben in der Location zurück.
Eine halbe Stunde später macht er seine Braut ausfindig und befreit sie ganz traditionell, indem er weitere Schnäpse hinunterkippt und alberne Aufgaben erfüllt. Dann geht es wieder zurück zur Location. Als das Brautpaar endlich wieder bei der Hochzeitsgesellschaft ein-trifft, ist der Bräutigam schwer angeschlagen und die Gäste haben vor lauter Langeweile schon mal ordentlich Getränke bestellt – auf nüchternen Magen.

Mit reichlich Verspätung wird endlich das Büfett eröffnet, mittlerweile ist das Fleisch trocken, das Gemüse zu einem undefinierbaren Brei zerkocht und der Salat in sich zusammengefallen. Die Stimmung ist auf dem Tiefpunkt, der DJ machtlos und die Party geht früh zu Ende – viel zu früh.

Angeblich stammt der Brauch der Brautentführung aus dem Mittelalter, als Klerus und Adel das Recht vorbehalten war, eine beliebige Untergebene in ihrer Hochzeitsnacht zu entjungfern. Vollkommen egal, wer sich diesen Mist wann ausgedacht hat: Damals wie heute ist die Brautentführung ein zuverlässiger Partykiller, und wer Ihnen so etwas antut, kann nicht Ihr Freund sein.

HOCHZEITSSTREICHE

Die Wohnung des Brautpaares durcheinanderbringen, gefüllte Wasserbecher auf dem Boden verteilen oder einen auf morgens um sechs gestellten Wecker hinterm Kleiderschrank verstecken ... bitte, wie alt sind wir ... zwölf?

DEIN FEIND UND TRAUZEUGE

Hochzeit in einem Brandenburger Hotel, der Abend ist fortgeschritten, die Party in vollem Gange. Gerade unterhalte ich mich am Rand der Tanzfläche mit einem Gast, als mich die Bankettleiterin anspricht. »Entschuldigung, könnten Sie einmal kurz mitkommen? Ich würde Ihnen gern etwas zeigen.«

In der Hand hält sie eine Taschenlampe. Vielleicht hat ja der Feuerwerker etwas im Garten liegen lassen oder ein Gast ist betrunken unterm Baum eingeschlafen. Stattdessen steuert sie auf den Fahrstuhl zu und wir fahren in den dritten Stock. Hier haben Svenja und Rico die Hochzeitssuite gebucht, vor der wir jetzt stehen bleiben.

Sie nickt mir vielsagend zu, ich verstehe nur Bahnhof.

»Die haben aus allen Lampen die Glühbirnen herausgedreht, deshalb die Taschenlampe.«

Wer die? Gemeine Handwerker, fehlgeleitete Servicemitarbeiter, kleine Kobolde? Wer schraubt denn nachts in einem Hotelzimmer alle Glühbirnen heraus? Ich verstehe gar nichts und schaue sie weiter verdutzt an.

Sie öffnet die Tür zur Hochzeitssuite und leuchtet mit der Taschenlampe hinein, jetzt begreife ich. Auf dem Boden verteilt stehen unzählige mit Wasser gefüllte Plastikbecher – wie originell. Ein Schwenk mit der Taschenlampe enthüllt weiteres Übel. Die Bettwäsche ist abgezogen und fest ineinander zu einem großen Klumpen verknotet, der auf dem Bett liegt. Den zu entwirren, würde auch zu zweit immens viel Kraft und Zeit kosten. Decken und Kissen sind verschwunden.

Wir gehen hinein. Als ich den Schrank öffne, greife ich in eine weiche Masse. Jemand hat Zahnpasta an den Türgriff geschmiert. Im Schrank finde ich das Bettzeug, eng eingerollt und gewissenhaft mit Gaffa-Tape zusammengekleistert. Dort stehen auch die noch nicht ausgepackten Koffer von Svenja und Rico. Bei genauerem Hinsehen stellen wir fest, dass sie an allen Seiten mit einem stabilen Faden fest zugenäht sind.

Wie Svenja und Rico mir erzählt haben, sind sie mit Anfang zwanzig die Ersten in ihrem Freundeskreis, die heiraten. In dem Alter denken manche Leute vielleicht noch, dass solche Streiche witzig sind. Die Bankettleiterin und ich sind uns aber darin einig, dass das hier keineswegs lustig ist. Anstatt selig und müde ins Bett zu fallen oder voller Energie ihre Hochzeitsnacht zu begehen, würden Svenja und Rico stundenlang Bettlaken entknoten, Bettwäsche entwirren und die Nähte ihrer zugenähten Koffer auftrennen – im Dunkeln. Mal ganz abgesehen von dem Wasser-schaden, den 200 mal 0,3 l Wasser anrichten könnten.

Plötzlich hören wir Schritte im Gang und der Trauzeuge steht in der Tür. In der Hand hält er eine Taschenlampe und eine kleine Reisetasche. Offenbar ist er noch nicht ganz fertig mit der Suite. Eine Sekunde später biegen Svenja und Rico verliebt Händchen haltend um die Ecke und laufen fast in unsere kleine Versamm-lung hinein.

Kurzes Schweigen, erstaunte Blicke. Die Bankettleiterin erklärt die Situation. Rico nimmt ihr die Taschenlampe aus der Hand und macht sich selbst ein Bild. Beide drehen sich zu ihrem Trau-zeugen um – fassungslos. Offenbar verfehlt diese kindische Ak-tion auch Svenjas und Ricos Humor um Meilen.

Die Bankettleiterin schaltet schnell und bietet an, sofort eine andere Suite herrichten zu lassen – ohne zusätzliche Kosten. Dankend nehmen Svenja und Rico das Angebot an. Sie ver-abschieden sich bei der Bankettleiterin und bei mir. Der mitt-lerweile doch etwas betreten wirkende Trauzeuge wird keines Blickes mehr gewürdigt.

Liebe Menschen da draußen, die ihr euch fiese Streiche für eure heiratenden Freunde ausdenkt: Lasst es bleiben. Das sind eure Freunde. Die laden euch ein. Die geben viel Geld dafür aus, um mit euch gemeinsam zu essen, zu trinken und zu feiern. Sie haben ihre Hochzeitsnacht mehr als verdient, und niemand hat das Recht, sie ihnen kaputtzumachen. Denkt euch doch lieber etwas Schö-nes aus. Macht ihnen eine Freude. Schmückt die Hochzeitssuite mit Luftballons und Blumen, stellt Champagner kalt und bucht ihnen für den nächsten Tag eine Massage. Immerhin ist dies eine Hoch-zeit und keine verdammte Klassenfahrt.

SCHÖNE ÜBERRASCHUNGEN

Ich sage nur: Like-Liste für Ihren Zeremonienmeister (siehe auch »Briefing« auf Seite 68).

Falls Ihre Gäste Inspiration für eine schöne Überraschung suchen, ist diese Liste Ihre Chance, um ein wenig Einfluss zu nehmen. Hier ein paar Anregungen für Aktionen, die auf meinen bisherigen Hochzeiten super angekommen sind und sich hervorragend auf Ihrer Like-Liste machen könnten.

ZEITKAPSEL WEINKISTE

Eine schöne Holzkiste mit einer guten Flasche Wein darin, der in etwa fünf Jahren sein Aroma voll entfaltet (im Zweifel beraten lassen), wird auf dem Geschenketisch platziert, ein paar Stifte und Zettel daneben. Jeder Gast schreibt auf einen Zettel, wo er oder sie das Brautpaar in fünf Jahren sieht. Wie werden die beiden leben, was werden sie machen, gute Wünsche für die Zukunft, wo geht die Reise hin?

Die beschrifteten Zettel kommen in die Weinkiste, etwas Tischdeko dazu, vielleicht ein paar Polaroidfotos. Um Mitternacht wird die Kiste versiegelt (oder vernagelt) und erst am fünften Hochzeitstag vom Brautpaar wieder geöffnet.

DIASHOW/FILM

Der Evergreen: ein selbst gemachter Film oder eine Diashow mit Bildern und Geschichten vom Brautpaar.

Von den Eltern meist ein liebevoller, zuweilen wehmütiger und manchmal auch etwas anstrengender Rückblick, von Freunden und Trauzeugen eine ebenso lustige wie gefürchtete Showeinlage, die vor nichts zurückschreckt. Aber immer spaßig ... solange die Technik mitspielt.

BEAMER TRIFFT RECHNER

»Das ist alles Ihre Schuld!«

Vor mir steht Frau Lohmann mit hochrotem Gesicht, desolater Frisur und verweinten Augen. Sie ist Gast auf der Hochzeit von Tina und Thomas und versucht schon seit Stunden, mich mit hasserfüllten Blicken zu töten, wenn sie nicht gerade laut weint. Der fünfte oder sechste hysterische Weinkrampf ist gerade vorbei, geduldig reiche ich ihr das fünfte oder sechste Glas Wasser. Zum gefühlt dreihundertsechsundsiebzigsten Mal sage ich mir mein kleines Mantra auf: Wir sind hier auf einer Hochzeit, ruhig Blut, alles wird gut, cool bleiben, lächeln, einfach weitermachen. Wenn ein Hochzeitsplaner sich in dieser Situation befindet, ist vorher etwas gehörig schiefgelaufen.

Drei Wochen zuvor.

Mein Telefon klingelt, eine Frau ist dran. »Hallo, mein Name ist Lohmann. Es geht um die Hochzeit von Tina und Thomas. Mein Mann und ich haben einen Film gemacht, den wir zeigen wollen. Da sind doch sicher Leinwand und Beamer in der Location vorhanden, oder?«

Selbst gemachte Filme sind immer eine schöne Überraschung für das Brautpaar, und natürlich biete ich meine Unterstützung an: »Hallo, Frau Lohmann, das ist aber eine schöne Idee! In der Location gibt es leider weder Leinwand noch Beamer. Aber wenn Sie möchten, kann ich Ihnen gern ein Angebot für die Anmietung von Beamer, Leinwand und Laptop machen. Ich könnte das vor Ort alles für Sie installieren. Sie bräuchten dann nur noch den Film auf einer CD oder einem Stick mitzubringen.«

Kurz darauf schicke ich ihr per E-Mail mein Angebot: Mietpreis für Beamer, Leinwand und Laptop rund 120 Euro inklusive Transport und Aufbau – reiner Selbstkostenpreis.

Der Rückruf kommt prompt. »Mal ehrlich, wir haben schon so viel Aufwand in den Film investiert. Ganz sicher werden wir nicht auch noch 120 Euro zahlen, um ihn zu zeigen. Setzen Sie die Kosten doch bitte auf die Gesamtrechnung für Tina und Thomas, die können das bezahlen.«

Habe ich richtig gehört? Wie schräg ist das denn! Meine Güte, da muss ich ja jetzt ganz vorne ansetzen: »Es ist so, Frau Lohmann, ich kann Tina und Thomas nicht einfach etwas auf die Rechnung setzen, was sie nicht bestellt haben. Das müsste ich schon vorher mit den beiden abstimmen. Oder Sie bringen das Equipment einfach selbst mit, ich helfe Ihnen dann gern beim Aufbau.«

Frau Lohmann bleibt dabei, sie zahlt keinen Gent dafür, den Film zu zeigen – immerhin hat sie ihn schon produziert. Wenn nicht Tina und Thomas, solle ich doch die Kosten übernehmen. Never!

Das ist das Schöne am Hochzeitsplanersein: Man hört nie auf, sich zu wundern.

Ich versuche es noch einmal, jetzt etwas deutlicher: »Tina und Thomas haben eine Menge Geld in ihre Hochzeit investiert. Da tue ich mich einfach schwer damit, sie zu bitten, das Material für die Überraschungen ihrer Gäste auch noch zu bezahlen. Sie sind doch eng miteinander befreundet. Warum klären Sie das nicht einfach direkt mit den beiden?«

Das möchte Frau Lohmann auf keinen Fall, schließlich geht dann der Überraschungseffekt verloren. Sie könne aber einen Beamer organisieren. Ich bringe Laptop und Leinwand mit, das würde sie auch bezahlen. Nett gedacht, die Idee hat nur einen Haken: Wenn Beamer und Rechner zum ersten Mal aufeinandertreffen, heißt das noch lange nicht, dass sie auch sofort miteinander reden. Vor einem Jahr wollte schon einmal ein Hochzeitsgast seinen Rechner mit dem Beamer in der Location verbinden. Die Installation eines Treibers war notwendig, für den Download war die Internetverbindung zu schwach. Als der Treiber endlich installiert war, hat es trotzdem noch Stunden gedauert, bis Beamer und Rechner richtig miteinander kommunizierten. Seither biete ich Beamer und Laptop nur noch im Komplettpaket an, so habe ich am Vortrag noch Zeit für den Technikcheck.

Von alldem möchte Frau Lohmann nichts hören. Ihr Mann kenne sich bestens mit Computern aus, da könne gar nichts schiefgehen.

Na gut, dann sei es so. Ihre Entscheidung.

Zurück auf der Hochzeit von Tina und Thomas.

Seit zwei Stunden versuchen mein Kollege und Herr Lohmann in einem Nebenraum, den Film zum Laufen zu bringen. Frau Lohmanns Beamer funktioniert, mein Rechner auch, aber zwischen den beiden herrscht Funkstille – komisch, als hätte ich es geahnt.

Frau Lohmann hört nicht auf, mich anzufauchen und mir Schuldzuweisungen entgegenzuschleudern, wenn sie nicht gerade laut heult. Es liegt mir auf der Zunge, dass schließlich sie es war, die auf der Billigvariante bestanden hat. Vielleicht sollte ich ihr auch einfach keine Wassergläser mehr anbieten. Offenbar legt sie das als eine Art Schuldeingeständnis aus. Das kann ich mir dann auch sparen. Also überlasse ich Frau Lohmann ihrem Schicksal und fange an, die Kinderecke aufzuräumen. Eine halbe Stunde später haben mein Kollege und Herr Lohmann das Beamer-Rechner-Problem endlich gelöst. Mit fast drei Stunden Verspätung kann der Film doch noch gezeigt werden – und es ist ein wirklich schöner Film.

Später kommt Frau Lohmann mit noch immer ganz roten Augen und voller Hass zu mir. »Jetzt ist ja wohl mal eine Entschuldigung fällig.« Äh … wie bitte? Wir sind hier auf einer Hochzeit, ruhig Blut, alles wird gut, cool bleiben, lächeln, einfach weitermachen …

> Dass mein armes kleines Mantra heute so sehr strapaziert werden würde, hätte ich nicht gedacht, aber es gibt so Tage.

Also, liebes Brautpaar und liebe Gäste, die ihr einen Film oder eine Diashow zum Besten geben wollt, noch einmal zum Mitschreiben: Spätestens am Tag vor der Hochzeit ist es höchste Zeit für einen Beamer-Rechner-Technik-Check:

- ◯◯ Treiber des Beamers auf dem Rechner installieren
- ◯◯ Die abzuspielende Datei auf dem Rechner abspeichern, ggf. das zur Wiedergabe notwendige Programm installieren,
- ◯◯ Verbindung zwischen Beamer und Rechner testen

> *Nicht vergessen!* **Verlängerungskabel mit einpacken!**

HOCHZEITSSONG

Ein Song, dessen Melodie jeder kennt, auf das Brautpaar umgeschrieben und auf der Hochzeit vorgetragen, ist sicher keine brandneue Idee, aber immer sooo schöön! Vorher Textblätter verteilen und alle singen mit – einfach perfekt.

FANPOST

Das Brautpaar bekommt zur Hochzeit eine Schachtel mit Fanpost überreicht. Zur großen Überraschung sind es tatsächlich zahlreiche an sie persönlich gerichtete Glückwünsche prominenter Persönlichkeiten.
Bereits Wochen zuvor haben Freunde einen großen Kreis von Schauspielern, Musikern, Politikern, Wirtschaftsgrößen, Schriftstellern etc. angeschrieben. Ihre besten Freunde seien glühende

Fans und würden sich unfassbar über ihre/seine Glückwünsche zur Hochzeit freuen. Kärtchen mit vorfrankiertem Rückumschlag mit rein, dann heißt es Daumen drücken und warten.

HOCHZEITSCRASHER

Der Begriff Hochzeitscrasher stammt eigentlich von einem Hollywoodfilm, in dem zwei Männer sich auf Hochzeiten einschmuggeln, um dort Frauen kennenzulernen. Mittlerweile haben prominente Musiker das »Hochzeitcrashen« für sich entdeckt und den Begriff etwas abgewandelt. Zumindest für das Brautpaar völlig überraschend tauchen sie auf der Hochzeit auf, singen ein oder zwei Songs, eventuell noch ein Tanz mit der Braut, und der Spuk ist vorbei. Die Überraschung ist perfekt – so geht Gänsehaut!
Einfach auf gut Glück beim Management nachfragen, eventuell noch einen Radiosender mit ins Boot holen und die Chancen für den Hochzeitscrash stehen gar nicht so schlecht. Auf YouTube hochgeladen, ist das entstandene Video nicht nur eine grandiose Erinnerung für Brautpaar und Gäste, sondern auch eine hervorragende Publicity für den Musiker.

SCHLUSSWORT

Bei dem Kapitel über die Sitten und Unsitten der Hochzeit habe ich festgestellt, dass ich wohl tatsächlich kein großer Freund von Flugobjekten auf Hochzeiten wie Tauben, Schmetterlingen oder Luftballons bin ... Aber wie ich schon bei der Anekdote über die Brautmutter sagte: Lassen Sie sich auf keinen Fall von Ihrem Konzept, Ihren Wünschen und Vorstellungen abbringen. Ihre Hochzeit ist Ihr ganz persönliches Fest, und wenn Sie sich bei der Organisation selbst treu bleiben, werden Ihre Freunde und Verwandten genau das spüren und lieben.

Ich hoffe sehr, dass ich Ihnen mit diesem Buch eine gute Hilfestellung für die Planung und Umsetzung Ihrer perfekten Hochzeit geben konnte. Und natürlich würde ich mich auch freuen, wenn Sie beim Lesen der kleinen Anekdoten ebenso viel Spaß hatten wie ich, als ich sie aufschrieb.

Ganz sicher sind Sie nun besser für Ihr Vorhaben gewappnet, als es Schneewittchen und Dornröschen jemals waren, von daher kann es nur gut gehen. Mit diesem Buch sind Sie Ihrer Traumhochzeit auf jeden Fall ein großes Stück näher gekommen, und auch den Rest des Weges werden Sie spielend meistern, da bin ich mir sicher. Ihnen wünsche ich weiterhin viel Freude und Erfolg auf dem Weg zu Ihrer Traumhochzeit.

Ihre

DANK

Ganz herzlich möchte ich mich bei all meinen Brautpaaren für die schöne Zeit, die vielen lustigen, aufregenden, manchmal auch aufreibenden, wunderschönen und für immer bleibenden Erinnerungen bedanken.

Danke an die vielen großartigen Anbieter dieser wundervollen Branche. Für euch ist kein Weg zu weit, keine Hürde zu hoch, um am Ende und immer wieder aufs Neue unseren Brautpaaren eine perfekte Hochzeit zu bescheren. Danke für die Arbeit mit euch und euren Teamspirit – ihr seid wahre Zauberer.

Meine liebe Freundin Susanne, die mir ihre wertvolle Zeit schenkte, das Skript als Erste las und mit ihrer ebenso wertvollen Kritik und den vielen Anregungen maßgeblich zur Struktur und Atmosphäre dieses Buches beigetragen hat ... danke!

Und immer dankbar bin ich meinem Mann, der es mir überhaupt ermöglicht, so viel Zeit in dieses Projekt zu investieren, nicht nur in das Buch, sondern auch in das dazugehörige Hochzeitsportal PlanMy.Wedding. Noch nie zuvor habe ich ein Buch geschrieben, noch nie ein Internetportal gebaut. Und des Öfteren habe ich mich gefragt, warum ich das hier alles mache, ich könnte doch stattdessen einfach mit dem Hund durch den Wald spazieren. Danke, dass du mich immer wieder in den Arm nimmst und in meinem Tun bestätigst.

Anhang

A1 — Hochzeitsplanung im Überblick

Fahrplan für 12 Monate Hochzeitsvorbereitung, inklusive Seitenhinweisen zum Nachschlagen.

12 bis 9 Monate vorher

Sie schaffen den Rahmen für Ihre Hochzeitsfeier.

- Termin für die Hochzeit finden, Konzept überlegen, Budget planen, und Sie erstellen eine vorläufige Gästeliste (S. 33)
- Sie suchen und finden Ihre Hochzeitslocation, eventuell reservieren Sie ein Zimmerkontingent für Ihre Gäste (S. 137)
- Bei Bedarf versenden Sie Save-the-Date-Nachrichten (S. 45)

8 bis 7 Monate vorher

Sie beginnen mit der Organisation Ihrer Trauung und holen weitere Hochzeitsanbieter mit ins Boot.

- Standesamtliche Trauung: Kontakt für Anmeldung aufnehmen, erforderliche Dokumente besorgen (S. 91)
- Kirche: Dokumente besorgen, Traugespräch vereinbaren (S. 98)
- Freie Trauung: Trauredner buchen (S. 108)
- Trauzeugen benennen (S. 104)
- Ihr Outfit für den großen Auftritt: Brautkleid und Accessoires shoppen (S. 185 + 194)
- Eheringe auswählen und in Auftrag geben (S. 249)
- Brautjungfern und eventuell Blumenkinder auswählen (S. 84)
- Weitere Hochzeitsanbieter fest buchen: Hochzeitsfotograf, DJ, Liveband und/oder Musiker, Florist/Dekorateur, Feuerwerker (S. 211)

6 bis 4 Monate vorher

Sie melden Ihre Eheschließung beim Standesamt an und laden zur Hochzeit ein. Ihr Zeremonienmeister kommt hinzu und Sie feilen weiter an Ihrem großen Auftritt.

- Standesamtliche Eheschließung anmelden (exakt 6 Monate im Vorfeld) (S. 91)
- Geschenketisch/-liste zusammenstellen, Dresscode für die Gäste bestimmen, Einladungskarten versenden, ggf. Hochzeitshomepage erstellen (S. 37)
- Falls Sie in einer Mietlocation feiern, ist es Zeit, einen externen Caterer zu buchen (S. 181)
- Sie holen Ihren Zeremonienmeister mit ins Boot für einen reibungslosen Ablauf Ihrer Feier (S. 63)
- Stylist/Friseur buchen, Brautauto mieten, Hochzeitsanzug und Zubehör für den Bräutigam kaufen, bei Bedarf zum Tanzkurs anmelden

12 bis 4 Wochen vorher

Sie steigen ein in die heiße Phase Ihrer Hochzeitsplanung.

- Finale Abstimmung der Speisen- und Getränkeauswahl mit Ihrem Caterer, eventuell gibt es ein Probeessen (S. 173)
- Detaillierte Absprachen mit der Location zum Ablauf und Set-up
- Detailabsprachen mit Fotograf, Florist, DJ, Musiker und/oder Feuerwerker (S. 211)
- Eheringe abholen, Blumenkinder benennen, Gastgeschenke bestellen/vorbereiten
- Briefing an den Zeremonienmeister für die weitere Koordinierung von Überraschungsbeiträgen (S. 68)

○○ Kinderunterhaltung buchen und/oder Utensilien für einen Kindertisch besorgen, eventuell »Raubtierfütterung« für die Kinder mit dem Caterer abstimmen (S. 241)

3 bis 2 Wochen vorher

Fast geschafft, alles ist bereit für den letzten Feinschliff.

○○ Brautkleid: Anprobe und letzte Änderungen, Brautschuhe einlaufen, Probetermin für Frisur und Make-up (S. 192), Briefing an den Fahrer des Brautautos (S. 201)
○○ Warme Worte zur Begrüßung Ihrer Gäste, eventuell bereiten Sie eine Rede vor (S. 204)
○○ Ablauf der Trauungszeremonie detailliert durchgehen und mit allen Beteiligten (trauende Person, Trauzeugen, Blumenkinder, Brautjungfern, Musiker, Zeremonienmeister) final abstimmen
○○ Gästeliste mit allen Rückmeldungen finalisieren, Sitzordnung erstellen (S. 48), Tischkarten oder personalisierte Gastgeschenke vorbereiten (S. 51)
○○ Restliche Drucksachen erstellen: Menü-/Büfettkarten, Tischplan, Tischkarten, Kirchenhefte (S. 37)

1 Woche bis 3 Tage vorher

Letzte Vorbereitungen, die Vorfreude steigt.

○○ Finale Mitteilung der Gästezahl an Location und Caterer (S. 130)
○○ Bei einem Menü: Sitzordnung mit Menüvarianten und Zeitplan für die Menüfolge an den Caterer senden (S. 159)
○○ Styling: Letzte Vorbereitungen, eventuell Haarschnitt, Nägel, etc.
○○ Brautkleid abholen (S. 193)

⚭ Packliste(n) durchgehen und alles Nötige für die Hochzeit zusammenpacken (S. 56)

⚭ Personalausweise, ggf. Heiratsurkunde vom Standesamt und Eheringe nicht vergessen!

2 Tage bis 1 Tag vorher

Entspannen, Ruhe bewahren und früh schlafen gehen. Sie haben alles perfekt geplant, alles wird gut.

Am Tag der Hochzeit

Heiraten und genießen!

A2 – Varianten von Tagesabläufen

Variante A

Tag 1 – vormittags Standesamt

Uhrzeit	Beschreibung
ca. 10:00–10:30 h	Standesamtliche Trauung
anschließend	Gratulation und Sektempfang vor dem Standesamt
mittags	Gemeinsames Mittagessen im kleinen Kreis

Tag 2 – mittags Kirche, nachmittags Kaffee + Kuchen, Feier am Abend

Uhrzeit	Beschreibung
ca. 12:30–13:30 h	Kirchliche Trauung
ca. 13:30–14:00 h	Gratulation und Sektempfang vor der Kirche
anschließend	Fahrt zur Location
ca. 15:00–17:00 h	Eintreffen in der Location, Kaffeetafel
15:15 h	Anschnitt der Hochzeitstorte
16:00–17:00 h	Zeit für Hochzeitsfotos
ca. 17:00 h	Sektempfang/Fingerfood in der Location
ca. 18:30 h	Beginn des Dinners
22:30 h	Hochzeitstanz/Tanzflächeneröffnung

Variante B

Morgens Standesamt, nachmittags Kirche, Feier am Abend

Uhrzeit	Beschreibung
ca. 9:00–9:30 h	Standesamtliche Trauung
anschließend	Gratulation und Sektempfang vor dem Standesamt
anschließend bis ca. 15:00 h	Zeit für Hochzeitsfotos, freie Zeit für die Gäste
ca. 15:30–16:30 h	Kirchliche Trauung
16:30–17:00 h	Gratulation und Sektempfang vor der Kirche
anschließend	Fahrt zur Location
ca. 17:30 h	Sektempfang/Fingerfood in der Location
ca. 19:00 h	Beginn des Dinners
ca. 21:30 h	Anschnitt der Hochzeitstorte (ggf. parallel zu einem Dessertbüfett)
22:30 h	Hochzeitstanz/Tanzflächeneröffnung

Die etwas längere Pause zwischen standesamtlicher und kirchlicher Trauung erlaubt es Ihren Gästen, die freie Zeit für sich zu nutzen, während Sie alle Zeit der Welt haben für eine Verschnaufpause und Hochzeitsfotos.

Variante C

Vormittags Standesamt, Pause am Mittag, Feier am Abend

Diese Variante ist ideal, wenn unter Ihren Gästen Eltern mit Kindern sind, Sie am Abend aber lieber ohne Kinder feiern würden. Der Babysitter braucht nur für ein paar Stunden am Abend und nicht für einen ganzen Tag engagiert zu werden, was vielen Eltern sicher entgegenkommen wird.

Uhrzeit	Beschreibung
vormittags	Standesamtliche Trauung
anschließend	Gratulation und Sektempfang vor dem Standesamt
mittags	Ggf. Mittagessen im kleinen Kreis, übrige Gäste haben Freizeit bis zum Abend
nachmittags	Zeit für Hochzeitsfotos
ca. 17:30 h	Sektempfang/Fingerfood in der Location
ca. 19:00 h	Beginn des Dinners
ca. 21:30 h	Anschnitt der Hochzeitstorte (als Dessert oder zum Dessertbüfett)
22:30 h	Hochzeitstanz/Tanzflächeneröffnung

Weitere Varianten von Tagesabläufen stehen zum Download bereit unter www.planmy.wedding/das-buch.

A3 – Kosten einer Hochzeit

Die Kostenübersicht gibt Ihnen einen groben Überblick über möglicherweise entstehende ungefähre Kosten und branchenübliche Preise.

Was	Kosten
STANDESAMT	
Anmeldegebühr Standesamt	20–50 €
Dokumente zur Eheschließung	50–80 €
Außenstelle: Nutzungsgebühr	ab 200 €
KIRCHE	
Kollekte durch das Brautpaar	ab 30 €
Anerkennung an den Organisten	ab 20 €
FREIE TRAUUNG	
Honorar Trauredner	1 500–2 500 €
LOCATION	
Hochzeitspauschale pro Person inkl. Miete, Speisen und Getränken	70–120 €
Location Miete (falls keine Hochzeitspauschale)	sehr variabel

Was	Kosten
Speisen und Getränke pro Person	
Fingerfood	10–25 €
Büfett/Menü	35–70 €
Mitternachtssnack	5–15 €
Getränke	25–40 €
Trinkgeld	nach Zufriedenheit
Hochzeitstorte für 60 Personen	100–350 €
Einladung & Co.	
Einladungskarten, pro Stück	ca. 5 €
Danksagungskarten, pro Stück	ca. 2 €
Porto je Einladung/ Danksagung	0,80–1,55 €
Blumen	
Brautstrauß Kirche	70–100 €
Brautstrauß Standesamt	25–40 €
Reversschmuck Herren, pro Stück	10–15 €
Tischgesteck, pro Stück	40–100 €
Gesteck für Kirchenbank, pro Stück	8–12 €

Was	Kosten
Musik	
DJ für einen Abend	ab 800 €
Musiker (einzeln, Duo/Band), Honorar pro Musiker/h	200–350 €
Brautpaar	
Brautauto/Kutsche	ab 250 €
Brautkleid, Schuhe + Accessoires	ab 800 €
Brautstyling	70–250 €
Hochzeitsanzug + Schuhe	ab 300 €
Eheringe	ab 600 €
Gäste	
Gastgeschenke, pro Stück	3–8 €
Tischkarten, pro Stück	1 €
Büfett-/Menükarten, pro Stück	2 €
Weitere Dienstleister	
Feuerwerk	600–5 000 €
Fotograf/Videograf für einen Tag	1 500–3 500 €

A4 – Vorlage Gästeliste

Nr.	Vor-name	Nach-name	Erw.	Kind	Standes-amt*	Kirche*	Feier*	Menü	Hoch-zeitsge-schenk
1	Beate	Schmitz	1		1	1	1	normal	
2	Leon-hard	Schmitz	1		1	1	1	normal	
3	Till	Schmitz		1	1	1		normal	
4	Maria	Heine	1		1	1	1	Veggie	
5	Anton	Heine	1		1	1	1	Veggie	
6	Lena	Heine		1	1	1		Veggie, gluten-frei	
7	Leon	Heine		1	1	1		normal	
Summe									

Spalte für individuelle Programmpunkte und Informationen

Eine praktische Excel-Vorlage zur eigenen Anwendung steht Ihnen im Internet unter *www.planmy.wedding/das-buch/* zur Verfügung.

A5 — E-Mail an die Gäste

E-Mail vom Zeremonienmeister an die Gäste

Lieber Zeremonienmeister, Ihre E-Mail, die Sie etwa fünf bis sechs Wochen vor der Hochzeit an die Gäste schreiben, könnte in etwa den folgenden Wortlaut haben:

Liebe Hochzeitsgäste,
die Planung für die Hochzeit von ... und ... am ... schreitet voran und die Vorfreude steigt. Mein Name ist... und die beiden haben mich gebeten, sie ein wenig bei der Organisation zu unterstützen und dafür zu sorgen, dass zur Hochzeit alles glattläuft.
Vielleicht habt ihr euch auch schon ein paar Gedanken über mögliche Spiele und Überraschungen für die beiden gemacht. Bei aller Spontaneität, ein bisschen Koordinierung muss sein. Daher bitte ich euch ganz herzlich, eure Ideen für Spiele und Überraschungen bis zum ... mit mir abzustimmen. Der Überraschungseffekt bleibt, das Brautpaar erfährt nichts – versprochen.
Und so könnt ihr mich erreichen: Name ...,
E-Mail-Adresse ..., Telefonnummer ...
Auch bei allen anderen organisatorischen Fragen rund um die Hochzeit dürft ihr mich gern kontaktieren.
Viele Grüße, xxx

Falls das Brautpaar gar keine Spiele auf der Hochzeit wünscht, könnte Ihre E-Mail in etwa so lauten:

Liebe Hochzeitsgäste,

die Planung für die Hochzeit von ... und ... am ... schreitet voran und die Vorfreude steigt. Mein Name ist ... und die beiden haben mich gebeten, sie ein wenig bei der Organisation zu unterstützen und auch euch als Ansprechpartner für organisatorische Belange zur Seite zu stehen.

Falls ihr also Fragen zu Tagesablauf, Anreise, Unterkunft o. Ä. habt, werde ich gern versuchen, sie euch zu beantworten. Ihr könnt mich erreichen unter:

Name ..., E-Mail-Adresse ..., Telefonnummer ...

Noch eine Sache: ... und ... haben noch einmal betont, dass sie keine Spiele auf ihrer Hochzeit wünschen, und sie wären dankbar, wenn wir alle diesen Wunsch respektieren könnten. Den Gefallen sollten wir ihnen tun, schließlich ist es ihre Hochzeit.

Viele Grüße, xxx

Diese E-Mail steht Ihnen auch im Internet unter www.planmy.wedding/das-buch/ zum Download zur Verfügung.

A6 — Übersicht Spiele und Aktionen

Uhrzeit	Name des Spiels + evtl. Anmerkungen	Dauer	Mikro erforderlich?	Gast Name/ Telefonnr.
11:30 h	Baumstamm-sägen vor der Kirche	ca. 10 Min.	nein	Ivo, Tel.: ... E-Mail: ...
15:00 h	Luftballons steigen lassen – beim Nachmittags-empfang 10 Min. zum Verteilen der Ballons, 5 Min. zum gemein-samen Stei-genlassen der Luftballons	ca. 15 Min.	nein	Barbara, Tel: ... E-Mail: ...
20:30 h	Umgedichte-ter Song für alle zum Mit-singen – zwi-schen Haupt-gang und Dessert	5–10 Min.	ja	Katja, Tel.: ... E-Mail: ...
...				

Eine praktische Excel-Vorlage zur eigenen Anwendung steht Ihnen im Internet unter www.planmy.wedding/das-buch/ zur Verfügung.

A7 — Location, schriftliche Anfrage

Textvorschlag für Ihre schriftliche Anfrage an die Hochzeitslocations:

Sehr geehrte Damen und Herren,
im Rahmen der Organisation unserer Hochzeit sind wir auf
der Suche nach einer passenden Location und wenden uns
daher mit folgender Anfrage an Sie:
Wunschtermin:
................., alternativ ginge auch der ....
Falls diese Termine bereits gebucht sind, freuen wir uns
über Terminvorschläge von Ihnen.

Gästezahl: max. .... Personen

Zeitlicher Ablauf:
ca. .... Uhr: Ankunft der Hochzeitsgesellschaft
anschließend: Sektempfang, Kaffeetafel
ca. .... Uhr: Aperitif mit Fingerfood
anschließend: Dinner
ab .... Uhr: Feuerwerk (ist das möglich?)
anschließend: Party mit DJ
Über Speisenvorschläge würden wir uns freuen.

Unterkunft: Wir und einige unserer Gäste würden auch
gern in Ihrem Hause übernachten. Wie viele Zimmer
könnten Sie uns zu welchem Preis anbieten?
Anreise am ....
Abreise am ....

*Wir freuen uns auf Ihr Angebot und stehen gern für
eventuelle Rückfragen zur Verfügung.
Mit freundlichen Grüßen
xxx*

Falls Sie den zeitlichen Ablauf noch nicht kennen sollten, lassen Sie den entsprechenden Absatz einfach weg.